常见同义词近义词词典

姜 心 编

上海大学出版社
·上海·

图书在版编目(CIP)数据

常见同义词近义词词典 / 姜心编. —上海：上海大学出版社，2023.2
ISBN 978-7-5671-4560-3

Ⅰ.①常… Ⅱ.①姜… Ⅲ.①汉语—同义词词典-中小学 Ⅳ.①G634.303

中国国家版本馆 CIP 数据核字(2023)第 021250 号

责任编辑　傅玉芳
封面设计　倪天辰
技术编辑　金　鑫　钱宇坤

常见同义词近义词词典
姜心编
上海大学出版社出版发行
(上海市上大路 99 号　邮政编码 200444)
(https://www.shupress.cn　发行热线 021-66135112)
出版人　戴骏豪

*

南京展望文化发展有限公司排版
上海东亚彩印有限公司印刷　各地新华书店经销
开本 890mm×1240mm　1/64　印张 6.5　字数 314 千
2023 年 2 月第 1 版　2023 年 2 月第 1 次印刷
ISBN 978-7-5671-4560-3/G·3490　定价：26.00 元

版权所有　侵权必究
如发现本书有印装质量问题请与印刷厂质量科联系
联系电话：021-34536788

凡　例

一、本词典共收录现代汉语中意义相同或相近的同义词组990余组,涉及词目约2 248个,供广大读者查检使用。

二、本词典条目以成组方式呈现,每组内容包括同义词近义词词组、注音、释义、例句、辨析、相关等六部分。

1. 同义词近义词词组:由两个或两个以上意义相同或相近、使用范围相同或相近的同义词近义词词目构成。

2. 注音:词目用汉语拼音注音,四声标调,不标变调。

3. 释义:以现代汉语常见、常用义为释义范围,并参照《现代汉语词典》,释义力求通俗易懂,不涉及多义词的所有义项。

4. 例句:每个词目的每个义项均举一个例句,辅助说明该词语的含义及用法。例句力求注重实用性,例句中以"～"代替相应词目。

5. 辨析:着重指出每组同义词近义词在词语意义、语体色彩、感情色彩及用法上的区别。

6. 相关:列举相关的同义词近义词,相关部分列举的同义词近义词不注音、不释义、不举例,不在索引中出现。

三、本词典按每组词目首字的汉语拼音顺序排列,读音相同的,则按笔画顺序排列;词目首字相同的,按第二字的汉语拼音顺序排列。

四、为便于读者查检使用,本词典正文前有"词目音序索引",按成组方式编排。

词目音序索引

A

哀愁	忧愁	忧虑	1
哀求	央求		1
哀伤	哀痛		2
哀怨	幽怨		2
爱戴	拥戴		2
爱好	嗜好		3
爱怜	怜惜		3
爱慕	倾慕		3
爱惜	珍惜		4
安定	安宁		4
安顿	安排	安置	4
安分	本分		5
安静	宁静		5
安全	平安		5
安慰	抚慰	劝慰	6
安稳	平稳		6
安闲	安逸	清闲	7
安详	慈祥		7
安葬	埋葬		7
按期	按时		8
按照	依照	遵照	8
暗藏	潜藏		9
暗淡	黯淡	幽暗	9
肮脏	龌龊	污秽	9
昂扬	高昂		10
遨游	漫游	周游	10
翱翔	飞翔		11
鏖战	激战		11
傲慢	高傲		11
奥妙	微妙	玄妙	12
懊悔	后悔		12
懊丧	沮丧		13

B

巴掌	手掌		14
把柄	话柄		14
把持	操纵		15
把守	看守		15

把握	掌握		15
爸爸	父亲		16
霸占	强占		16
白净	白皙		17
白天	白昼		17
摆动	摇摆		17
摆设	陈设		18
摆脱	解脱	挣脱	18
败坏	损坏		18
败落	衰落		19
败兴	扫兴		19
拜访	拜会	拜谒	19
颁布	公布		20
斑白	花白		20
斑驳	斑斓		21
办法	措施	方法	21
半道	半路		21
伴随	伴同		22
帮助	辅助	协助	22
榜样	模范		22
傍晚	黄昏		23
包庇	袒护		23
包含	包括	包罗	23
包围	包抄		24
包蕴	含蕴		24
褒奖	夸奖		25
宝贝	宝物		25
宝贵	珍贵		25
饱满	丰满		26
保持	维持		26
保存	保留		26
保护	维护		27
保卫	捍卫		27
保障	保证		28
保重	珍重		28
报酬	酬劳	酬谢	28
报答	报效		29
抱负	理想	志向	29
抱歉	道歉	负疚	30
抱怨	埋怨		30
暴动	暴乱		31
暴发	爆发		31
暴露	显露		31
暴躁	急躁		32
卑鄙	卑劣		32
卑微	低微		32
悲哀	悲痛		33
悲惨	凄惨		33
悲观	失望		34
悲凉	凄凉		34
奔波	奔忙		34
奔驰	奔跑	奔腾	35
奔放	豪放		35
奔赴	奔向		36
本来	原来		36
本领	本事	能耐	36

本性	天性		37
本质	实质		37
笨重	沉重		37
崩溃	瓦解		38
逼近	接近		38
逼真	真切		38
比赛	竞赛		39
笔直	笔挺		39
鄙薄	鄙视		40
必定	一定		40
必须	必需		40
毕生	一生		41
毕竟	究竟		41
弊病	弊端		41
边际	边缘		42
边疆	边界	边境	42
编造	捏造		43
变动	变化		43
变革	改革	革新	43
便利	方便		44
辨别	辨认		44
辩白	辩解	分辩	44
辩论	争辩	争论	45
标记	标志		45
表达	表示		46
表情	神情	神态	46
表现	体现		46
表演	演出		47
表扬	表彰		47
病人	患者		47
波折	周折		48
驳斥	批驳		48
搏斗	格斗		48
薄弱	单薄		49
补偿	补充	弥补	49
哺育	养育		50
不必	不用		50
不法	非法		50
布置	部署		51
步调	步伐		51
部分	局部		51

C

猜测	猜想		53
猜忌	猜疑		53
才干	才能		53
才华	才智		54
材料	资料		54
财产	财富		55
采纳	采取	采用	55
参加	参与		55
残暴	残酷	残忍	56
残杀	屠杀		56
惭愧	羞愧		57
惨白	苍白		57
灿烂	绚烂		57

仓促	仓皇		58	撤职	免职		68
苍老	衰老		58	沉寂	沉静	寂静	68
操劳	操心		58	沉没	吞没	淹没	69
草率	轻率		59	沉默	缄默		69
侧重	偏重	着重	59	沉思	深思		70
策划	筹划		59	沉着	冷静		70
曾经	已经		60	沉醉	陶醉		70
差别	差异		60	陈腐	陈旧		71
差错	错误	失误	61	衬托	烘托		71
查看	察看		61	成功	胜利		72
查问	盘问		61	成果	成绩	成就	72
诧异	惊异		62	成见	偏见		72
差遣	派遣		62	成名	出名		73
产生	发生		63	呈现	浮现	涌现	73
铲除	根除		63	诚恳	诚挚		74
阐明	阐述		63	承担	承受		74
颤动	颤抖		64	承认	供认		74
猖獗	猖狂		64	惩办	惩治		75
长处	优点		64	迟钝	迟缓		75
长久	持久		65	迟疑	犹豫		75
常常	往往		65	持续	继续	连续	76
倡导	倡议		65	持重	稳重		76
怅惘	惆怅		66	耻辱	屈辱		76
畅快	痛快		66	充斥	充满		77
抄袭	剽窃		66	充分	充足		77
超过	超越		67	充沛	充裕		78
嘲讽	嘲弄	嘲笑	67	冲破	突破		78
潮湿	湿润		68	憧憬	向往		78

重复	反复		79
崇拜	崇敬		79
宠爱	溺爱		79
稠密	浓密		80
筹备	准备		80
丑恶	丑陋		80
出发	动身	起程	81
出卖	出售		81
出色	出众		82
出生	诞生		82
处罚	处分		82
处理	处置		83
储藏	储存		83
触犯	冒犯		84
矗立	耸立	屹立	84
揣测	揣摩		84
传播	传布		85
传染	感染		85
传说	据说		86
创办	开办		86
创建	创立		86
创造	发明		87
吹捧	吹嘘		87
纯粹	纯正		87
纯洁	纯真		88
纯朴	淳朴	质朴	88
慈爱	慈祥		89
慈悲	慈善		89
次序	顺序	秩序	89
伺候	侍候		90
匆忙	急忙	连忙	90
聪慧	聪明	聪颖	91
从来	历来	向来	91
从前	以前		91
从属	附属		92
粗暴	粗鲁	粗野	92
粗糙	粗劣		92
粗略	简略		93
粗俗	庸俗		93
粗心	马虎		93
簇新	崭新		94
窜改	篡改		94
脆弱	懦弱	软弱	94
磋商	协商		95

D

答应	允许	准许	96
搭救	营救	援救	96
答复	回答		97
打扮	装扮		97
打击	攻击		97
打量	端详		98
打算	盘算		98
打听	了解		98
大半	大多	多半	99
大方	慷慨		99

歹毒	恶毒		100
代替	取代		100
带领	率领		100
怠惰	懒惰		101
担当	担负	担任	101
担心	担忧		102
单独	独自		102
耽搁	耽误		102
胆量	胆子		103
胆怯	胆小		103
但是	可是		103
诞辰	生日		104
淡泊	恬淡		104
当前	目前		104
当心	小心		105
倒霉	倒运		105
祷告	祈祷		105
到达	抵达		106
盗窃	偷窃		106
得当	得体		106
得意	得志		107
低沉	低落		107
低贱	低微		107
低廉	便宜		108
抵抗	抵御	反抗	108
典范	典型		109
点缀	装饰		109
惦记	惦念		109
凋零	凋落	凋谢	110
叮咛	叮嘱		110
顶真	认真		110
丢脸	丢人		111
动员	发动		111
陡峭	峻峭		111
斗争	争斗		112
督促	敦促		112
渎职	失职		113
堵塞	阻塞		113
度过	渡过		113
短促	短暂		114
断定	肯定	确定	114
锻炼	磨炼		115
对比	对照		115
对付	应付		115
夺目	醒目		116
躲避	回避	逃避	116
堕落	腐化		117

E

讹诈	敲诈		118
扼要	简要		118
恶果	后果		118
遏止	遏制		119
恩赐	赏赐		119
恩惠	恩情		120

F

发表	发布		121

发达	兴旺		121
发奋	发愤		122
发挥	发扬		122
发觉	发现		122
发掘	挖掘		123
发泄	宣泄		123
发展	进展		123
烦闷	烦躁		124
烦恼	苦恼		124
繁华	繁荣		124
繁忙	繁重		125
繁杂	复杂	庞杂	125
反击	还击		125
范畴	范围		126
方法	方式		126
防备	防范		127
防守	防卫		127
妨碍	阻碍		127
仿佛	好像	似乎	128
仿效	仿造	仿照	128
放弃	废弃		129
放任	放纵		129
飞奔	飞驰		129
非常	异常		130
肥美	肥沃		130
肥胖	肥壮		130
废除	废止		131
费劲	费力		131
费神	费心		131
分辨	分别		132
分别	分离	离别	132
分手	诀别		133
分散	散开		133
分析	剖析		133
吩咐	嘱咐		134
纷乱	凌乱		134
氛围	气氛		134
分外	格外		135
愤慨	愤怒		135
丰富	丰盛		135
风采	风度		136
风光	风景		136
风气	风尚		137
风趣	幽默		137
风俗	习俗		137
风行	流行		138
锋利	锐利		138
讽刺	挖苦		138
奉承	恭维		139
奉献	贡献		139
缝隙	空隙		140
否定	否认		140
肤浅	浮浅		140
敷衍	搪塞		141
扶养	抚养	赡养	141
扶植	扶助		141

服从	顺从	听从	142	高贵	高尚		152
拂晓	黎明		142	高兴	愉快		153
俯瞰	俯视		143	告别	告辞		153
腐败	腐朽		143	歌唱	歌颂	讴歌 颂扬	153
腐蚀	侵蚀		143	隔断	隔绝		154
富丽	华丽		144	隔阂	隔膜		154
富饶	富裕		144	个别	各别		155
				根据	依据		155

G

				公道	公平	公正	155
改变	转变		145	公开	公然		156
改动	改换		145	功绩	功劳	功勋	156
改进	改善		145	功能	功效	功用	157
改正	纠正		146	供给	供应		157
干脆	索性		146	估计	估量		157
干旱	干涸		147	孤单	孤独		158
干枯	干燥		147	孤傲	孤高		158
干净	清洁		147	鼓动	鼓舞		158
干扰	骚扰		148	鼓励	激励		159
干涉	干预		148	固执	顽固		159
赶紧	赶快	赶忙	148	故乡	家乡		160
感动	激动		149	故意	蓄意		160
感激	感谢		149	顾忌	顾虑		160
感觉	感受		150	关怀	关心		161
感慨	感叹		150	关键	关头		161
刚强	坚强	顽强	150	观察	观看		162
高超	高明		151	观点	观念		162
高潮	热潮		151	管理	管制		163
高大	高耸		152	贯穿	贯通		163

光滑	光洁		163
光辉	光芒		164
光临	莅临		164
光荣	荣耀		164
广博	渊博		165
广大	宽大		165
广泛	普遍		166
广阔	辽阔		166
规划	计划		166
规矩	规则		167
诡辩	狡辩		167
贵重	名贵		167
果断	果决	武断	168
过程	进程		168
过错	过失		169

H

害怕	惧怕		170
害臊	害羞		170
含糊	含混		171
涵养	教养	修养	171
豪迈	豪爽		171
豪华	奢华		172
号召	召唤		172
浩大	盛大		172
耗费	消耗		173
合适	适合		173
合作	协作		174
和蔼	和善		174
和缓	缓和		174
和睦	和气		175
和谐	协调		175
核心	中心		176
宏伟	雄伟		176
洪亮	嘹亮	响亮	176
哄骗	欺骗	诈骗	177
后辈	后代		177
后盾	后台		178
呼喊	呼唤		178
忽略	忽视		179
忽然	突然		179
华侨	华裔		179
化妆	化装		180
怀念	纪念		180
欢畅	欢快	欢乐	180
欢迎	迎接		181
环抱	环绕		181
幻灭	破灭		181
幻想	空想		182
涣散	松散		182
荒诞	荒谬	荒唐	183
慌乱	慌忙	慌张	183
晃荡	晃动		184
回想	回忆		184
悔过	悔悟		184
毁坏	破坏		185

毁灭	消灭		185	季节	时节	196
汇合	会合		185	加强	增强	196
会见	会晤		186	枷锁	桎梏	196
会心	会意		186	假装	伪装	197
昏暗	阴暗		187	价格	价钱	197
混乱	杂乱		187	驾驶	驾驭	197
混浊	污浊		187	尖刻	尖酸	198
活泼	活跃		188	歼灭	消灭	198
伙伴	同伴		188	坚定	坚决	199
获得	取得		189	坚固	牢固	199
祸害	祸患		189	坚忍	坚韧	199
				艰苦	艰辛	200
				监督	监视	200
J				俭朴	简朴	200
讥讽	讥笑		190	检查	检讨	201
机会	机遇	时机	190	减轻	减弱	减少 201
机警	机灵		191	简便	简易	202
积聚	积累		191	简洁	简明	202
机密	秘密		191	简练	精练	202
激烈	剧烈		192	见地	见解	203
汲取	吸取		192	见识	见闻	203
极力	竭力		193	建设	建造	204
急切	迫切		193	建议	提议	204
急躁	焦躁		193	健壮	强壮	204
疾苦	困苦		194	践踏	蹂躏	205
计策	计谋		194	交错	交织	205
计算	运算		194	交换	交流	205
记录	记载		195	交际	交往	206
技能	技巧		195			

交融	融合		206
交谈	攀谈		207
骄傲	自豪		207
焦急	焦虑	焦灼	208
狡猾	狡黠	狡诈	208
脚印	足迹		208
叫喊	呐喊		209
教导	教诲		209
教师	老师		209
教唆	唆使		210
接待	款待	招待	210
接收	接受		211
揭发	揭露		211
节俭	节约		212
截止	截至		212
解除	免除		212
界限	界线		212
紧急	危急		213
尽力	努力		213
禁止	制止		214
经过	通过		214
惊慌	惊恐		214
精美	精致		215
精密	精细		215
精辟	透辟		215
精确	正确	准确	216
警觉	警惕		216
劲敌	顽敌		217
敬佩	钦佩		217
敬仰	敬重		217
就义	捐躯		218
拘谨	拘束		218
局面	局势		218
举措	举动		219
巨大	庞大		219
拒绝	谢绝		220
决然	毅然		220
抉择	选择		220
觉悟	觉醒		221
绝望	失望		221

K

开采	开发		222
开创	首创		222
开导	劝导		222
开端	开始		223
开朗	爽朗		223
开明	开通		224
开辟	开拓		224
开展	展开		224
坎坷	崎岖		225
考查	考察		225
考虑	思考	思索	226
靠近	靠拢		226
苛刻	刻薄		226
可靠	牢靠		227

可惜	惋惜	227	劳动	劳作	237
渴望	盼望	228	劳苦	劳累	237
克制	抑制	228	牢记	铭记	238
刻板	死板	228	乐趣	情趣	238
恳切	殷切	229	类似	相似	238
恳求	请求	229	冷淡	冷漠	239
空洞	空虚	229	礼让	谦让	239
恐怖	恐惧	230	理解	了解	239
恐吓	威吓	230	利弊	利害	240
空闲	闲暇	230	利落	利索	240
控制	掌握	231	利益	收益	241
口气	口吻	231	联络	联系	241
酷爱	热爱	232	凉快	凉爽	241
酷热	炎热	232	粮食	食粮	242
夸大	夸张	232	谅解	体谅	242
夸耀	炫耀	233	瞭望	眺望	242
快活	快乐	233	列举	罗列	243
宽敞	宽阔	233	邻近	临近	243
宽恕	饶恕	234	临时	暂时	244
魁伟	魁梧	234	吝啬	小气	244
匮乏	贫乏	234	灵活	灵敏	244
扩充	扩大	235	领会	领悟	245
阔绰	阔气	235	留恋	流连	245
			留神	留意	245
L			流畅	流利	246
拉拢	笼络	236	流失	流逝	246
来源	起源	236	流亡	逃亡	247
浪费	糟蹋	236	旅行	旅游	247

履行	执行		247
掠夺	掠取		248
略微	稍微		248
轮番	轮流		248
落后	落伍		249

M

妈妈	母亲		250
麻痹	麻木		250
满意	中意		251
谩骂	辱骂	咒骂	251
漫步	散步		251
漫长	漫漫		252
茂密	茂盛	旺盛	252
眉目	头绪		252
美好	美妙		253
美丽	漂亮		253
美满	圆满		254
迷惑	疑惑		254
迷茫	迷惘		254
面对	面临		255
面貌	面目		255
描绘	描述	描写	255
渺小	微小		256
藐视	蔑视		256
敏感	敏锐		257
敏捷	迅捷		257
名气	名声		257

明白	清楚	258
明了	明确	258
明显	显著	258
摸索	探索	259
模仿	模拟	259
陌生	生疏	259
谋害	谋杀	260
目标	目的	260

N

耐烦	耐心	261
难过	难受	261
恼火	恼怒	261
内幕	内情	262
年纪	年龄	262
年青	年轻	263
凝固	凝结	263
凝视	注视	263
宁静	恬静	264
浓厚	浓重	264
怒吼	咆哮	265
怒容	怒色	265
暖和	温暖	265
虐待	迫害	266
诺言	誓言	266

O

偶尔	偶然	267

P

排斥	排挤	268
排除	消除	268
徘徊	彷徨	269
派别	派系	269
判定	判断	269
叛变	叛乱	270
抛弃	遗弃	270
培养	培育	270
批判	批评	271
疲惫	疲倦	271
僻静	幽静	272
偏僻	偏远	272
片段	片断	272
漂泊	漂流	273
贫困	穷困	273
品格	品质	274
品尝	品味	274
平常	平凡	274
平淡	平庸	275
平衡	平均	275
评估	评价	276
破败	破落	276
破裂	破碎	276
朴实	朴素	277

Q

凄惨	凄凉	278
期待	期望	278
欺负	欺压	278
齐备	完备	279
其他	其余	279
奇怪	奇特	279
奇妙	奇异	280
乞求	企求	280
企图	妄图	281
启发	启示	281
启用	起用	281
气概	气魄	282
气候	天气	282
恰当	适当	283
恰好	恰巧	283
迁徙	迁移	283
谦虚	谦逊	284
前程	前途	284
浅薄	浅陋	284
浅近	浅显	285
强大	强盛	285
强制	强迫	285
抢救	挽救	286
切实	确实	286
亲切	亲热	287
侵犯	侵略	287
侵吞	侵占	287
勤快	勤劳	288
轻便	轻巧	288
轻浮	轻佻	289

轻快	轻松		289
轻蔑	轻视		289
倾诉	倾吐		290
清爽	清新		290
情况	情形		290
请教	求教		291
请求	要求		291
庆贺	庆祝		291
区别	区分		292
驱赶	驱逐		292
屈从	屈服		292
取缔	取消		293
权力	权利		293
全部	全体		294
劝告	劝说		294
劝解	劝慰		294
缺点	缺陷		295
缺乏	缺少		295
确切	确实		295

R

让步	妥协		297
惹事	生事	滋事	297
热忱	热情		298
热烈	热闹		298
人间	世间		298
忍耐	忍受		299
认为	以为		299
任务	使命		299
任性	任意		300
仍旧	仍然		300
溶化	熔化	融化	301
冗长	冗杂		301
柔和	柔软		301

S

洒脱	潇洒		303
丧失	损失		303
沙哑	嘶哑		303
霎时	瞬间		304
闪烁	闪耀		304
擅长	善于		304
擅自	私自		305
伤心	痛心		305
商量	商榷	商议	306
上当	受骗		306
设备	装备		306
设立	设置		307
申明	声明		307
伸展	舒展		308
深奥	深邃		308
深刻	深入		308
审判	审讯		309
慎重	郑重		309
生气	怄气		309
声望	声誉		310

声援	支援	310		**T**	
时代	时期	311			
时光	岁月	311	贪婪	贪心	322
时候	时刻	311	谈论	议论	322
实施	实行	312	坦率	直率	323
实验	试验	312	探究	探求	323
食品	食物	313	探问	探询	323
事变	事件	313	陶冶	熏陶	324
适合	适宜	313	特别	特殊	324
收成	收获	314	特点	特性	324
收集	搜集	314	提纲	提要	325
收购	收买	315	体会	体验	325
收留	收容	315	体系	系统	326
首领	首脑	315	田野	原野	326
舒畅	舒坦	316	甜美	甜蜜	326
舒服	舒适	316	挑拣	挑选	327
熟识	熟悉	316	调节	调整	327
束缚	约束	317	调解	调停	327
衰弱	虚弱	317	调理	调养	328
衰亡	死亡	318	调皮	顽皮	328
顺当	顺利	318	挑拨	挑唆	329
思路	思绪	318	挑衅	寻衅	329
思念	想念	319	听凭	听任	329
松弛	松懈	319	停顿	停滞	330
送别	送行	320	停止	中止	330
夙愿	心愿	320	挺拔	挺秀	330
素养	素质	320	同意 赞成	赞同	331
损害	危害	321	痛楚	痛苦	331

投诚	投降		332
透亮	透明		332
透露	吐露		332
徒然	枉然		333
团聚	团圆		333
推辞	推却		333
推广	推行		334
推荐	推选		334
推敲	斟酌		335
颓废	颓丧	颓唐	335
退缩	畏缩		335
蜕变	蜕化		336
妥当	妥善		336

W

完美	完善		337
忘记	忘却		337
威逼	威胁		338
威望	威信		338
威武	威严		338
违背	违反		339
围剿	围歼		339
慰劳	慰问		339
温柔	温顺		340
闻名	著名		340
稳当	稳妥		340
稳定	稳固		341
窝藏	隐藏		341
污蔑	诬陷		342
无穷	无限		342
舞弊	作弊		342
误会	误解		343

X

牺牲	献身		344
稀罕	稀奇		344
习气	习性		345
细腻	细致		345
狭隘	狭窄		345
下落	着落		346
鲜明	鲜艳		346
嫌弃	嫌恶		347
显示	显现		347
限定	限制		347
相称	相当		348
相干	相关		348
详尽	详细		348
享乐	享受		349
消沉	消极		349
消失	消逝		349
效力	效能	效用	350
协定	协议		350
泄漏	泄露		351
心机	心计		351
心情	心绪		351
辛苦	辛劳		352

新鲜	新颖	352	延长	延伸	362
信奉	信仰	353	严格	严厉	363
信赖	信任	353	严密	周密	363
信念	信心	353	研究	钻研	364
信用	信誉	354	掩盖	掩饰	364
兴建	兴修	354	厌烦	厌恶	364
兴隆	兴盛	354	邀请	约请	365
省悟	醒悟	355	一齐	一起	365
行动	行为	355	依靠	依赖	365
兴趣	兴致	356	遗言	遗嘱	366
性格	性情	356	遗愿	遗志	366
凶恶	凶狠	356	意思	意义	367
雄姿	英姿	357	引诱	诱惑	367
修改	修正	357	隐蔽	隐藏	367
羞怯	羞涩	357	英勇	勇敢	368
虚构	虚拟	358	营建	营造	368
虚假	虚伪	358	拥戴	拥护	368
需求	需要	358	永恒	永远	369
宣布	宣告	359	用处	用途	369
宣传	宣扬	359	优秀	优异	370
喧哗	喧闹	360	悠长	悠久	370
血统	血缘	360	油滑	圆滑	370
寻觅	寻找	360	游览	游历	371
驯服	制服	361	友好	友善	371
			友情	友谊	371
Y			愚笨	愚蠢	372
压抑	压制	362	预报	预告	372
押送	押运	362	预定	预约	372

原因 缘故		373

Z

灾害 灾难		374
赞美 赞扬		374
赞赏 赞叹		374
遭受 遭遇		375
责备 责怪		375
增加 增添		376
展示 展现		376
占据 占领		376
战役 战争		377
照顾 照料		377
珍视 重视		377
侦查 侦察		378
真诚 真挚		378
真实 真正		378
振奋 振作		379
震动 震撼		379
镇定 镇静		380
整顿 整理		380
整洁 整齐		380
证明 证实		381
指点 指示	指引	381
指派 指使		382
制订 制定		382
制造 制作		382
忠诚 忠实		383
重大 重要		383
逐步 逐渐		383
主意 主张		384
祝福 祝愿		384
追查 追究		385
卓越 卓著		385
自负 自信		385
踪迹 踪影		386
阻挡 阻挠		386
尊敬 尊重		386
遵从 遵守		387

哀愁　忧愁　忧虑

【哀愁】āichóu 悲哀愁苦。例：黄昏,给人的感觉是美丽的,但亦带有淡淡的～。

【忧愁】yōuchóu 因遇到困难或不顺心的事而苦闷。例：当感觉苦闷、～而又难以排遣时,听听相声、小品、喜剧,可以化开心中的郁结。

【忧虑】yōulǜ 焦虑,担心。例：大伙的安慰消除了她心中的～与不安。

〈辨析〉都形容人的不愉快心情。"哀愁"着重形容人内心的悲哀和痛苦;"忧愁"着重形容人因境遇不顺、内心不如意而发愁;"忧虑"着重指因担心而发愁。

〈相关〉愁苦　担忧

哀求　央求

【哀求】āiqiú 苦苦地请求。例：即使别人苦苦～,他依然无动于衷,真是个铁石心肠的人。

【央求】yāngqiú 诚恳地请求。例：老刘打电话来～我帮他一个忙。

〈辨析〉都有请求的意思。"哀求"侧重于"哀",有苦苦要求的意思;"央求"侧重于态度,有非常诚恳的意思。

〈相关〉恳求　请求

哀伤　哀痛

【哀伤】āishāng　悲伤。例：她苍白的脸色、~的神情与落寞的背影,让人心生怜惜。

【哀痛】āitòng　悲哀,痛苦。例：听到丈夫遇害的消息,她~欲绝。

〈辨析〉都有悲伤难过的意思。"哀伤"侧重指伤心、伤感,语意较轻;"哀痛"侧重指哀痛、悲痛,语意较重。

〈相关〉悲哀　悲伤

哀怨　幽怨

【哀怨】āiyuàn　因委屈而悲伤怨恨。例：远处的草原上,传来了~的马头琴声。

【幽怨】yōuyuàn　隐藏在内心的怨恨。例：伊桐桐的语气很平,平静中又隐含着一丝~。

〈辨析〉都指内心的怨恨。"哀怨"形容怨恨的悲伤情绪、神态;"幽怨"着重指一种隐藏在内心深处的怨恨之情,为名词。

〈相关〉愁怨　怨恨

爱戴　拥戴

【爱戴】àidài　敬爱拥护。例：周恩来总理受到全国人民的~。

【拥戴】yōngdài　拥护,推戴。例：父亲辽世宗被害时,耶律贤仅四岁,在穆宗统治时他逐渐长大,周围也有了一批~他的文武大臣。

〈辨析〉都有热爱、拥护的意思,使用范围都限于下对上,常常是人民对领袖、学生对师长、群众对德高望重的长者。"爱戴"强调敬重、热爱并拥护;"拥戴"强调全力支持并倍加推崇。

〈相关〉拥护　推戴

爱好　嗜好

【爱好】 àihào　① 对某种事物具有浓厚的兴趣并积极参加活动。例:他~看书。② 指喜爱的事。例:摄影已成为我的一种业余~。

【嗜好】 shìhào　特殊的爱好。例:他有许多不良~,比如酗酒与抽烟。

〈辨析〉都有对事物具有浓厚兴趣的意思。"爱好"语意比"嗜好"轻,常用于好的方面;"嗜好"多指不好的、特殊的、成习惯的喜好。

〈相关〉喜爱　喜好

爱怜　怜惜

【爱怜】 àilián　疼爱。例:几只刚刚出生的小狗很受她的~。

【怜惜】 liánxī　同情;爱护。例:她是那么的小,那么的单薄,让人~与疼爱。

〈辨析〉都指对人或动物的一种关切之情。"爱怜"侧重指喜爱之情;"怜惜"侧重指同情,不一定有喜爱的感情。

〈相关〉疼爱　疼惜

爱慕　倾慕

【爱慕】 àimù　因喜爱敬重而内心向往或愿意接近。例:她是一个~虚荣的姑娘,不会看上一个穷书生的。

【倾慕】 qīngmù　倾心爱慕。例:面对~已久的姑娘,小伙子激动得手足无措。

〈辨析〉都指因喜爱而向往的情感。"爱慕"强调喜爱,既可用于人,也可用于事;"倾慕"强调一心向往,多用于人,语意比"爱慕"重。

〈相关〉敬慕　仰慕

爱惜　珍惜

【爱惜】àixī　因重视而珍惜。例：～时间就是爱惜生命。

【珍惜】zhēnxī　因宝贵而珍重与爱惜。例：我非常～外婆亲手为我做的那双棉鞋,一直把它收藏得好好的。

〈辨析〉都有爱护人或事物,使不受损害的意思。"爱惜"强调特别重视、不忍糟蹋,可用于人和物;"珍惜"强调视如珍宝般地爱惜,多用于物,语意比"爱惜"重。

〈相关〉爱护　珍重

安定　安宁

【安定】āndìng　稳定;平静正常。例：战乱后,老百姓渴望过上～的生活。

【安宁】ānníng　秩序正常,没有骚扰;心情安定。例：这孩子又哭又叫,吵得大家不得～。

〈辨析〉都有平稳安定的意思。"安定"侧重于"定",多形容生活、局势等平静正常;"安宁"侧重于"宁",多形容秩序正常、生活和睦,也形容心情的宁静。

〈相关〉安谧　稳定

安顿　安排　安置

【安顿】āndùn　使人或事物有着落,安排妥当。例：他把家属～好就上工地了。

【安排】ānpái　有条理、有次序地处理事情、安置人员。例：带父母旅行要合理～食宿。

【安置】ānzhì　使人或事物有适当的位置。例：街道社区想方设法～下岗工人。

〈辨析〉都有使人或事物有着落的意思。"安顿"强调安排妥当;"安排"强调分轻重缓急、先后主次而有条不紊地处理人和事物;"安置"强调合理安排人或事物使各得其所,使工作、生活、物品等有适当的位置。

〈相关〉安顿　安放

安分　本分

【安分】ānfèn　安守本分;规矩老实。例:他是个～守己的人。

【本分】běnfèn　① 安分守己。例:他父母都是老实～的农民。② 自己应尽的责任和义务。例:他从小接受良好的教育,很守～。

〈辨析〉都有守规矩、不越轨的意思。"安分"侧重指安守本分,不做违法乱纪的事,为形容词;"本分"除形容安分守己外,还用作名词,指本身应尽的责任和义务。

〈相关〉分内　规矩

安静　宁静

【安静】ānjìng　没有声响;没有吵闹和喧哗。例:同学们～地坐在教室里听老师讲课。

【宁静】níngjìng　安静;安宁。例:在～的夜晚,望着皎洁的月亮,她更加思念远方的亲人。

〈辨析〉都形容没有喧哗吵闹声。"安静"强调没有吵闹和喧哗,多形容环境和气氛;"宁静"强调没有骚扰、不嘈杂,多形容环境和生活,也可形容人的心情。

〈相关〉寂静　平静　清静

安全　平安

【安全】ānquán　没有危险;不出事故。例:经过三个小时的飞行,飞机终于～地降落了。

【平安】píng'ān　没有事故,平稳安全。例:虽然遇到了台风,但我们还是～地到达了目的地。
〈辨析〉都形容没有事故或危险。"安全"有不受威胁的意思,使用范围较广;"平安"没有不受威胁的意思,多用于人身安全,使用范围较窄。
〈相关〉安宁　安稳

安慰　抚慰　劝慰

【安慰】ānwèi　① 心情安适。例:看到我学习进步,爸爸感到很～。② 使人心情安适。例:在我苦闷的时候,她常常来～我。
【抚慰】fǔwèi　使人心情安宁。例:这些书籍曾经滋润我淡漠的心灵,～我黑暗中孤寂的灵魂。
【劝慰】quànwèi　劝解,安慰。例:经过大家的～,她才放心地离开学校。
〈辨析〉都有使人心情安适的意思。"安慰"侧重指使人安心,既可对自己,也可对别人;"抚慰"侧重指安抚、慰问;"劝慰"侧重指用语言劝解、安慰别人,除了使人心情安适外,还有劝导、宽解的意思。
〈相关〉安抚　宽慰

安稳　平稳

【安稳】ānwěn　稳当;安定平稳。例:夜间建筑工地机器的隆隆声吵得居民连觉也睡不～。
【平稳】píngwěn　平安稳当;没有危险;没有波动。例:飞机升空后,～地在云雾里穿行。
〈辨析〉都有平稳的意思。"安稳"侧重于安全、舒适、不摇动,多形容人身或物品;"平稳"侧重于平安,没有波动,多形容物品安置或交通工具运行的状态。
〈相关〉治稳　稳当

安闲　安逸　清闲

【安闲】ānxián　安静,清闲。例:我住到这偏僻的县城以后,生活过得非常～自在。

【安逸】ānyì　安闲,舒适。例:他是个贪图～的人。

【清闲】qīngxián　清静,闲暇。例:平时他种花养鱼,日子过得很清闲。

〈辨析〉都有安安稳稳、安定舒适的意思。"安闲"侧重指清闲自在、无干扰,多形容人,有时也形容物或自然景色;"安逸"侧重指安闲快乐、自由自在不受拘束,多形容人的生活或心情;"清闲"侧重指清静、空闲。

〈相关〉安稳　舒适

安详　慈祥

【安详】ānxiáng　从容不迫,稳重大方。例:他神态～,一点也不慌张。

【慈祥】cíxiáng　仁慈,和蔼。例:老师～的笑容,使我们感到十分亲切。

〈辨析〉都形容人的神态。"安详"除形容人的神态外,还形容人的举止从容、稳重;"慈祥"只用于形容老年人的神态。

〈相关〉慈善　仁慈

安葬　埋葬

【安葬】ānzàng　郑重地埋葬。例:县政府决定把她母亲的骨灰～在家乡的烈士陵园内。

【埋葬】máizàng　① 掩埋尸体。例:他草草地～了父亲后,便离开了村子。② 比喻消灭,清除。例:革命一定要胜利,敌人终将被埋葬。

〈辨析〉都有为死者掩埋遗体的意思。"安葬"多用于比较郑重的场合,表示对死者的尊重,带有庄重色彩,方式不限于土葬掩埋;"埋葬"指掩埋遗体或骨灰,多用于一般场合,还比喻把人或事物消灭,使其不复存在。

〈相关〉下葬　掩埋

按期　按时

【按期】 ànqī　按照规定的期限。例:这条高速公路~建成,马上就要投入使用了。

【按时】 ànshí　按照规定的时间。例:长期以来,奶奶养成了~作息的习惯。

〈辨析〉都有按照规定时间的意思。"按期"强调按照规定的期限做某事,多指与双方有关的行为,其中的期限一般是经过双方商量确定的,时间范围较长;"按时"强调按照规定的时间做某事,既可指双方的行为,也可指动作的一方。

〈相关〉定期　如期

按照　依照　遵照

【按照】 ànzhào　根据,依照。例:你应该~图纸上的尺寸去做。

【依照】 yīzhào　以某事物为根据照着进行。例:在新条例下达以前,一切工作都~原计划进行。

【遵照】 zūnzhào　遵循,按照。例:~医嘱进行治疗十分必要,自行增减药量或找游医治疗会产生不良后果。

〈辨析〉都有以某事物为依据,照着去做的意思。"按照"表示根据某规定或先例等去照办,通用于口语和书面语;"依照"常用在法规条文中,多用于书面语;"遵照"只用于对领导、上级和自己崇敬的人,带有尊敬色彩。

〈相关〉根据　遵循

暗藏　　潜藏

【暗藏】àncáng　藏起来,不让人发现。例:公安人员找到了歹徒～的凶器。

【潜藏】qiáncáng　藏在隐秘处。例:这些病毒～在人体中,损害人的健康。

〈辨析〉都有藏起来的意思。"暗藏"侧重指不让人发现;"潜藏"侧重指借助东西藏起来。

〈相关〉藏匿　掩藏

暗淡　　黯淡　　幽暗

【暗淡】àndàn　① 光线昏暗;色彩不鲜明。例:球场内的灯光非常～,简直无法进行比赛。② 毫无希望。例:这样懈怠下去,公司的前景将十分～。

【黯淡】àndàn　阴沉,昏暗。例:天色～,好像要下雨了。

【幽暗】yōu'àn　昏暗。例:一堂红木家具摆得整整齐齐,越发显出大厅里的～。

〈辨析〉都形容昏暗。"暗淡"和"黯淡"除形容光线、色彩昏暗、不鲜明外,还形容经营不景气或前途没希望;"幽暗"一般不形容色彩,在指光线暗时语意比"暗淡"重。

〈相关〉黑暗　昏暗

肮脏　　龌龊　　污秽

【肮脏】āngzāng　不干净。也比喻人的品行卑鄙、丑恶。例:干净的环境让人心情舒畅,～的环境让人产生一种厌恶的心理。

【龌龊】wòchuò　不干净。也比喻人的品行卑劣。例:在她美丽的外衣里,藏着一个～的灵魂。

【污秽】wūhuì 不干净或不干净的东西。例：每天早上,海鲜店业主们在街上摆摊叫卖海鲜,商品街因此被糟蹋得～不堪、臭气熏人。
〈辨析〉都有不干净的意思。"肮脏"除形容物品、处所等不干净外,还可形容人的思想卑鄙、丑恶;"龌龊"常形容人的思想或灵魂的丑恶和品行的卑劣;"污秽"多形容低级、下流的事物,也用作名词,指不干净的东西。
〈相关〉埋汰　污浊

昂扬　　高昂

【昂扬】ángyáng 精神振奋,情绪、斗志高涨。例：抗洪抢险进入了艰苦的攻坚阶段,数万名军民斗志～,昼夜奋战在一百多公里长的大堤上。

【高昂】gāo'áng 高高地扬起;情绪或声音上升。例：在阴冷的秋天,我们会感到情绪低落,而在阳光明媚的春天,我们会感到情绪～,这其实就是光对情绪的影响。
〈辨析〉都形容精神振奋、情绪高涨。"昂扬"着重形容精神状态、斗志、情绪的高涨;"高昂"既可形容精神状态、情绪,又可形容声音、价格等,还用作动词,指高高地扬起。
〈相关〉高涨　振奋

遨游　　漫游　　周游

【遨游】áoyóu 畅游;远游。例：在读书俱乐部里,我们不仅可以在书海中～,还结识了不少朋友。

【漫游】mànyóu 随意游玩。例：旅游景点区有出租自行车的店铺,骑车四处～极为方便。

【周游】zhōuyóu 到各地游历;游览。例：我一直有个梦想,就是有朝一日背上行李,去～世界。

〈辨析〉都有到处游历的意思。"遨游"着重指到广阔的空间畅游;"漫游"着重指不受拘束、漫无目的地游逛;"周游"着重指有目的、有计划地四处游览。
〈相关〉游览　游历　游玩

翱翔　　飞翔

【翱翔】áoxiáng　在空中回旋地飞。例:一只雄鹰在空中～。
【飞翔】fēixiáng　飞行;盘旋地飞。例:一群海鸥在湛蓝的海面上～。
〈辨析〉都有展翅飞行的意思。"翱翔"指展翅回旋地飞,多用于飞行能力较强的飞禽;"飞翔"指自由、随意地飞行,可用于各种飞禽,也可用于飞机等。
〈相关〉遨游　飞行

鏖战　　激战

【鏖战】áozhàn　激烈的或大规模的战斗;竭力苦战。例:经过～,来自四川的选手力压群雄,获得冠军,幸运地开走了比赛大奖——奥迪轿车。
【激战】jīzhàn　激烈的战斗。例:警方与一伙企图抢劫的匪徒发生了枪战,有3名人质和5名匪徒在～中丧生。
〈辨析〉都指激烈的战斗。"鏖战"侧重指较大空间与较长时间的大规模战斗,一般用于书面语;"激战"泛指激烈的战斗,通用于口语和书面语。
〈相关〉奋战　酣战

傲慢　　高傲

【傲慢】àomàn　看不起人;对人怠慢没有礼貌。例:她对顾客的态度太～了。

【高傲】gāo'ào 自高自大,看不起别人;非常骄傲。例:她不是一个容貌出众的姑娘,但骨子里透出一种~。
〈辨析〉都有看不起别人的意思。"傲慢"强调对人的态度怠慢无礼,有目空一切的意思,为贬义词;"高傲"强调自高自大,轻视别人,有时也含有自尊的意思,为中性词。
〈相关〉骄傲 狂妄

奥妙　微妙　玄妙

【奥妙】àomiào 精深,不一般。例:宇宙天体~无穷。
【微妙】wēimiào 精微深奥,难以捉摸。例:冰川的魅力在于它永不休止的~的变化,而最能体现这一变化的莫过于冰川深处千姿百态的冰洞。
【玄妙】xuánmiào 深奥奇特而难以理解。例:这些魔术看来很~,知道了其中的秘密,其实是很简单的把戏。
〈辨析〉都有不可捉摸或不易了解的意思。"奥妙"强调内容精深,常形容深奥的道理、事理等;"微妙"强调难以捉摸,含有多变不定的意味;"玄妙"强调神气色彩,多形容带有神秘意味的事理。
〈相关〉奥秘 奇妙

懊悔　后悔

【懊悔】àohuǐ 做错事后,心里悔自己不该这样做。例:他~自己不应该这样草率地作出决定。
【后悔】hòuhuǐ 事后懊悔。例:事到如今,~也来不及了。
〈辨析〉都有做错事后心中悔恨不该如此的意思。"懊悔"强调悔恨而感到烦恼,语意较重;"后悔"指事后追悔,多用于口语,较通俗,语意比"懊悔"轻。
〈相关〉懊恼 悔恨

懊丧　沮丧

【**懊丧**】àosàng　因事情不如意而情绪低落、精神不振。例：他直愣愣地望着窗外,脸上露出一副～的神情。

【**沮丧**】jǔsàng　因受到挫折或不得志而心灰意冷、无精打采。例：今天的面试又失败了,他显得很～。

〈辨析〉都有情绪低落、无精打采的意思。"懊丧"侧重于"懊",多指受挫折后心情郁闷、情绪低落;"沮丧"侧重于"沮",多指工作受挫或不得志而灰心丧气的样子,语意比"懊丧"重。

〈相关〉懊恼　丧气

巴掌　　手掌

【巴掌】bā·zhang　手心所在的那一面。例：他高兴得在一边直拍～。

【手掌】shǒuzhǎng　握拳时手心触及的一面。例：他用宽大的～抓住钢丝索。

〈辨析〉都指手心所在的一面。"巴掌"强调的是呈现片的形状,多用于口语;"手掌"强调的是可以抓东西的特点,通用于口语和书面语。

〈相关〉手心　掌心

把柄　　话柄

【把柄】bǎbǐng　器物上用于手拿的部分。比喻可被人抓住进行要挟或攻击的短处。例：老王不敢拒绝他的要求,因为有～在他手里。

【话柄】huàbǐng　被人当作谈笑资料的言行。例：她讲话没遮没拦,稍一不慎,便落下了～。

〈辨析〉都可比喻因言行上的不慎而留下被人利用的资料。"把柄"指被人抓住进行要挟的过失或错误,语意较重;"话柄"指被人们用作谈论取笑的话题,语意较轻。

〈相关〉凭据　证据

把持　　操纵

【把持】bǎchí　① 独占位置、权利等,不让别人参与。例:皇上卧病不起,肃顺等奸人～大权,封锁皇上病重的消息。② 控制情感等。例:她性情暴躁,遇事常常～不住自己。

【操纵】cāozòng　① 控制或开动机械等。例:小李正在～那台机床。② 用不正当的手段支配、控制。例:法律上有一点很明确:凡是利用不正当手段～股价、欺骗投资者的行为属于违法行为。

〈辨析〉都有按自己意图随意支配别人的意思。"把持"强调控制、垄断,多指霸占位置、权利等,不让别人参与;"操纵"强调用不正当的手段支配、控制某事或某人,这种支配控制大多是在幕后进行的,还可指凭技能、技巧控制或管理机器、仪器等。

〈相关〉摆布　控制

把守　　看守

【把守】bǎshǒu　守卫;看管重要的地方。例:一排战士～在小山头,击退了敌人一次又一次的进攻。

【看守】kānshǒu　守卫;照料。例:你的任务就是～好这堆行李。

〈辨析〉都有守卫、保卫的意思。"把守"多用于对重要地方的防卫;"看守"多用于对人、门户、财物的照管。

〈相关〉防守　守卫

把握　　掌握

【把握】bǎwò　① 控制;掌握。例:汽车司机要～好方向盘。② 抓住。例:无论如何你要～这次千载难逢的机会。③ 对事情的成功有信心。例：这次比赛能否获得冠军,大家都没有~。

【掌握】zhǎngwò 熟知并能充分地运用。例：员工都有点怕他,因为他~着公司里的人事大权。

〈辨析〉都有支配和控制某事物的意思。"把握"强调拿住、抓住,对象常是物体、时间、机会等;"掌握"强调支配、运用并控制,对象常是理论、政策、技术等。

〈相关〉控制 掌控

爸爸 父亲

【爸爸】bà·ba 父亲。例：他的~、妈妈都是中学教师。

【父亲】fù·qin 子女对双亲中的男性称父亲。例：他的~喜欢晚饭后下几盘象棋。

〈辨析〉都是子女对双亲中的男性的称呼。"爸爸"带有亲切、随便的色彩,可用于当面称呼,也可用于不当面称呼,多用于口语;"父亲"带有敬重的色彩,一般不用于当面称呼,多用于书面语。

〈相关〉爹爹 老爸

霸占 强占

【霸占】bàzhàn 倚仗权势占为己有。例：在旧社会,农民的土地全被地主~了。

【强占】qiángzhàn 用暴力侵占或武力攻占。例：王老汉因为~公用通道,与隔壁邻居发生了冲突。

〈辨析〉都有用强力夺取、占有的意思。"霸占"指强横无理地占有,对象可以是财物,也可以是人;"强占"多指用暴力或武力占有。

〈相关〉占领 占有

白净　　白皙

【白净】báijìng 洁白干净。例：他二十多岁，～的四方脸上显出温文尔雅的神情。

【白皙】báixī 肤色白净。例：她原先～的皮肤被太阳晒得黝黑发亮。

〈辨析〉都可形容皮肤白。"白净"强调皮肤干净、不肮脏；"白皙"强调皮肤洁白、细腻。

〈相关〉白嫩　白润

白天　　白昼

【白天】báitiān 从天亮到天黑的一段时间。例：今天～以晴为主，适宜户外活动。

【白昼】báizhòu 白天。例：广场上灯火通明，如同～。

〈辨析〉都指从天亮到天黑的一段时间。"白天"多用于口语；"白昼"多用于书面语。

〈相关〉白日　日间

摆动　　摇摆

【摆动】bǎidòng 来回摇动。例：河岸边的柳树发芽了，柔软的枝条在微风的吹拂下轻轻～。

【摇摆】yáobǎi 来回移动或变动。例：你要站稳立场，不可能左右～。

〈辨析〉都有来回地动的意思。"摆动"强调来回摇动、不静止，只用于具体的事物；"摇摆"强调摇来摆去、不稳固，可用于具体的事物，也可用于抽象的事物。

〈相关〉摇动　摇晃

摆设　陈设

【摆设】bǎishè　安放;布置。例:小小的客厅里,东西~得恰到好处。

【陈设】chénshè　① 陈列,摆放。例:小敏房间里~着一套高级音响。② 摆设的东西。例:校长办公室的~十分简朴。

〈辨析〉都有安放物品的意思。"摆设"强调物品摆放的顺序有一定的艺术性;"陈设"除指物品摆放在适当的位置上供人观看、欣赏外,还用作名词,指摆放的物品。

〈相关〉布置　陈列

摆脱　解脱　挣脱

【摆脱】bǎituō　脱离束缚、牵制、困境等。例:经过全厂职工一年多的共同努力,厂里终于~了困境。

【解脱】jiětuō　从某种事件下摆脱出来。例:改革开放使无数农民从贫困中~出来。

【挣脱】zhēngtuō　用力挣扎,摆脱束缚。例:为了~婚姻的枷锁,她毅然决然地走进了法院大门。

〈辨析〉都有力图离开某种不利情况和境遇的意思。"摆脱"的对象往往是困境、厄运、贫困等无形的束缚;"解脱"指自己把自己从不幸、不愉快、烦恼的境遇中解放出来;"挣脱"多用于锁链、包围、绳索等有形的束缚。

〈相关〉脱离　脱身

败坏　损坏

【败坏】bàihuài　损害;破坏。例:必须坚决制止这种~社会风气的行为。

【损坏】sǔnhuài　使失去原来的使用效果。例:~公物必须赔偿。

〈辨析〉都有损害、破坏的意思。"败坏"多用于名誉、风气等抽象事物,还可形容人的思想品德低劣;"损坏"多用于物品等具体事物。

〈相关〉毁坏　破坏　损害

败落　衰落

【败落】bàiluò　由盛而衰;破落;衰落。例:因家道~,他只好将祖先流传下来的宝贝卖掉,以维持生计。

【衰落】shuāiluò　由兴盛转向没落。例:明清时代,是中国的封建社会开始走向~并最终终结的时期。

〈辨析〉都有由盛转衰的意思。"败落"一般指家庭、家族的破落,使用范围较窄;"衰落"指政治、经济、文化等由盛转衰,使用范围较广。

〈相关〉没落　破落

败兴　扫兴

【败兴】bàixìng　遇到不希望有的事而使情绪低落。例:现场四万多名北京球迷盼着国安赢球,但最终的平局令他们~而归。

【扫兴】sǎoxìng　正高兴的时候,遇到不愉快的事情而使兴致低落。例:我正打算出去购物,没想到下起大雨,太~了。

〈辨析〉都有兴致不高、情绪低落的意思。"败兴"侧重指遇到不愉快的事情兴致被破坏了,但不一定强调情绪突变;"扫兴"侧重指正在兴头上,遇到了不愉快的事而使情绪低落。

〈相关〉没趣　失望

拜访　拜会　拜谒

【拜访】bàifǎng　访问;探望。例:重阳节那天,我们去~了敬老院里的老人。

【拜会】bàihuì 拜访会见。多指外交上的正式访问。例：代表团决定立刻就去～乔外长。

【拜谒】bàiyè 拜访，谒见。例：他换了套新衣服去～冯玉祥将军。

〈辨析〉都有尊敬地访问对方的意思。"拜访"泛指一般的访问，带尊敬的色彩；"拜会"侧重指会见，常用于外交场合，带有庄重色彩；"拜谒"多用于拜访地位高或德高望重的人物，还专用于瞻仰陵墓、碑碣。

〈相关〉拜见 拜望

颁布　　公布

【颁布】bānbù 政府公布条令、条例等。例：新的婚姻法已经～。

【公布】gōngbù 公开发表。例：全国高校毕业生就业率正式向社会～。

〈辨析〉都有公开发布的意思。"颁布"使用范围较窄，一般用于法令、条例、政令等；"公布"使用范围较广，可用于法令、条例，也可用于团体的通知、事项等。

〈相关〉发布

斑白　　花白

【斑白】bānbái 头发花白。例：她突然发现自己的鬓发竟有点～了。

【花白】huābái 毛发黑白混杂。例：他身材很高大，青白脸色，蓄着一把乱蓬蓬的～胡子。

〈辨析〉都有毛发颜色黑白混杂的意思。"斑白"多用于书面语；"花白"多用于口语。

斑驳　　斑斓

【**斑驳**】bānbó　形容在一种颜色里杂有别的颜色。例：她穿的衣服颜色太~,给人感觉不稳重。

【**斑斓**】bānlán　形容颜色错杂,灿烂多彩。例：为庆祝元旦的到来,各商家把门面装点得~绚丽,多姿多彩。

〈辨析〉都形容颜色多样。"斑驳"强调颜色的混杂,可以很美,也可以不美;"斑斓"强调光彩耀眼,颜色混杂,色彩美丽。

〈相关〉驳杂　纷杂

办法　　措施　　方法

【**办法**】bànfǎ　解决问题或处理问题的方式方法。例：我没有~控制其他人的想法。

【**措施**】cuòshī　处理事情所采取的办法。例：政府应该采取有力的~控制环境污染。

【**方法**】fāngfǎ　解决问题的门路、程序等。例：这种治疗手段,~简便,疗效好,疗程短,具有推广价值。

〈辨析〉都指处理事情和解决问题的方式方法。"办法"可用于大事,也可用于小事,口语色彩较浓;"措施"一般用于大事或比较重要的事情,多用于书面语;"方法"着重指解决问题的法子、程序和具体做法,应用范围较广。

〈相关〉点子　主意

半道　　半路

【**半道**】bàndào　半路;中途。例：听说家里来了重要的客人,他只得~折回。

【**半路**】bànlù　路程的一半或中间。比喻事情正处在进行的过程中。例：走到~,他才想起作业本没带。

〈辨析〉都指路程的一半或在途中。"半道"多用其本义,多用于书面语;"半路"还比喻事情正处在进行的过程中,多用于口语。
〈相关〉半途　中途

伴随　伴同

【**伴随**】bànsuí　跟随;随同。例:～着新技术革命的到来,必将出现一个生产飞跃的时代。

【**伴同**】bàntóng　陪同;一同。例:我～你去医院,不用太紧张。

〈辨析〉都有随同的意思。"伴随"多用于书面语,语气较文雅、庄重;"伴同"多用于口语。

〈相关〉跟随　随同

帮助　辅助　协助

【**帮助**】bāngzhù　替别人出力、出主意或给他人以物质上或精神上的支援。例:在我最困难的时候,他给了我很多～。

【**辅助**】fǔzhù　从旁帮助。例:我们应大力～边远地区,实现共同致富。

【**协助**】xiézhù　帮助;辅助。例:课代表～老师把作业本收好。

〈辨析〉都有替别人出力、给对方支援的意思。"帮助"侧重指替别人出力、出主意,可以与被助者共同做,也可代替被助者做;"辅助""协助"侧重指从旁帮助,不取代被助者。

〈相关〉帮忙　援助　支持

榜样　模范

【**榜样**】bǎngyàng　值得学习和效法的人或事。例:雷锋是我们学习的～。

【**模范**】mófàn　榜样。例:老王是厂里的劳动～,大伙都很尊敬他。

〈辨析〉都指可供学习、效仿的对象。"榜样"通常指值得学习的好人或好事,也可指坏人或坏事,可用于个人,也可用于集体,为中性词;"模范"通常指正面的、值得学习的好人或好事,为褒义词。

〈相关〉典范　楷模

傍晚　黄昏

【傍晚】bàngwǎn　将近晚上的时候。例:我和他约好在～时分碰头。

【黄昏】huánghūn　日落后天黑前的时候。例:夕阳浅浅地洒在窗玻璃上,屋里一片暗红,这应该是个很美丽的～。

〈辨析〉都指接近晚上的时间。"傍晚"以将近晚上的时间概念构词,多用于口语,时间上比"黄昏"稍晚一些;"黄昏"以景色特点构词,多用于书面语。

〈相关〉薄暮　日暮

包庇　袒护

【包庇】bāobì　暗中保护、支持坏人坏事。例:他因为做假证～朋友的贪污行为而被拘留。

【袒护】tǎnhù　无原则地偏向或庇护某一方。例:作为父母～自己的孩子是很正常的事。

〈辨析〉都有保护、支持别人的错误的意思。"包庇"侧重指掩护、支持坏人坏事,语意较重;"袒护"侧重指因偏爱或私心庇护有缺点错误的人或事,语意较轻。

〈相关〉庇护　掩护

包含　包括　包罗

【包含】bāohán　里面含有。例:素质教育应该是一个全方位的概念,其中必然~着应试能力。

【包括】bāokuò 包含,总括。例:登山队长挑选了十名队员,~一名随行医生。

【包罗】bāoluó 包括一切;统统网罗在内。例:曼谷的小食摊~万象,除水果、饮料外,还有卖烤肉串的、卖炒米粉的,应有尽有。

〈辨析〉都有容纳、含有的意思。"包含"侧重指事物里面存在着,对象多是抽象事物;"包括"侧重指包含在某一范围之内,往往列举其中的各部分或着重指出某一部分,对象既可以是抽象事物,也可以是具体事物;"包罗"指大范围的包括,几乎无一遗漏。

〈相关〉包容　蕴含

包围　包抄

【包围】bāowéi 正面进攻的同时,向敌人的左右和后方进攻。例:我军分几路向敌军~过去。

【包抄】bāochāo 绕到敌人的侧面或背面进攻。例:日军~过来,想活捉赵一曼。

〈辨析〉都有从侧面进攻的意思。"包围"不仅用于军事行动,也可用于日常生活,指从四周围住;"包抄"一般只作军事术语使用,适用范围较小。

〈相关〉围困

包蕴　含蕴

【包蕴】bāoyùn 里面含有。例:这几句朴素的话~着意味深长的哲理。

【含蕴】hányùn 含有,蕴藏。例:母亲的樱唇上~着天下的温柔,眼波中凝聚着人间的智慧。

〈辨析〉都有含有的意思。"包蕴"多用于话语;"含蕴"多用于思想、感情等。

〈相关〉包含　蕴含

褒奖　夸奖

【褒奖】bāojiǎng　表扬奖励。例：市政府～支援北京小汤山的医生们。

【夸奖】kuājiǎng　赞美；称赞。例：弟弟今天得到了老师的～，心里美滋滋的。

〈辨析〉都有称赞、表扬的意思。"褒奖"侧重指表扬和奖励，包括物质上的奖励，多用于上对下、领导对群众、组织对个人；"夸奖"侧重指口头上的表扬，使用范围较广，可用于大对小、上对下，也可用于平辈。

〈相关〉称赞　嘉奖

宝贝　宝物

【宝贝】bǎobèi　① 珍奇的东西。例：他把这颗钻石当作～。② 对小孩的爱称。例：小～长得很可爱。③ 无能或荒唐的人。例：他什么事都不会干，真是个～。

【宝物】bǎowù　珍贵的东西。例：这尊佛像可是玉佛寺的宝物啊！

〈辨析〉都有珍贵的意思。"宝贝"除了指珍贵的东西外，还可指心爱的人、无能或荒唐的人；"宝物"只指物品。

〈相关〉瑰宝　珍宝

宝贵　珍贵

【宝贵】bǎoguì　① 极有价值；非常难得。例：生命是～的。② 当作珍宝看待；重视。例：他向同行介绍了最可～的经验。

【珍贵】zhēnguì　价值大，稀有贵重，意义深刻。例：爷爷捐献了一批很有历史价值的～照片。

〈辨析〉都有很有价值、值得重视的意思。"宝贵"强调非常难得,多从对象所具有的价值上着眼;"珍贵"强调稀有、珍奇,多从对象所具有的意义上着眼。

〈相关〉金贵　名贵

饱满　丰满

【饱满】bǎomǎn　充足;充实。例:载誉归来的运动员们个个精神~,笑容满面。

【丰满】fēngmǎn　丰盛;充足。例:体形~的人,只要懂得穿着搭配,也可以使自己显得苗条。

〈辨析〉都有充实、充足的意思。"饱满"可用于具体事物,也可用于抽象事物,但不能用来形容人体;"丰满"多用于具体事物,还常用来形容人身体胖得匀称好看。

〈相关〉饱和　充足

保持　维持

【保持】bǎochí　维持原状,使不消失或减弱。例:经常开窗通风可~房间空气清新。

【维持】wéichí　使继续存在下去。例:在海外留学期间,他只能靠打工~生活。

〈辨析〉都有保持原状、不使改变的意思。"保持"强调维持原样,时间延续较长,常用于水平、水分、传统、联系、热情等;"维持"强调事物在一定时间和限度内不改变,时间延续相对要短些,常用于生活、现状、秩序、状态、生命等。

〈相关〉维护　维系

保存　保留

【保存】bǎocún　使事物连续存在,不受损失或不发生变化。

例：广西桂林发掘出一座~完好的千年古镇。

【保留】bǎoliú ① 保存不变；留下。例：卫生部表示，医院发热门诊将长期~，以方便群众就医。② 留着；不处理。例：不同意见暂时~，下次会议继续讨论。③ 不公开拿出来。例：师傅毫无~地把技术传授给徒弟。

〈辨析〉都有使事物存留下来，不丢失、不改变的意思。"保存"强调继续存在，不遗失或不损失；"保留"强调留下来，不离开或不变更，还含有留着不处理、不公开拿出来的意思。

〈相关〉储存　留存

保护　维护

【保护】bǎohù　使人或事物不受到损害或破坏。例：为了~国家的财产，他牺牲了年轻的生命。

【维护】wéihù　维持，使免遭破坏。例：要~老年人的合法权益，发扬敬老、养老的传统美德，树立良好的社会风尚。

〈辨析〉都有使不受损害、不遭破坏的意思。"保护"使用范围较广，多用于具体的人或事物，也可用于抽象事物；"维护"多用于抽象事物，着重在维持原状。

〈相关〉护卫　守护

保卫　捍卫

【保卫】bǎowèi　保护，使不受侵犯。例：王伟牺牲了，但他~祖国的勇敢精神永存。

【捍卫】hànwèi　保护，抵御。例：我们要时时刻刻~祖国的疆土。

〈辨析〉都有护卫使不受侵犯的意思。"保卫"适用范围较广，多用于具体的人和事物；"捍卫"着重于抵御、抗击外来的侵略，使用范围较窄，多用于抽象的事物，语意比"保卫"重。

〈相关〉护卫　守卫

保障　保证

【保障】bǎozhàng　① 确保,使不受侵犯或损害。例:发展经济,～供给是我国的一项基本国策。② 起保障作用的事物。例:技艺高超是提前完成任务的～。

【保证】bǎozhèng　担保;确保。例:全厂职工很有信心,～完成今年的生产任务。

〈辨析〉都有确保、切实做到的意思。"保障"强调确保使不受侵犯或损害,多用于重大事物;"保证"强调确保做到,使用范围较广。

〈相关〉担保　确保

保重　珍重

【保重】bǎozhòng　注意保护身体健康。例:母亲关照儿子,出门在外,要多加～。

【珍重】zhēnzhòng　① 珍爱、重视,重要或难得的事物。例:人才难得,我们一定要～。② 保重身体。例:就要各奔东西了,我们喝下这杯离别的酒,互道一声～吧。

〈辨析〉都有希望别人注意身体健康的意思。"保重"指希望别人重视身体健康,使用范围较小;"珍重"除指希望别人注意身体健康外,还指珍爱、重视重要或难得的事物。

〈相关〉珍爱　珍惜

报酬　酬劳　酬谢

【报酬】bàochóu　由于使用别人的劳动、物件等而付给别人的钱或实物。例:你们要给那些帮助搬运行李的人一定的～。

【酬劳】chóuláo　① 用金钱礼物慰问出力的人。例:他备了一桌酒席,~各位亲朋好友。② 给出过力的人报酬。例:这是你应该得到的~。

【酬谢】chóuxiè 用礼物、金钱等向人表示谢意。例:他们特地带上礼物上门~救命恩人。

〈辨析〉都有给人钱物的意思。"报酬"是名词,侧重指劳动所得;"酬劳"既有用钱财报答别人的意思,用作动词,又指报答别人的钱财,用作名词;"酬谢"是动词,侧重指用金钱或礼物等表示谢意。

〈相关〉酬报 酬金

报答 报效

【报答】bàodá 用实际行动回报别人的好意或帮助。例:他用一枚闪亮的金牌为祖国赢得了荣誉,并~了大家对他的信任。

【报效】bàoxiào 为回报恩情而尽力。例:为~祖国,全国各地的高校学子踊跃应征入伍。

〈辨析〉都有用实际行动回报别人的意思。"报答"指受到别人的恩惠,用行动回报;"报效"指为回报恩情献出力量甚至生命,多用于对祖国和人民,语意比"报答"重。

〈相关〉酬报 回报

抱负 理想 志向

【抱负】bàofù 远大的志向。例:他因为疾病而过早地离开了人世,没能实现自己的~。

【理想】lǐxiǎng ① 对未来事物的想象或希望。例:青年人要树立远大的~。② 符合愿望的;使人满意的。例:他有一份~的工作。

【志向】zhìxiàng 关于将来要做什么事的意愿和决心。例:他整天在外游荡,没有什么~。

〈辨析〉都有对未来的希望和决心的意思。"抱负""志向"都是名词,指一个人关于将来如何投身社会、实现人生价值的决心和打算;"理想"除用作名词外,还可用作形容词,指符合愿望的、令人满意的。

〈相关〉雄心　壮志

抱歉　道歉　负疚

【抱歉】bàoqiàn　心中不安,觉得对不起别人。例:我刚才错怪了你,实在～。

【道歉】dàoqiàn　向别人表示歉意。特指认错。例:如果你意识到自己的错误,就应该向他赔礼～。

【负疚】fùjiù　感到内疚,对不起人。例:有部分高考失利的学生,因为自己榜上无名,感到愧对双亲,～不安。

〈辨析〉都有心中怀有歉意的意思。"抱歉"侧重指觉得心中不安,为形容词,多用于口语;"道歉"侧重指向人认错,用语言向别人表示歉意,为动词;"负疚"侧重指由于心中不安而成为感情上的一种压力,语意比"抱歉"重,为动词,多用于书面语。

〈相关〉愧疚　歉疚　致歉

抱怨　埋怨

【抱怨】bàoyuàn　因心中不满而数说别人不对。例:"上网速度太慢"是网民们～的首要问题。

【埋怨】mányuàn　因事情不如意或心中不满而责怪别人。例:在车站的月台上,错过了火车的一对夫妻正在相互～。

〈辨析〉都有因不满而责怪别人的意思。"抱怨"重在表示不满,多用于责怪别人,一般不用于自己对自己;"埋怨"重在表示责备,程度比"抱怨"轻,除用于事物或他人外,还可用于自己。

〈相关〉责备　责怪

暴动　　暴乱

【暴动】 bàodòng　阶级或集团为了破坏政治制度、社会秩序而采取的集体暴力行动。例：1927年9月,毛泽东领导农民发动了秋收～。

【暴乱】 bàoluàn　破坏秩序的武装骚乱。例：警察使用催泪瓦斯驱散～人群。

〈辨析〉都有采取武力行动的意思。"暴动"既可用于正义的行动,也可用于非正义的行动,为中性词;"暴乱"强调武装骚乱,为贬义词。

〈相关〉动乱　骚乱

暴发　　爆发

【暴发】 bàofā　突然兴起;突然间发生某种意外的事。例：山洪突然～,刚修建的河堤被冲坍了。

【爆发】 bàofā　突然发作;突然发生。例：一曲唱罢,观众席中～出一阵阵热烈的掌声。

〈辨析〉都有突然兴起、迅猛地发生的意思。"暴发"侧重来得突然而猛烈,使用范围较窄,常用于洪水,还可指用不正当手段突然得势、发财;"爆发"比喻像弹药爆炸一样突然、迅猛地发生,使用范围较广,可用于火山、战争、起义、巨大的声音等,还可表示个人力量、情绪等的突然发作。

〈相关〉发作　突发

暴露　　显露

【暴露】 bàolù　使原来隐蔽的事物、矛盾、问题等显露出来。例：一场热身赛～出这支足球队的许多问题,尤其是后防不稳的毛病更为突出。

【显露】xiǎnlù 现出;原来看不见的变成看得见的。例:洪水过后,那块奇石又~出来。
〈辨析〉都有使隐藏的东西变得看得见的意思。"暴露"多用于消极方面;"显露"不限于消极方面。
〈相关〉表露　透露

暴躁　　急躁

【暴躁】bàozào 遇事容易急躁,不能控制感情。例:她的性情异常~,动不动就大光其火。
【急躁】jízào 遇到不称心的事情易于激动。例:她~不安,连着几夜翻来覆去睡不着觉。
〈辨析〉都有性急、不冷静的意思。"暴躁"强调性格粗暴,不能控制感情,动不动就发脾气,语意较重;"急躁"强调情绪激动,没有耐心或指性急而考虑不周全,语意较轻。
〈相关〉暴烈　火暴　焦躁

卑鄙　　卑劣

【卑鄙】bēibǐ 语言、行为或道德品质卑下恶劣。例:这种无中生有、嫁祸他人的做法实在太~了。
【卑劣】bēiliè 卑鄙,低劣。例:为了得到晋升的机会,他使出了~的手段。
〈辨析〉都有不道德、恶劣的意思。"卑鄙"多指品德、言行不道德、恶劣;"卑劣"多指手段、行为低劣无耻,语意比"卑鄙"重。
〈相关〉低劣　恶劣

卑微　　低微

【卑微】bēiwēi 地位低下而渺小。例:在凉凉的黑夜里,听着蟋蟀发出那富有磁性的声音,竟使我对这~而顽强的黑色小生命充满了敬意。

【低微】dīwēi ①身份或地位低。例:梦虽虚幻,却是自己的梦想;位虽~,却是自己的岗位;屋虽简陋,却是自己的家;志虽渺小,却是自己的追求。②声音细小。例:幽静的花园里传出一阵~的哭泣声。③待遇低;收入少。例:小余是一家企业里的普通职工,妻子也是收入~的打工者。

〈辨析〉都有地位低下的意思。"卑微"强调地位低下而渺小,语意比"低微"重;"低微"强调身份或地位低下,还含有声音微弱、收入微薄的意思。

〈相关〉卑贱　低贱

悲哀　悲痛

【悲哀】bēi'āi　伤心,哀愁。例:老人越想越~,亲生儿子竟然嫌弃他、不认他。

【悲痛】bēitòng　伤心,痛苦。例:妈妈的泪只有往心里流,说不尽的~也只能克制在心里。

〈辨析〉都有伤心痛苦的意思。"悲哀"侧重内心哀愁,语意较轻;"悲痛"侧重内心因悲伤而痛苦,语意较重。

〈相关〉悲切　悲怆

悲惨　凄惨

【悲惨】bēicǎn　处境或境遇极其不幸,令人伤心。例:听了老人诉说的~遭遇,我不禁潸然泪下。

【凄惨】qīcǎn　凄凉,悲惨。例:受伤的大雁发出的声音是那么的~,听了让人心碎。

〈辨析〉都有不幸、惨苦的意思。"悲惨"重在"悲",表示不幸、令人伤心,多形容人的处境或遭遇;"凄惨"重在"凄",多形容生活情状的悲惨、凄苦。

〈相关〉悲凉　凄凉

悲观　　失望

【**悲观**】bēiguān　精神不振作,对事物、未来没有信心,态度消极。例:一颗有生命的种子,如果不落在肥土里,而是落在瓦砾堆里,它也决不会～,决不会叹气。

【**失望**】shīwàng　①感到没有希望;失去信心。例:她后来的表现实在令人～。②因希望未实现而不愉快。例:对于落选国家队,大刘非常～。

〈辨析〉都有失去信心、失去希望的意思。"悲观"语意较重,指对未来丧失信心;"失望"语意较轻,指失去希望或不能如愿。

〈相关〉灰心　消沉

悲凉　　凄凉

【**悲凉**】bēiliáng　悲哀,凄凉。例:望着遍地残砖破瓦,爷爷的心头涌上一种～的感觉。

【**凄凉**】qīliáng　寂寞冷落;悲凉。例:没想到当年那么意气风发的他,晚年生活竟这般～。

〈辨析〉都有悲哀寂寞的意思。"悲凉"形容声音、情绪、境遇等悲哀;"凄凉"使用范围较广,除了形容心境之外,还可形容环境和景色,含有凄惨、冷落、荒凉的意思。

〈相关〉悲哀　凄惨

奔波　　奔忙

【**奔波**】bēnbō　忙忙碌碌地往来奔走。例:他常年在外～,家里的老人只能由他妻子照顾。

【**奔忙**】bēnmáng　奔走,忙碌。例:经过他四处～牵线,终于为小王落实了新的工作单位。

〈辨析〉都有不辞辛劳到处忙碌的意思。"奔波"侧重指往来不停地忙碌,历尽辛劳,多用于人的生活、事业,语意较重;"奔忙"侧重指事情繁多,四处奔走活动,语意较轻。
〈相关〉奔走　忙碌

奔驰　奔跑　奔腾

【奔驰】bēnchí　车、马等快速地跑。例:一辆辆汽车在高速公路上～。

【奔跑】bēnpǎo　很快地跑。例:我犹如脚底生风,几乎是一路～着冲到了队伍的最前面。

【奔腾】bēnténg　飞奔腾越;水流汹涌。例:火山爆发时,彤红的岩浆如万马～咆哮而下。

〈辨析〉都有快速地跑的意思。"奔驰"用于车、马,一般不用于人,现多用于交通工具;"奔跑"使用范围广,既可用于车、马,也可用于人或其他动物;"奔腾"强调跳跃,常用于马,也比喻河流、山洪、大海等液体的流动,还可比喻人的思想感情的变化。
〈相关〉飞驰　疾驰

奔放　豪放

【奔放】bēnfàng　思想、感情、气势等尽情流露、不受拘束。例:南美音乐有着特别的风情,古巴音乐更是旋律～流畅,令人闻歌起舞。

【豪放】háofàng　气魄大而无所拘束。例:正是他这种～不羁的性格深深地吸引了我。

〈辨析〉都有不受拘束的意思。"奔放"强调思想、感情、气势、旋律等的尽情表露;"豪放"强调有气势,毫无拘束,多形容人的性格、性情或艺术作品的基调等。

〈相关〉豪迈　豪爽

奔赴　奔向

【**奔赴**】bēnfù　奔向一定的目的地。例：红军的主力渡过大渡河,浩浩荡荡地～抗日的最前线。

【**奔向**】bēnxiàng　向某个方向奔跑。例：全国人民团结一致,～新目标。

〈辨析〉都有向某个方向奔跑的意思。"奔赴"一般都有比较明确的目的地;"奔向"的目标比较抽象。

〈相关〉赶赴　前往

本来　原来

【**本来**】běnlái　① 原有的;原先;以前。例：墙壁被刷上了新漆,～的颜色已看不清了。② 表示理所当然。例：这件事～就应该这样办的。

【**原来**】yuánlái　① 起初;没有变动过的。例：我们商量后决定还是按～的计划进行。② 表示发现真实情况。例：10号队员今天没有上场比赛,～他的脚扭伤了。

〈辨析〉都有原先、起初的意思。"本来"强调原先的情况;"原来"强调起初是这样,现在可能已有了变化。

〈相关〉起初　原先

本领　本事　能耐

【**本领**】běnlǐng　技能;能力。例：在大学期间,他掌握了许多学习～,增长了不少知识。

【**本事**】běnshì　办事的能力。例：他凭自己的～吃饭。

【**能耐**】néngnài　技能;本领。例：他～大,让他去办吧。

〈辨析〉都有技能、能力的意思。"本领"侧重指难度较大、比较难掌握的技能,需要经过专门训练才能具备,多用于书面语;

"本事""能耐"指一般的、容易掌握的技巧和技能,多用于口语。
〈相关〉才干　才能　技能　能力

本性　　天性

【**本性**】běnxìng　原有的性质或个性。例:他虽然很固执,但~善良,爱行侠仗义、劫富济贫。

【**天性**】tiānxìng　人先天具有的品质或性情。例:她有着女人的~,柔弱温顺,对丈夫言听计从。

〈辨析〉都指人具有的品性。"本性"着重指本身固有的品质或性格,可用于人或其他动物;"天性"着重指人先天具备的品质或性格。

〈相关〉秉性　品性

本质　　实质

【**本质**】běnzhì　事物本身具有的决定事物性质、面貌和发展的根本属性。例:这些学生虽然有各种各样的缺点,但~还是好的。

【**实质**】shízhì　事物本来的,决定其性质的根本属性。例:我们不能仅仅看到问题的表面,还要分析其~。

〈辨析〉都有本身所具有的内在属性的意思。"本质"既可指事物的根本属性,也可指人的根本属性,适用范围较广;"实质"指事物实在的、实际的属性,只用于抽象事物。

〈相关〉属性　性质

笨重　　沉重

【**笨重**】bènzhòng　① 繁重而费力。例:他长期从事~的体力劳动。② 沉重,不灵巧。例:这种家用吸尘器太~,可以淘汰了。

【**沉重**】chénzhòng　① 分量大,负担重。例:~的工作压得他喘不过气来。② 心情不愉快。例：更让她感到心情～的,是好久没有得到他的消息了。
〈辨析〉都有繁重而费力的意思。"笨重"还可形容物体沉重、不灵巧;"沉重"还可形容心情不愉快。
〈相关〉粗重　繁重

崩溃　瓦解

【崩溃】bēngkuì　完全破坏;彻底垮台。例：妈妈去世的消息传来,小张的精神彻底～了。

【瓦解】wǎjiě　① 比喻崩溃或分裂。例：这种封建思想体系早已～。② 使敌对力量崩溃、分裂。例：在我方的猛烈攻击之下,敌军迅速～,纷纷缴枪投降。

〈辨析〉都有解体、垮台的意思。"崩溃"侧重指像山崩水溃一样完全解体,语意较重,多用于国家、政治、军事、经济等,也可用于人的精神、心理等;"瓦解"侧重指像瓦坏一样迅速解体、破裂,语意较轻,除用于政治、军事、经济等外,还可用于斗志、士气等。

〈相关〉解体　溃散

逼近　接近

【逼近】bījìn　靠拢;接近。例：台风渐渐～珊瑚岛。

【接近】jiējìn　靠拢;相距不远。例：你要多～他、关心他。

〈辨析〉都有相距不远的意思。"逼近"强调带着威逼的气势向目标前进,还可用于时间即将临近;"接近"强调缩小与目标的距离,就要接触到,没有威逼的气势。

〈相关〉迫近　贴近

逼真　真切

【逼真】bīzhēn　① 真切,清楚。例：借助高倍望远镜,远处的美景～地呈现在我们眼前。② 像真的一样。例：我奶奶的那幅肖像画画得非常～。

【真切】 zhēnqiè　① 清楚；一点不模糊。例：我～地感受到老师的一片爱心。② 真挚恳切。例：大家～地希望老年人能够得到全社会的关爱。

〈辨析〉都有清楚的意思。"逼真"还含有极像真的意思,语意较重;"真切"还有真挚恳切的意思。

〈相关〉切实　清楚

比赛　竞赛

【比赛】 bǐsài　比较本领、技术的高低。例：天气也是影响足球～结果的一个重要因素。

【竞赛】 jìngsài　竞争。例：这次有奖知识～极有娱乐性、挑战性和刺激性。

〈辨析〉都有比高低、争输赢的意思。"比赛"强调比高低,多用于体育活动和文化娱乐方面;"竞赛"强调争优胜,多用于劳动、学习、军事等方面。

〈相关〉竞技　竞争

笔直　笔挺

【笔直】 bǐzhí　很直。例：这里虽然是个小镇,但街道干净整洁,马路宽敞～。

【笔挺】 bǐtǐng　很直地立着。例：他很重视这份工作,每天西装～地去上班。

〈辨析〉都有很直的意思。"笔直"强调直,适用范围较广;"笔挺"强调挺,一般只用于直立的东西。

〈相关〉挺拔　挺直

鄙薄　鄙视

【**鄙薄**】bǐbó 轻视;认为微不足道。例:听说老人是个富翁,售楼小姐立刻改换了原先那副~的神情。

【**鄙视**】bǐshì 轻视;看不起。例:女营业员~傲慢的态度激怒了两位顾客。

〈辨析〉都有轻视、看不起的意思。"鄙薄"侧重于轻视,认为轻薄、微不足道,多用于书面语;"鄙视"侧重于看不起,认为卑贱、低劣,语意较重。

〈相关〉鄙夷　蔑视　轻视

必定　一定

【**必定**】bìdìng 表示判断或推论的确凿或必然。例:只要我们树立众志成城的必胜信念,~会战胜困难。

【**一定**】yīdìng 表示坚决或十分肯定。例:专家提醒消费者,购买医疗保险~要慎重。

〈辨析〉都有必然如此的意思。"必定"强调判断或推论的确凿无疑;"一定"除强调主观分析或看法的正确无误外,还可表示主观愿望或决心,强调说话人的态度坚决。

〈相关〉必然　肯定

必须　必需

【**必须**】bìxū 表示事理上或情理上的必要;一定要。例:要推动这项工作,~设置一个专门机构。

【**必需**】bìxū 一定要有的;不可少的。例:水是构成人体的重要物质,也是人体~的营养素。

〈辨析〉都有一定要的意思。"必须"指一定要这样,不这样不行,用作副词,只能修饰动词和形容词;"必需"指一定要有,没有了不行,用作动词,能作定语、谓语。
〈相关〉务必　务须

毕生　一生

【毕生】bìshēng　一生;终生。例:她把～精力都倾注于教育事业。

【一生】yīshēng　一辈子;从生到死。例:他～简朴,过着清贫的日子。

〈辨析〉都有一辈子的意思。"毕生"多用于书面语,用来表达较严重、严肃的事情;"一生"通用于口语和书面语,使用范围较广。

〈相关〉终生　终身

毕竟　究竟

【毕竟】bìjìng　到底;终归。例:这辆车虽然旧了点,但～是名牌。

【究竟】jiūjìng　终究;到底。例:他～年纪大了,一累就病倒了。

〈辨析〉都有强调原因的意思。"毕竟"有判断、评价的意思,只用于非疑问句,表示强调或肯定的语气;"究竟"有追根究底的意思,表示事情的原因或结果。

〈相关〉到底　终归　终究

弊病　弊端

【弊病】bìbìng　缺点;害处。例:记者的这篇报道是针对填鸭式教学法的～而写的。

【弊端】bìduān　由于疏忽而损害公益事业。例:要提高工作效率,必须革除现行制度上的各种～。

〈辨析〉都指事物的缺点、工作的失误。"弊病"泛指事情上的毛病;"弊端"侧重指有害的事情,语意比"弊病"重,多用于书面语。

〈相关〉坏处　毛病　缺点

边际　边缘

【边际】biānjì　边缘;边界。例:一艘油船正航行在漫无～的大海上。

【边缘】biānyuán　①沿边的部分。例:这只宋朝瓷碗的～上有几个缺口。②接近界线的部分。例:这个城市的经济腾飞,带动了～地区的发展。

〈辨析〉都指事物的沿边部分。"边际"多指具体的地点或空间,多用于否定句;"边缘"多指具体事物和抽象事物的沿边部分或接近界线的部分。

〈相关〉边界　边沿

边疆　边界　边境

【边疆】biānjiāng　靠近国界的疆土。例:为了保卫～,边防官兵们放弃了与家人团聚的机会,坚守岗位。

【边界】biānjiè　两地相邻的交界线。例:每年都有上百万只骆驼越过～从苏丹进入埃及。

【边境】biānjìng　紧靠两国边界的地方。例:解放军战士抓获一名企图偷渡～的特务分子。

〈辨析〉都指靠边界的地方。"边疆"指靠近国界的领土,所指地域范围较大;"边界"指相邻地域的交界线,可用于国家之间、地区之间,也可用于单位之间、个人土地之间;"边境"指紧靠国境的狭窄地段,范围比"边疆"小。

〈相关〉边陲　边防

编造　捏造

【**编造**】biānzào　凭想象创造;捏造。例:为了应付上级部门的检查,他们～了财务报表,谎报业绩。

【**捏造**】niēzào　假造虚构事实。例:他居然～事实,诬赖好人,并骗取了领导的信任。

〈辨析〉都有假造事实的意思。"编造"着重指凭空造假、欺骗他人的意思,语意比"捏造"轻;"捏造"着重指胡编乱造,含有无中生有、加害于人的意思。

〈相关〉假造　伪造

变动　变化

【**变动**】biàndòng　事物在形态或本质上产生新的状况。例:公司新领导上任后,不少员工的岗位将有所～。

【**变化**】biànhuà　事物的形态或性质跟以前不同。例:在国外多年,没想到回上海后～这么大,老人感叹不已。

〈辨析〉都有与原先情况不同的意思。"变动"指因变化而改变了原来的状况;"变化"指事物的性质、状态或情形的改变。

〈相关〉改变　改动

变革　改革　革新

【**变革**】biàngé　改变事物的本质。例:科学是社会～的力量。

【**改革**】gǎigé　把事物中旧的不合理的部分改成新的,使能适应客观情况。例:经过多年的实践,～和开放得到了全国人民的拥护。

【**革新**】géxīn　革除旧的,创造新的。例:我们厂在技术改造、技术～以及排除事物隐患等方面取得了显著的成绩。

〈辨析〉都有改变事物的意思。"变革"强调本质的改变,多用于社会制度、历史、体制等;"改革"强调改掉事物中不合理或陈旧落后的部分,使其适应新情况;"革新"强调去掉旧的、创造新的。

〈相关〉变更　改变

便利　方便

【便利】biànlì　使用或行动起来不感觉困难,容易达到目的。例:"一卡通"的诞生给出行的市民带来了～。

【方便】fāngbiàn　便利,适宜。例:这几天她正和丈夫闹矛盾,我现在去她家好像不是很～。

〈辨析〉都有行动顺利、不受阻的意思。"便利"强调有利于,给大家带来有利之处,多用于书面语;"方便"强调便当,还含有适宜、合适的意思,通用于口语和书面语。

〈相关〉便当　容易

辨别　辨认

【辨别】biànbié　在认识上将不同的事物区分开来。例:假珍珠因其仿真性特别强,往往难以～。

【辨认】biànrèn　分析辨别并作出判断。例:这封信因浸过水,笔迹难以～。

〈辨析〉都有对不同事物的特点加以区分的意思。"辨别"侧重指对不同事物进行分辨、区别,既可用于物,也可用于人;"辨认"侧重指根据不同特点认定某人或某一事物。

〈相关〉分辨　区别　区分

辩白　辩解　分辩

【辩白】biànbái　进行申辩,消除别人的误解和指责。例:他再三～,这件事不是他干的,但没人相信。

【辩解】biànjiě　对受到指责的某种见解或行为进行解释。例:

经过一番～,大家消除了对他的误会。

【分辩】fēnbiàn　解释,申辩。例:无数的嘲讽钻进了他的耳朵,他没有时间去～,他宁可含垢忍辱。

〈辨析〉都有申诉理由、解释说明的意思。"辩白"侧重指在受到冤枉时进行申辩,使事实得到澄清;"辩解""分辩"侧重指为了消除误解或掩盖错误进行解释、申辩。

〈相关〉辩护　申辩

辩论　争辩　争论

【辩论】biànlùn　彼此因对事物或问题等有不同看法而进行的争论。例:正反两方的辩手就此问题展开了一番激烈的～。

【争辩】zhēngbiàn　争执,辩驳。例:你们各人说各人的理由,不要急于～。

【争论】zhēnglùn　因看法不同而进行的言语交锋。例:围绕小李提出的方案,大家～不休,无法定论。

〈辨析〉都有各抒己见、力争说服对方的意思。"辩论"侧重指为了求得正确的结论,双方更注重摆事实、讲道理,力求说服对方;"争辩"侧重指因坚持自己的主张、见解而进行辩驳、争执;"争论"侧重指双方各执己见、互不相让。

〈相关〉辩驳　争吵

标记　标志

【标记】biāojì　表明事物特征的符号。例:卫生部要求发热门诊一定要做好醒目的～,防止其他病人误入。

【标志】biāozhì　表明事物特征的记号。例:在这里,秋天不是人生易老的象征,而是繁荣昌盛的～。

〈辨析〉都有表明事物特征的记号的意思。"标记"多用于具体的、一般的事物;"标志"多用于抽象的、重大的事物。

〈相关〉符号　记号

表达　表示

【表达】biǎodá　用语言或文字显示某种思想、感情、态度或意义。例：同样的话,语气不同,～的意思也就不一样。

【表示】biǎoshì　用语言或行为显示某种思想、感情、态度或意义。例：她脸上虽然没有～,心里可是乐滋滋的。

〈辨析〉都有表现思想感情的意思。"表达"强调用言语、文字传达思想感情;"表示"强调用言语、行动显露自己的思想感情等。

〈相关〉表现　显示

表情　神情　神态

【表情】biǎoqíng　面部或姿态上显露出的思想感情。例：他作辅导报告时语言生动,～丰富,深深打动了听众。

【神情】shénqíng　面部显露出的神态和表情。例：妈妈的脸上露出了欣慰的～。

【神态】shéntài　神情;态度。例：小丑的滑稽～,令观众们捧腹大笑。

〈辨析〉都有表现出思想感情的意思。"表情"指表现在面部或姿态上的思想感情,可以是自然的,也可以是有意做出来的;"神情"指人的面部所显露出来的内心活动,是真实感情的反映;"神态"指表现出来的精神状态或态度。

〈相关〉神色　样子

表现　体现

【表现】biǎoxiàn　表示出来;显现出来。例：那些牢骚话～了他内心的不满情绪。

【体现】tǐxiàn　某种性质或现象通过某一事物具体表现出来。

例：这幅颇具印象派特色的油画～了他的艺术风格。
〈辨析〉都有表示出来的意思。"表现"使用范围较广,指用语言、行为等形式或事物的本身表示人的思想、感情或事物的性质;"体现"只是用行动或事物的本身来表示。
〈相关〉呈现　显现

表演　　演出

【表演】biǎoyǎn　① 演出。例：相声演员的～,博得全场观众热烈的掌声。② 做示范性的动作。例：厨师～了他的拿手技术。

【演出】yǎnchū　把戏剧、音乐、曲艺、舞蹈等演给观众看。例：新编越剧《红楼梦》今晚正式～。

〈辨析〉都有演给观众看的意思。"表演"除与"演出"同义,指演出外,还指做示范性的动作。

〈相关〉扮演　上演

表扬　　表彰

【表扬】biǎoyáng　对好人好事公开赞美。例：小李见义勇为,受到～当之无愧。

【表彰】biǎozhāng　表扬功绩、事迹等。例：在开庆祝大会时,厂领导～了一批先进工作者。

〈辨析〉都有对人对事夸奖、赞美的意思。"表扬"适用范围较广、方式较多,常用于口语和书面语;"表彰"有庄重色彩,语意较重,对象一般是杰出人物、壮烈的事迹、特殊的功勋等,多用于书面语。

〈相关〉称赞　赞扬

病人　　患者

【病人】bìngrén　生病的人。例：有高血压的～不宜做剧烈的运动。

【**患者**】huànzhě 患某种疾病的人。例：风湿病～要注意保暖。
〈辨析〉都指生病的人。"病人"是生活用语,多用于口语;"患者"是医疗专业用语,多用于书面语。
〈相关〉病号 病患

波折　　周折

【**波折**】bōzhé 事物进行过程中发生的曲折变化。例：虽然经历了不少的人生～,但她并没放弃自己的追求。

【**周折**】zhōuzhé 指事情过程往返曲折,不顺利。例：几经～,他们总算安全返回了自己的国家。

〈辨析〉都有事情曲折、不顺利的意思。"波折"强调事情复杂,有曲折,变化不定;"周折"强调事情难办,有反复,不顺利。
〈相关〉挫折 曲折

驳斥　　批驳

【**驳斥**】bóchì 反驳和斥责错误的言论、意见。例：我们用大量的事实～了敌人的阴谋诡计。

【**批驳**】pībó 批评或否决别人的意见、要求。例：研讨会上,大家对这一论点作了～。

〈辨析〉都有提出自己的理由来否定别人的观点和意见的意思。"驳斥"强调用激烈的语言对错误的言论进行斥责,含情绪色彩;"批驳"强调用分析、说理来反驳,带有郑重性或学术性,含理智色彩。
〈相关〉斥责 反驳

搏斗　　格斗

【**搏斗**】bódòu 徒手或用各种器械、工具激烈地对打。例：他赤手空拳地与歹徒～起来。

【格斗】gédòu　紧张激烈地搏斗。例：武打片和功夫片,经常有很多激烈的～场面。

〈辨析〉都有激烈对打的意思。"搏斗"除了人和人的对打外,还可用于同命运、自然力量等其他形式的斗争,对象可以是具体的,也可以是抽象的;"格斗"多指人或动物双方对打、争斗。

〈相关〉角斗　决斗

薄弱　　单薄

【薄弱】bóruò　单薄脆弱,实力不强。例：在这场比赛中,主队防守～,进攻乏力,不输球才怪呢。

【单薄】dānbó　①力量薄弱,不充实。例：游击队有人民支援,力量并不～,鬼子见了十分害怕。②身体瘦弱。例：你身体很～,一定要加强锻炼。③指天气寒冷时身上穿的衣服又薄又少。例：你穿得太～了,小心着凉。

〈辨析〉都有力量不强、容易受挫的意思。"薄弱"常形容意志、力量、基础、环节等;"单薄"除形容实力外,还形容人的身体瘦弱或衣服穿得少而薄。

〈相关〉脆弱　软弱

补偿　　补充　　弥补

【补偿】bǔcháng　抵消损失、消耗;补足缺欠、差额。例：他家最近拆迁了,得了不少经济～。

【补充】bǔchōng　填补不足;追加。例：仓库里的货物已经不多了,请尽快～一些。

【弥补】míbǔ　把不够或不足的部分补上。例：这名运动员的灵活和悟性～了身高的不足。

〈辨析〉都有补上不足或损失的意思。"补偿"除补足外,还有赔偿之意;"补充"强调增补、充实,可以是物,也可以是人;"弥补"强调把不足部分补上,只能是物。
〈相关〉填补 增补

哺育　养育

【哺育】 bǔyù　① 喂养。例:禾苗在阳光的～下茁壮成长。② 比喻培养教育。例:在老师的辛勤～下,他终于成为一名画家。

【养育】 yǎngyù　抚养教育;培养。例:为了感谢父母的～之恩,他拼命努力工作,孝敬父母。

〈辨析〉都有培养的意思。"哺育"还有喂养的意思,侧重指提供食物;"养育"侧重指提供生存条件及生活资料。
〈相关〉抚养　培养

不必　不用

【不必】 bùbì　不需要;用不着。例:你～再往下说了。

【不用】 bùyòng　表示事实上没有必要。例:我自己来,你～管了。

〈辨析〉都有不需要、没必要的意思。"不必"强调没有必要,可用于书面语或口语;"不用"强调用不着,多用于口语。
〈相关〉无须

不法　非法

【不法】 bùfǎ　违反法律的。例:这种～行为严重地扰乱了市场。

【非法】 fēifǎ　违法的;不合法的。例:传销是～的商业行为。

〈辨析〉都有不合法的意思。"不法"指违犯法律,语意较重;"非法"指与法律不相符。

〈相关〉犯法　违法

布置　　部署

【**布置**】bùzhì　对一些场所、活动作出安排。例：我们一般每周开一次班务会,主要是进行工作汇报并～下一周的任务。

【**部署**】bùshǔ　布置;安排。例：广东省检疫局紧急～,严防病菌从口岸流入。

〈辨析〉都有根据计划对事物或人员作出安排的意思。"布置"多指具体的安排,对象是某项具体的事或活动;"部署"多指大规模地、全面地、有计划地布置和安排,对象常常是有关全局的大事。

〈相关〉安排　安置

步调　　步伐

【**步调**】bùdiào　行走时脚步的大小快慢。比喻事情进行的方式、程序、进度等。例：一切行动听指挥,～一致才能取得胜利。

【**步伐**】bùfá　指队伍行进时脚步的大小或工作进行时速度的快慢。例：我们必须加快～,不然就跟不上大部队了。

〈辨析〉都可指行走时脚步的大小快慢。"步调"常比喻进行某种活动时的思想、方式、步骤、速度、配合等的异同情况;"步伐"一般指队伍操练时脚步的大小快慢,也可比喻某种活动的进行速度。

〈相关〉步骤　步子

部分　　局部

【**部分**】bùfèn　整体中的局部;整体里的一些个体。例：这次体检发现～同学视力有问题。

【局部】júbù 整体的一部分;非全体。例:今年长江可能有较大的洪水,~地区将会发生洪涝。

〈辨析〉都有整体或全体中的一些的意思。"部分"侧重于数量、范围,多从数量角度跟整体作比较,可用于事物,也可用于人;"局部"侧重于组织结构,多从组织结构角度与全局作比较,只用于事物。

〈相关〉个别 一些

猜测　　猜想

【猜测】cāicè　凭自己的想象或不明显的线索去估计和推测。例：这种消息没有事实根据,是凭空～的。

【猜想】cāixiǎng　琢磨着想;根据想象来估计。例：我～,这种场合,他一定不会来。

〈辨析〉都有想象、估计的意思。"猜测"强调某种推测,不一定有事实根据;"猜想"强调主观推想,凭想象来估计。

〈相关〉估计　推测

猜忌　　猜疑

【猜忌】cāijì　怀疑别人对自己不利而心怀不满。例：在尚未弄清楚真相之前,切勿胡乱～。

【猜疑】cāiyí　没有根据地怀疑别人;对人对事不放心。例：由于她的无端～和无理取闹,夫妻俩的矛盾越来越深。

〈辨析〉都有怀疑别人的意思。"猜忌"强调怀疑别人对己不利而怀有不满情绪,语意较重;"猜疑"强调毫无根据地怀疑别人,语意较轻。

〈相关〉怀疑　疑惑

才干　　才能

【才干】cáigàn　办事的能力。例：要根据个人的～和兴趣选择职业。

【才能】 cáinéng 知识和能力。例：庄王发觉孙叔敖很有～和见识。

〈辨析〉都指个人具有的能力。"才干"强调在办事和实践活动中的能力;"才能"强调运用知识进行创造性活动的能力。

〈相关〉才华　能力

才华　才智

【才华】 cáihuá 表现出来的才能。例：他～出众,又勤奋好学。

【才智】 cáizhì 才能和智慧。例：《晏子使楚》的故事表现了晏子～过人和极力维护国家尊严的思想品质。

〈辨析〉都表示才能的意思。"才华"强调表现出来的才能,多用于科学文化、文学艺术等方面;"才智"强调智慧,指发明、创造等方面的能力,多用于思维活动方面。

〈相关〉才干　才能

材料　资料

【材料】 cáiliào ① 直接造成物质成品的东西。例：这种衣服是用纳米～做的,可以防水。② 可供写作或参考的事实及文字。例：他打算写一部电视剧,正在收集～。

【资料】 zīliào ① 生产、生活必需的东西。例：这些生产～归集体所有。② 用作依据的材料。例：书后附有近年来有关社区建设方面的统计～。

〈辨析〉都可指生产所必需的东西。"材料"侧重指原始的、较粗糙的、未经加工过的素材,也可指某些成品;"资料"本义指生产、生活中所用的东西,也可指用作依据或经过加工的有价值的材料。

〈相关〉素材　原料

财产　财富

【**财产**】cáichǎn　指国家、集体或个人所有的物质财富。例：随着社会的进步和经济的发展,私有～的数量剧增。

【**财富**】cáifù　有价值的东西。例：在成长的路上,磨难也是一种巨大的精神～,它会鼓舞人热爱生活、积极地创造生活。

〈辨析〉都可指有价值的东西。"财产"着重指财物,是"财富"的一部分,适用范围较小;"财富"除指人类需要的具体物质外,还指自然、知识、精神等方面有价值的部分,适用范围较广。

〈相关〉财宝　财物

采纳　采取　采用

【**采纳**】cǎinà　接受意见、建议、要求等。例：在进行市场调查后,她建议将积压商品削价处理,该公司～这个意见后,迅速起死回生。

【**采取**】cǎiqǔ　有选择地施行。例：市里将进一步～有效措施,防止病毒蔓延。

【**采用**】cǎiyòng　认为合适而加以利用。例：她的这部小说书稿已被一家出版社～,年内将要出版。

〈辨析〉都有选择合适的并加以使用的意思。"采纳"强调接受,多用于意见、建议等抽象事物,使用范围较窄;"采取"强调针对具体情况有选择地使用,多用于抽象事物,如方针、改革、措施、态度等;"采用"强调选择合适的加以使用,多用于具体事物。

〈相关〉使用　选用

参加　参与

【**参加**】cānjiā　加入某种组织或活动。例：因为十分喜欢韩剧,所以我报名～了一个韩语学习班。

【参与】cānyǔ 加入并在一起活动。例:李家的二儿子由于涉嫌～诈骗案而遭逮捕。

〈辨析〉都有投身进去的意思。"参加"适用范围较大,可指加入某种集体、组织,还可指投入某种活动,通用于口语和书面语;"参与"仅指参加并一起活动,多用于工作或对事情的计划、讨论、处理等,一般用于书面语。

〈相关〉加入　介入

残暴　残酷　残忍

【残暴】cánbào 残忍,凶暴。例:这个团伙的头目是个性情～的家伙。

【残酷】cánkù 凶残,冷酷。例:在旧社会,地主、资本家～地剥削劳动人民。

【残忍】cánrěn 凶狠,毒辣。例:罪犯用～的手段杀害了人质。

〈辨析〉都有凶恶、狠毒的意思。"残暴"多形容人的性情、手段等;"残酷"既可形容本性、感情等,也可形容行为、手段等;"残忍"强调心肠狠毒、手段毒辣,多形容敌人的本性及行为。

〈相关〉凶暴　凶残

残杀　屠杀

【残杀】cánshā 残暴地杀害。例:为了利益,他们不顾同胞兄弟的情分而自相～。

【屠杀】túshā 大批残杀。例:野生动物惨遭捕猎者～。

〈辨析〉都有残暴地杀害的意思。"残杀"强调杀害过程中的行为和手段十分残忍;"屠杀"强调大批地杀害,数量多。

〈相关〉杀害　杀戮

惭愧　　羞愧

【**惭愧**】cánkuì　因做错事、有缺点或未尽责而感到不安。例：说来～,我们答应他的事并没做到。

【**羞愧**】xiūkuì　感到羞耻和惭愧。例：令人～的是他居然偷走了老人的首饰。

〈辨析〉都有愧疚不安的意思。"惭愧"侧重指因为自己的过失或不尽责而内心不安;"羞愧"侧重指感到羞耻,除了感到不应该外,还有感到不光彩、不体面的意思。

〈相关〉愧疚　内疚　羞惭

惨白　　苍白

【**惨白**】cǎnbái　① 面容苍白。例：因为惊吓过度,她的脸色～。② 形容景色暗淡。例：今晚的月光～得很。

【**苍白**】cāngbái　① 灰白;脸没有血色。例：这几天她身体不好,脸色显得很～。② 形容缺乏旺盛的生命力。例：这部影片中的人物形象很～。

〈辨析〉都有脸上没有血色的意思。"惨白"强调由于某种感情或病痛所导致面容苍白,还可形容景色凄凉暗淡;"苍白"侧重指白中带灰的颜色,可用于脸色、须发等,还可形容缺乏旺盛的生命力。

〈相关〉惨淡　灰白

灿烂　　绚烂

【**灿烂**】cànlàn　光彩鲜明耀眼。例：～的阳光照在她的身上,清清的小溪在她的脚下淙淙地流淌。

【**绚烂**】xuànlàn　色彩鲜艳美丽。例：人们身着～的传统服装,参加世博会开幕式。

〈辨析〉都有颜色丰富多彩、鲜明耀眼的意思。"灿烂"形容光彩明亮耀眼;"绚烂"形容色彩鲜艳美丽。
〈相关〉璀璨　辉煌

仓促　　仓皇

【仓促】cāngcù　匆忙。例:联赛就要开始了,队员们才陆陆续续报到,看来第一场比赛只能~应战了。

【仓皇】cānghuáng　匆忙而慌张。例:一个中年男子~地在黑暗的街道上奔跑,惨白的脸上满是惊恐。

〈辨析〉都有急促、匆忙的意思。"仓促"形容时间紧迫、行动匆忙;"仓皇"除形容匆忙外,还形容神色慌张、举止失措。

〈相关〉匆促　急忙

苍老　　衰老

【苍老】cānglǎo　面貌、声音显出老态。例:几年后再遇见他,我感觉他比初见时要~许多。

【衰老】shuāilǎo　年老而精力、体质衰弱。例:坚持锻炼,可以延缓~,保持青春。

〈辨析〉都有年老体弱的意思。"苍老"侧重指外貌显示出来的老态;"衰老"侧重指因年老而内在机能、精力的衰弱。

〈相关〉年迈　衰弱

操劳　　操心

【操劳】cāoláo　辛苦劳动,费心照料。例:妈妈因为~过度,旧病复发,住进了医院。

【操心】cāoxīn　费心思考和照料。例:作为一名游客,出门在外,最让人~的就是住宿问题了。

〈辨析〉都有费心照料的意思。"操劳"强调辛劳,多用于各种具体事务;"操心"强调费心,思考的成分多,劳作的成分少。
〈相关〉费心　劳神

草率　轻率

【草率】cǎoshuài　敷衍了事,不认真。例:他从小做事～。

【轻率】qīngshuài　说话做事随随便便,不经过慎重考虑。例:投资失败后,他为自己的～决定悔恨不已。

〈辨析〉都有态度不认真、粗心大意的意思。"草率"侧重指办事不认真、粗枝大叶,主要形容做事的态度,使用范围较窄;"轻率"侧重指随便、不慎重,既可形容行为,也可形容谈话、对人的态度等,使用范围较广。

〈相关〉马虎　潦草

侧重　偏重　着重

【侧重】cèzhòng　着重某一方面;偏重。例:这部作品～于描写农民的生活。

【偏重】piānzhòng　单独注重某一方面。例:中学阶段的各门学科都应该重视,不能有所～。

【着重】zhuózhòng　把重点放在某一方面或某一部分。例:这部科教片～指出了吸烟的危害性。

〈辨析〉都有把重点放在某一方面的意思。"侧重"强调在整体事物中不平均使用力量;"偏重"强调不一定从全面考虑,而只注重某些方面;"着重"强调特别注意、特别加强。

〈相关〉重视　注重

策划　筹划

【策划】cèhuà　谋划。例:他～的几起营销方案都获得了成功。

【筹划】chóuhuà　想办法,定计划。例:我们正～在这块宝地上建立一座纪念碑。

〈辨析〉都有事先拟定计划的意思。"策划"强调出谋划策,周密布置,精心安排,多用于较重大的具体事情;"筹划"强调事先作出安排或准备必要的条件,对象可以是较重大的具体事情,也可以是个人生活中的一般事情。

〈相关〉筹备 谋划

曾经 已经

【曾经】céngjīng 从前有过某种行为或情况。例:这里~是红军长征路过的地方,至今墙上还有红军留下的标语。

【已经】yǐjīng 事情完成或时间过去。例:我~给他打过电话了。

〈辨析〉都有事情发生过的意思。"曾经"指事情在过去或从前的一段时间内发生过,不仅结束了,而且距离现在已有相当长一段时间了;"已经"指行为、动作或事物在此以前的时间发生了,但是现在并不一定结束,可能还在继续,并且离现在的时间可能很久、也可能很近。

〈相关〉已然 业已

差别 差异

【差别】chābié 形式或内容上的不同。例:城乡~正在不断缩小。

【差异】chāyì 区别;不同的地方。例:尽管只看了两天的训练,但两国足球队的~非常明显。

〈辨析〉都有不同的意思。"差别"指事物之间的不同,可以是形式上的,也可以是实质上的;"差异"更强调两者之间的不同,多用于书面语。

〈相关〉分别 区别

差错　错误　失误

【**差错**】chācuò　① 失误。例：工作中出现～是难免的,关键是要吸取教训,避免重犯。② 意外的变化。例：这一～导致两人丧生。

【**错误**】cuòwù　① 不正确的事物、行为等。例：～和挫折教训了我们,使我们比较地聪明起来了。② 不正确;与客观实际不符合。例：要对可能发生的～倾向或危险情况有所戒备。

【**失误**】shīwù　差错;过错。例：由于水平有限,我们工作中难免有～之处。

〈辨析〉都有不正确、欠缺的意思。"差错"还指意外的变化,常用于工作、学习、生活中的具体事情;"错误"指的范围较大、程度比较重,除用作名词外,还可用作形容词,表示不正确;"失误"指由于疏忽或水平不高造成差错。

〈相关〉谬误　偏差

查看　察看

【**查看**】chákàn　观察,检查。例：值班员四处～,没有发现异常情况。

【**察看**】chákàn　有目的地仔细查看。例：工程人员仔细～了工地周围的地形。

〈辨析〉都有检查、观察的意思。"查看"强调检查,目的在于探究情况;"察看"强调观察,目的在于想知道并了解事物的情况。

〈相关〉观察　检查

查问　盘问

【**查问**】cháwèn　① 调查询问。例：你可以去问讯处～这架客机到达时间。② 盘问;审问。例：正当民警准备仔细～时,车上歹徒原形毕露,手持利刀企图行凶。
- 【盘问】pánwèn　仔细查问。例:审问持续了一个小时,他们没有大声呵斥,而是耐心地反复~。

〈辨析〉都有检查询问的意思。"查问"强调为了搞清事实、消除疑点而询问,使用范围较广,问的对象可以是人,也可以是事;"盘问"强调出于警惕、怀疑而询问得非常细致,甚至有些刁难的意味,使用范围较窄,主要用于对人发问。

〈相关〉审问　询问

诧异　惊异

- 【诧异】chàyì　感到十分奇怪。例:他想退学的消息传来,大伙都有些~。
- 【惊异】jīngyì　惊奇,诧异。例:小明连续两次取得如此好的成绩,令老师同学感到~。

〈辨析〉都有觉得很奇怪的意思。"诧异"强调因对事物不理解或出乎意料而感到奇怪,语意较轻;"惊异"强调因缺乏心理准备或突如其来的事情而感到吃惊、奇怪,语意较重。

〈相关〉惊奇　惊讶

差遣　派遣

- 【差遣】chāiqiǎn　差使人到某处办某事。例:领导~他去外地采购物品。
- 【派遣】pàiqiǎn　指派人到某处办某事。例:我国将~代表团参加世界大学生运动会。

〈辨析〉都有派人去某处办某事的意思。"差遣"侧重指支使、差使人去办事;"派遣"一般指政府、机关、团体等指派人到某处办某事,含有庄重的意味。

〈相关〉支使　指派

产生　　发生

【产生】chǎnshēng　由已有的事物生出新的事物;出现。例:由于别人的挑拨,小王对小李~了误会。

【发生】fāshēng　原来不存在的事出现了。例:~了什么事?他的情绪为什么这么激动?

〈辨析〉都有出现的意思。"产生"侧重指由原有事物中生出了新的事物,使用范围较广,既可指抽象事物,也可指具体事物;"发生"侧重原来没有的事或情形出现了,一般指抽象事物。

〈相关〉出现　形成

铲除　　根除

【铲除】chǎnchú　连根除去;消灭干净。例:我们应该把扰乱社会安定的不稳定因素彻底~。

【根除】gēnchú　彻底除掉。例:我们要深入开展爱国卫生运动,~陋习,改善环境。

〈辨析〉都有彻底除掉的意思。"铲除"强调完全彻底,连根除去,既可用于杂草、土石等具体事物,也可用于旧思想、旧制度等抽象事物;"根除"强调除掉根源,使不再出现,多用于隐患、不良风气、不健康的思想等抽象事物,也可用于疾病、灾害等。

〈相关〉革除　清除

阐明　　阐述

【阐明】chǎnmíng　阐述,使其明了。例:古人~道理很善于运用寓言故事,寥寥数笔,着墨不多,却令人茅塞顿开。

【阐述】chǎnshù　陈述;解释。例:就论文里的观点,秦教授作了一番深入细致的~。

〈辨析〉都有陈述、说明的意思。"阐明"强调把观点或道理清楚明白地说出来;"阐述"强调对观点或道理作深入系统的分析并加以论述。

〈相关〉陈述　论述　说明

颤动　颤抖

【颤动】chàndòng　抖动,摇晃。例:当列车运行至山海关车站时,一阵持续的"哐当"声让人明显地感到车体在剧烈～,刚刚进入梦乡的乘客被震醒了。

【颤抖】chàndǒu　因受到刺激而发抖。例:第一次面对摄像镜头,我紧张得浑身～。

〈辨析〉都有短促而频繁地振动的意思。"颤动"侧重指短促而频繁的振动,可用于人,也可用于物;"颤抖"侧重指人因担心、害怕或感情激动而发抖,适用范围较小,常用于身体、四肢。

〈相关〉抖动　振动

猖獗　猖狂

【猖獗】chāngjué　凶猛而放肆。例:小猫走失后,不到一星期光景,仓库里的老鼠又～起来。

【猖狂】chāngkuáng　狂妄而放肆。例:经过一番激战,我军打败了敌人～的反扑。

〈辨析〉都有毫无顾忌、任意横行的意思。"猖獗"强调凶猛嚣张、肆无忌惮,多形容黑暗势力、破坏活动、不正之风等;"猖狂"强调态度、行动上的横行无忌,多形容敌人的进攻、反扑、破坏等。

〈相关〉疯狂　嚣张

长处　优点

【长处】chángchù　优点;特长。例:他的～是头脑灵活,思维敏捷。

【优点】yōudiǎn 好的方面。例:这本书的封面在设计上有许多~。
〈辨析〉都有好处的意思。"长处"指超出一般的、具有优势的方面,与"短处"相对;"优点"指性质、品质或功能等方面的优秀,可用于人、物或某些抽象事物,与"缺点"相对。
〈相关〉好处 特长

长久　　持久

【长久】chángjiǔ 时间很长;长远。例:这种缺乏突破性的专辑恐怕很难在市场上保持~的吸引力。
【持久】chíjiǔ 维持长久。例:与时俱进,永远超前于市场半步,是品牌~生命力的核心所在。
〈辨析〉都有时间长的意思。"长久"形容时间很长;"持久"形容事物能维持并长久地存在下去。
〈相关〉长远 悠久

常常　　往往

【常常】chángcháng 经常;普遍。例:他~去图书馆复习功课。
【往往】wǎngwǎng 表示某种情况时常存在或经常发生。例:春节期间,~是商家最繁忙的时候。
〈辨析〉都有某种情况多次、经常发生的意思。"常常"指事情经常发生,不一定有规律性,且间隔的时间比较短,可用于未来的事情,也可用于过去的事;"往往"强调对到目前为止出现的情况的总结,有一定的规律性,只可用于过去的事情。
〈相关〉时常 经常

倡导　　倡议

【倡导】chàngdǎo 带头提倡。例:社会主义核心价值观~富强、民主、文明、和谐,自由、平等、公正、法治,爱国、敬业、诚信、友善。

【倡议】chàngyì 首先建议,发起做某事。例:老王～建立一家老年康复院,大伙都投了赞成票。
〈辨析〉都有首先提出意见或建议的意思。"倡导"强调引导、带头,提倡大家使用或实行;"倡议"强调发起或提倡,希望大家响应。
〈相关〉建议　提倡

怅惘　惆怅

【怅惘】chàngwǎng 因有心事而无精打采;惆怅,迷惘。例:旧地重游,老人不禁满心～,唏嘘不已。
【惆怅】chóuchàng 感伤,失意。例:在江边,将军目送着渐去渐远的船队,心中～不已。
〈辨析〉都有失意的意思。"怅惘"侧重指因失意而感到迷惘、不愉快;"惆怅"侧重指因失意而心中伤感、难受。
〈相关〉怅然　惘然

畅快　痛快

【畅快】chàngkuài 舒畅,快乐。例:看着在万里晴空下摇曳的红叶,那感觉是多么～淋漓啊!
【痛快】tòngkuài ①舒畅,高兴。例:我们约定今晚一醉方休,喝个～。②爽快,直率。例:他这个人说话很～。
〈辨析〉都有尽兴、快活的意思。"畅快"侧重指心情舒畅、尽情快活;"痛快"除表示舒畅、高兴外,还含有爽快、直截了当的意思。
〈相关〉酣畅　舒畅

抄袭　剽窃

【抄袭】chāoxí 照抄别人的作品或语句当作自己的。例:这部短篇小说的情节内容有严重的~现象。
- 【剽窃】piāoqiè 抄袭别人的诗文等。例:这个广告方案有~之嫌,公司正在调查此事。

〈辨析〉都有照抄别人作品的意思。"抄袭"强调抄别人的语句、作品,也指不顾客观情况,沿用别人的经验与方法;"剽窃"强调窃取别人的成果,是一种不道德甚至犯罪的行为,语意比"抄袭"重。

〈相关〉窃取

超过　　超越

- 【超过】chāoguò ① 越过同方向前者,到其前面。例:在我们流连山色的时候,挑山工又悄悄地~了我们。② 超出;高于。例:他俩进行了一次~三小时的谈话。
- 【超越】chāoyuè 超出,越过。例:他是一位能突破现状、~自己、追求更完善的人生的人。

〈辨析〉都有超出、赶到前面的意思。"超过"还有超出、高于的意思,多用于口语;"超越"侧重指越过中间的界线、障碍物等由一边到达另一边,多用于书面语。

〈相关〉超出　越过

嘲讽　　嘲弄　　嘲笑

- 【嘲讽】cháofěng 嘲笑,讽刺。例:她说起话来总是带着一种~的口吻。
- 【嘲弄】cháonòng 嘲笑,戏弄。例:有一些球员~记者爬墙头观看他们的训练。
- 【嘲笑】cháoxiào 用言辞讥刺取笑别人。例:不要~别人的缺点,否则会刺伤别人的自尊心。

〈辨析〉都有取笑别人的意思。"嘲讽"指讥讽别人,语意较重;"嘲弄"指戏弄别人,为贬义词;"嘲笑"指取笑别人,使人难堪,有时也指善意地开玩笑。
〈相关〉讥嘲 讥笑

潮湿 湿润

【潮湿】cháoshī 含有比正常状态下较多的水分。例:梅雨季节,家里的墙壁很~。

【湿润】shīrùn 潮湿而润泽。例:我国南方地区气候~,四季分明。

〈辨析〉都有水分多、不干燥的意思。"潮湿"强调含有的水分过多,多形容土地、物体或空气中的湿度过大;"湿润"强调所含水量适当,多形容土壤、空气的湿度适中,也形容人眼睛流泪的情形。

〈相关〉润泽 滋润

撤职 免职

【撤职】chèzhí 撤除职务。例:由于隐瞒事故不报,周经理被~查办。

【免职】miǎnzhí 免去职务。例:王校长因为健康的原因被~了。

〈辨析〉都有除去职务的意思。"撤职"指因犯错误而受到处分;"免职"指不一定因犯错误而免去职务。

〈相关〉罢免 革职

沉寂 沉静 寂静

【沉寂】chénjì ①十分寂静。例:狂欢过后,这里又恢复了一片~。②没有一点消息。例:~了两年后,他携带着新研制的产品高调复出。

【沉静】chénjìng ①环境安静,没有一点声音。例:夜已经很深了,周围一片~。② 性格、心情、神色等沉稳、安静。例:此刻她的心情很~。

【寂静】jìjìng 没有声音;安静。例:四周突然变得很~,整个教室像是凝固了。

〈辨析〉都有没有声音的意思。"沉寂"形容变化后的状态,表示环境本来是有声响的,现在却没有声音了,还可形容消息全无;"沉静"形容特别静,静得没有一点声音,还可形容人的性格、心情、神色等沉稳、安静;"寂静"形容没有任何声音,语意较重。

〈相关〉安静 宁静

沉没　吞没　淹没

【沉没】chénmò ① 往下沉而没入水中。例:"泰坦尼克号"在赴美首航途中,因为与冰山相撞而~。② 比喻陷入某种境界。例:她的心~在无尽的伤痛中。

【吞没】tūnmò 吞食,淹没。例:火势越烧越猛,一眨眼工夫,小屋就被大火~了。

【淹没】yānmò 水漫过;使没入水中。例:顷刻之间,潮水~了整个海滩。

〈辨析〉都有没入水中的意思。"沉没"侧重指沉入水中,还可比喻陷入某种境界,使用范围较广;"吞没"既可用于洪水,也可用于大火;"淹没"侧重指大水没过、盖过,多用于洪水、流沙等。

〈相关〉没入　湮没

沉默　缄默

【沉默】chénmò ① 不爱说笑。例:他是一位~寡言的老人。② 不出声;不说话。例:当别人提起她的男友时,她~不语,陷入深深的回忆中。

【缄默】jiānmò 闭口不说话。例:对于外界的各种猜测,她一概不理睬,保持～。

〈辨析〉都有不说话、不出声的意思。"沉默"指有意识地不公开自己的观点和看法,还形容性格不开朗、不爱说话、不善言谈;"缄默"指闭口不说话,含有坚持不吭声或坚决不说的意味,语意比"沉默"重。

〈相关〉静默 默然

沉思 深思

【沉思】chénsī 深深地思考。例:我闭上眼睛,伴随着音乐陷入了～。

【深思】shēnsī 深刻地思考。例:经过一番～之后,他毅然辞去了现在待遇优厚的工作。

〈辨析〉都有考虑、思考的意思。"沉思"强调专心地思考,侧重于思考时人的神态;"深思"强调深入地思考,侧重于思考的程度。

〈相关〉思考 寻思

沉着 冷静

【沉着】chénzhuó 镇静,不慌张。例:面对强手,他显得十分～。

【冷静】lěngjìng 沉着而不感情用事。例:做任何事都需要～,千万不能意气用事。

〈辨析〉都有情绪稳定、不慌不忙的意思。"沉着"着重形容处变不惊、有胆识、从容应对;"冷静"着重形容遇到事情不慌张、有理智、言行不过激。

〈相关〉从容 镇定

沉醉 陶醉

【沉醉】chénzuì 大醉。比喻沉浸在某事物或某境界中。例:比赛早已结束了,可队员们还～在激烈的气氛中。

【陶醉】táozuì 很满意地沉浸在某种境界或思想活动中。例：小提琴家那美妙的琴声令人～。

〈辨析〉都有深深地沉浸于某种境界中的意思。"沉醉"侧重指全身处于某种美好的或并不美好的气氛或境界中;"陶醉"侧重指快乐地、满意地沉浸在某种美好的、快乐的境界或遐想、回味中。

〈相关〉沉浸 迷醉

陈腐 陈旧

【陈腐】chénfǔ 腐朽;腐败。例：我们要摒弃重男轻女的～思想,提倡生男生女一个样。

【陈旧】chénjiù 过时的;旧的。例：技术人员准备对这些～的机器进行改装。

〈辨析〉都有过时的、不新鲜的意思。"陈腐"强调腐朽的、没有生命力的,多形容抽象事物;"陈旧"强调过时的、很旧的,既可形容具体事物,也可形容抽象事物。

〈相关〉腐朽 迂腐

衬托 烘托

【衬托】chèntuō 用另外一种事物来陪衬和对照,使事物的特色更鲜明突出。例：这块地毯更～出这间屋子的高雅格调。

【烘托】hōngtuō 使明显突出。例：荷叶把荷花～得更加美丽诱人。

〈辨析〉都有为使某一事物突出而用其他事物作对照的意思。"衬托"强调通过其他事物作为对照,突出原物的特色,一般用于对照事物的颜色、数量、性质、形式等;"烘托"本指一种国画的技法,即用淡彩或水墨在物象的轮廓周围加以渲染,使明显突出,作为引申意义时,多用于环境、气氛、人的心情等。

〈相关〉陪衬 映衬

成功　　胜利

【成功】chénggōng　获得预期的结果。例：大家坚信这次试航能获得～。

【胜利】shènglì　在斗争或竞赛中打败对方;获得成功或达到目的。例：经过两年的努力训练,他在这次运动会的自由体操全能比赛中取得～。

〈辨析〉都有经过努力后获得一定成果的意思。"成功"着重指事情发展达到预期结果,多用于科学、技术、革命、事业等;"胜利"着重指经过与敌人、对手、困难等战斗、较量后成为赢家,也可指经过奋斗后事业、工作达到预期目的。

〈相关〉获胜　取胜

成果　　成绩　　成就

【成果】chéngguǒ　工作或事业上的收获。例：这几年,我校在素质教育实践中取得了宝贵的经验和显著的～。

【成绩】chéngjì　学习或工作中的收获。例：今年高考,哥哥以优异的～考取了北京大学。

【成就】chéngjiù　事业上的显著成绩。例：他在医学研究上又有了新的～。

〈辨析〉都有收获的意思。"成果"侧重指学习、工作、科研或事业上的收获,为褒义词;"成绩"侧重指工作、学习或体育运动方面的收获,表示的是一般性的结果,为中性词;"成就"侧重指事业上的重大收获,为褒义词。

〈相关〉成效　收获

成见　　偏见

【成见】chéngjiàn　对人或事物所抱的固定不变的看法。例：

你得用实际行动改变人们对你的～。
【偏见】piānjiàn 偏于一方面的见解;成见。例:我们不能因为他犯过一次错误就对他产生～。
〈辨析〉都有对人或事有不公正的看法意思。"成见"侧重指一种固执的、先入为主的看法;"偏见"侧重指一种偏离实际的、不全面的看法。
〈相关〉看法 意见

成名　　出名

【成名】chéngmíng 因事业、学术上有成就而为人所知。例:因为出演《士兵突击》中的连长,他一举～。
【出名】chūmíng 有名声;名字为大家所熟知。例:他～以后,对自己的要求更加严格了。
〈辨析〉都有成为有名声的人的意思。"成名"指因为有了成绩而成为有名声的人,只用于好名声,不用于坏名声,只用于人,不用于其他事物;"出名"指名声传扬、人人共知,可用于好名声,也可用于坏名声,可用于人,也可用于物。
〈相关〉闻名 有名

呈现　　浮现　　涌现

【呈现】chéngxiàn 显出;露出。例:近几年,中国信息产业～快速发展的势头。
【浮现】fúxiàn 往事的印象重新显现;显露。例:他的脑海里～出孩提时的情景。
【涌现】yǒngxiàn 大量出现。例:随着新生事物的层出不穷,新词新语也大量～。
〈辨析〉都有显露出来的意思。"呈现"指显露在眼前,既可用于具体事物,也可用于抽象事物;"浮现"指过去经历的事情再次在脑海里显现;"涌现"强调大量地出现,可用于人和事物。
〈相关〉显现　映现

诚恳　　诚挚

【诚恳】chéngkěn　真诚,恳切。例:我～地向他指出工作中存在的问题。

【诚挚】chéngzhì　真诚;真挚。例:校友会上,爷爷即兴写了一首诗,诗里抒发了一位老校友对母校无限～的感情。

〈辨析〉都有真诚的意思。"诚恳"强调恳切,多形容待人的态度;"诚挚"强调真挚,多形容人的态度和感情。

〈相关〉恳切　真诚

承担　　承受

【承担】chéngdān　担当;担负。例:他应该～这起事故的直接责任。

【承受】chéngshòu　接受;经受。例:她性格柔弱,～不了如此沉重的打击。

〈辨析〉都有担负、接受的意思。"承担"侧重指担负,多用于责任、义务、任务等;"承受"侧重指接受,多用于压力、打击、考验等。

〈相关〉承当　担负

承认　　供认

【承认】chéngrèn　对某种行为或事实表示肯定;同意认可。例:只要他～错误,我还是会原谅他的。

【供认】gòngrèn　招认所做的事情。例:经过审讯,他对自己参与抢劫的事实～不讳。

〈辨析〉都有肯定、认可的意思。"承认"适用范围较广,表示对事实或行为的认可,对象无好坏之分;"供认"只适用于认可犯罪的事实或错误的行为。
〈相关〉确认　认可

惩办　　惩治

【惩办】chéngbàn　惩罚;处罚。例:对破坏社会治安的刑事罪犯,将严加～。

【惩治】chéngzhì　惩罚;处治。例:对违法乱纪的现象依法～,决不轻饶。

〈辨析〉都有惩罚的意思。"惩办"侧重指按国家法律法规惩罚违法乱纪的人;"惩治"侧重指依法处治,对象可以是人,也可以是某种不良的社会现象。

〈相关〉惩罚　惩处

迟钝　　迟缓

【迟钝】chídùn　反应慢;思想、行为不灵敏。例:爷爷年纪大了,耳朵背了,视力下降了,反应也～了。

【迟缓】chíhuǎn　动作慢。例:该国民众抱怨政府救灾行动～。

〈辨析〉都有动作不快、反应慢的意思。"迟钝"侧重指人的思维、感觉不灵活、不敏感;"迟缓"侧重指人的动作、行为或反应缓慢,花费的时间较长。

〈相关〉缓慢　愚钝

迟疑　　犹豫

【迟疑】chíyí　犹豫不决,拿不定主意。例:狡猾的药贩子在～片刻后答应记者在一个公园门口见面。

【犹豫】yóuyù　拿不定主意。例:她～再三,还是决定放弃这次出国的机会。

〈辨析〉都有拿不定主意的意思。"迟疑"形容拿不定主意,表现在行动上的慢而不快;"犹豫"形容因内心的顾虑重重,思前想后,而不能作出决定。

〈相关〉踌躇　犹疑

持续　继续　连续

【**持续**】chíxù　延续不断。例:那一年夏天,我国南方地区~高温长达四十多天。

【**继续**】jìxù　接着;连下去;不间断。例:放学了,还有不少同学留在教室里~做作业。

【**连续**】liánxù　一个接一个。例:为了按时完成任务,我们车间已经~加班三天了。

〈辨析〉都有延续、不间断的意思。"持续"侧重指连接不断,中间没有停顿;"继续"侧重指前后相连,可以有停顿,但不停止;"连续"侧重指一个紧接一个,接连不断。

〈相关〉陆续　延续

持重　稳重

【**持重**】chízhòng　谨慎而又沉稳,不浮躁。例:健康栏目应由一位资历深厚、老成~的长者来主持。

【**稳重**】wěnzhòng　沉着而有分寸,不轻浮。例:他办事十分~,所以大家很放心。

〈辨析〉都有沉着稳重的意思。"持重"形容因老练而表现出沉稳、不浮躁的状态;"稳重"形容言语、举止沉着而有分寸。

〈相关〉沉稳　稳健

耻辱　屈辱

【**耻辱**】chǐrǔ　名誉上受到的损害;可耻的事。例:别人对他的诽谤,使他蒙受了莫大的～。

【屈辱】qūrǔ 蒙受的委屈和耻辱。例:旧社会包身工受尽了～。

〈辨析〉都有受到的损害和委屈的意思。"耻辱"侧重指名誉上受到的损害;"屈辱"侧重指所遭受的委屈和侮辱,语意比"耻辱"重。

〈相关〉羞辱 侮辱

充斥　　充满

【充斥】chōngchì 充满;塞满。例:我们绝不允许粗制滥造的教辅读物～市场。

【充满】chōngmǎn 到处都是;布满。例:阿婆对救了自己孙子的小伙子～感激之情。

〈辨析〉都有布满、填满的意思。"充斥"多用于具体事物,一般指坏的、不健康的、消极的东西,为贬义词;"充满"适用范围较广,既可用于具体事物,也可用于抽象事物,为中性词。

〈相关〉布满 充塞

充分　　充足

【充分】chōngfèn 足够;尽量。例:只有～了解对手的长处和短处,才能百战百胜。

【充足】chōngzú 很多;能满足需要。例:～的睡眠对于保持良好的记忆至关重要。

〈辨析〉都有足够、不缺乏的意思。"充分"强调程度和限度已达到很高或很大的地步,常形容准备、理由、信心等抽象事物;"充足"强调足够多,能满足需要,多用于具体事物,也可用于抽象事物。

〈相关〉充实 足够

充沛　　充裕

【**充沛**】chōngpèi　充足而旺盛。例：休息两天后，他又精力～地投入工作。

【**充裕**】chōngyù　充分而有余。例：如果时间～，我们还可以去玩一些自费的景点项目。

〈辨析〉都有充足的意思。"充沛"侧重指多而旺盛，常形容人的热情、精力或水量等；"充裕"侧重指丰富、充足且有余，常形容生活、经济、时间、人力等。

〈相关〉充盈　充足

冲破　　突破

【**冲破**】chōngpò　突破障碍、限制等。例：阳光终于～乌云，照耀大地。

【**突破**】tūpò　① 集中兵力、火力向一个方向进攻，打开缺口。例：敌人的最后一道防线已被～。② 打破困难、限制等。例：中国工商银行的个人存款早已～百亿元大关。

〈辨析〉都有突破障碍、困难、限制的意思。"冲破"指突破障碍、限制等，多用于禁令、阻力、障碍、势力等；"突破"有时指向一点进攻并打开缺口，多用于军事或工作方面，也指打破某种界限，涉及的对象为指标、定额、纪录等。

〈相关〉打破　攻破

憧憬　　向往

【**憧憬**】chōngjǐng　向往。例：她对幸福的家庭生活充满着～。

【**向往**】xiàngwǎng　因热爱、羡慕而希望得到或达到。例：她～将来能成为一名白衣天使。

〈辨析〉都有希望得到或达到的意思。"憧憬"强调对理想中的幸福、美好的事物的想象,多用于书面语;"向往"强调希望达到某种境界或获得热爱、羡慕的事物,通用于口语和书面语。
〈相关〉神往 遐想

重复　　反复

【重复】chóngfù 同样的东西再次出现;按原来的样子再次做。例:为了突出重点,他把这句话～了好几遍。

【反复】fǎnfù ① 一遍又一遍;多次重复。例:做完题目后要～检查。② 翻过来倒过去;反悔。例:这个人一直～无常。③ 重复的情况。例:他的病情可能会有～。

〈辨析〉都有不止一次地做某事的意思。"重复"着重指按原样再来,可以是一次,也可以是多次;"反复"着重指多次进行,但不一定按照原样,还含有反悔、变化多端的意思。

〈相关〉屡次 再三

崇拜　　崇敬

【崇拜】chóngbài 敬仰,钦佩。例:他是韩国的当红明星,在亚洲有许多～他的影迷。

【崇敬】chóngjìng 推崇,尊敬。例:她怀着～的心情参观了毛主席纪念堂。

〈辨析〉都有尊敬、推崇的意思。"崇拜"强调特别敬佩、推崇,有时甚至达到过分迷信的程度,多用于人、鬼神、偶像等;"崇敬"强调特别尊敬,对象一般是伟大人物或较杰出的人物。

〈相关〉尊敬 尊崇

宠爱　　溺爱

【宠爱】chǒng'ài 娇惯偏爱。例:她既漂亮又聪明,深得家人的～。

【溺爱】nì'ài 过分宠爱自己的孩子。例:家长不能一味地~孩子。
〈辨析〉都有非常喜爱的意思。"宠爱"强调特别喜爱,带有放纵、不加约束的意思,可用于人,也可用于动物;"溺爱"强调过分偏爱,到了是非不分、毫无原则的地步,多用于长辈对自己的孩子。
〈相关〉偏爱 钟爱

稠密 浓密

【稠密】chóumì 又多又密。例:日本东京人口非常~。
【浓密】nóngmì 多而密;稠密。例:他一生下来,就有一头~的黑发。
〈辨析〉都有又多又密的意思。"稠密"侧重指数量多、密度大,多形容村落、人口、枝叶等;"浓密"侧重指层层叠叠或颜色深而密集,多形容烟雾、须发、树叶等。
〈相关〉繁密 茂密

筹备 准备

【筹备】chóubèi 事先计划或准备。例:我们正紧锣密鼓地~一场大型演唱会。
【准备】zhǔnbèi ① 事先计划或安排。例:老师布置了召开主题班会的任务,让我们分头去~。② 打算。例:电话铃响时,他正~出发。
〈辨析〉都有事先计划、安排的意思。"筹备"侧重指全面、慎重地计划和安排,多用于重大的事情,语意较重;"准备"侧重指对一般行动的计划和安排,也可用于思想上的考虑和打算,语意较轻。
〈相关〉筹办 筹划

丑恶 丑陋

【丑恶】chǒu'è 丑陋,恶劣。例:这篇杂文揭露了社会上某些~现象。

【丑陋】chǒulòu 相貌或样子很难看。例:她长得不漂亮,但也不算~。

〈辨析〉都有不美、难看的意思。"丑恶"使用范围较广,可以形容思想行为不好、恶劣,也可形容一般事物;"丑陋"使用范围较窄,一般只形容人的外表难看或事物的样子难看,有时也形容具体事物。

〈相关〉难看 样衰

出发 动身 起程

【出发】chūfā 离开原来的地方到别处去。例:~前的一切工作都已准备停当。

【动身】dòngshēn 出发;上路。例:天刚亮,他们便起床~前往碧水寨。

【起程】qǐchéng 上路;行程开始。例:北极科学考察队今天~,开始为期24天的科学考察。

〈辨析〉都有行程开始,离开原来所在地去某一目的地的意思。"出发"使用范围较广,可用于人或车马等,行程可长可短,带郑重色彩;"动身"一般只用于个人或少数人,常用于口语;"起程"多用于较远的路程,一般用于书面语。

〈相关〉起身 上路

出卖 出售

【出卖】chūmài ① 卖;出售。例:为了还债,他低价~了一幅祖传的古画。② 为了个人利益做出有利于敌人而损害国家、民族等利益的事。例:他经不住威胁利诱,~了同志。

【出售】chūshòu 卖。例:这家网上商店~床上用品。

〈辨析〉都有卖的意思。"出卖"既可用于具体事物,也可用于抽象事物,还有贬义用法,指为了个人利益做出有利于敌人而损害国家、民族等利益的事;"出售"只能用于具体事物,为中性词。
〈相关〉发售 售卖

出色 出众

【出色】chūsè 特别好;超出一般的。例:姚明在 NBA 的～表现,赢得了媒体的大加赞赏。

【出众】chūzhòng 超出众人。例:远处走来一群人,为首的是一个相貌～的年青人。

〈辨析〉都有不一般、超出的意思。"出色"强调超出一般,使用范围较广,多形容各种具体事物;"出众"强调超出众人,一般形容人的容貌才智。

〈相关〉杰出 突出

出生 诞生

【出生】chūshēng 胎儿从母体中分离出来。例:还有一个月,她的第二个孩子就要～了。

【诞生】dànshēng 出生;产生。例:1949 年 10 月 1 日,中华人民共和国～了。

〈辨析〉都有出世、出现的意思。"出生"可用于人,也可用于动物,有时也可指一般事物的产生;"诞生"多用于伟大人物的出生,还可比喻国家、政党、重要组织等的产生,含有庄重的色彩。

〈相关〉出世 降生

处罚 处分

【处罚】chǔfá 处分;惩罚。例:要严厉～那些犯了错误而屡教不改的人。

【处分】chǔfèn ① 按情节轻重对犯错误或犯罪的人作出处理

决定。例：～犯错误的干部,是对他的挽救。② 对犯错误或犯罪的人作出的处理决定。例：因考试作弊,学校决定对该生作记过的～。

〈辨析〉都有对犯错误或犯罪的人进行处治的意思。"处罚"强调惩罚,指依法对违法或犯罪的人员进行特定的法律制裁,语意较重;"处分"强调使用行政手段对犯错误的人进行处理,还用作名词,指进行处理的决定,语意较轻。

〈相关〉处治　惩罚　惩治

处理　　处置

【处理】chǔlǐ　① 安排事务;解决问题。例：要正确～人民内部矛盾,使社会和谐稳定。② 处治;惩办。例：要严肃～带头闹事者。

【处置】chǔzhì　① 安排,办理。例：我认为这件事你～得非常好。② 处罚;惩治。例：他因醉酒驾车而受～。

〈辨析〉都有安排、办理的意思。"处理"使用范围较宽,可用于具体事物和抽象事物,强调使问题得到解决;"处置"只用于具体事物,强调依法惩办,语意较重。

〈相关〉办理　受理

储藏　　储存

【储藏】chǔcáng　保存,蕴藏。例：他们把菌菇晒干～起来,以备缺少食物时应急之用。

【储存】chǔcún　存放起来,暂时不用。例：人脑除了～加工各种信息和知识外,还可以创造新的知识。

〈辨析〉都有存放、保藏的意思。"储藏"侧重指保藏、收藏,多用于具体物品;"储存"侧重指保存、寄放,除用于具体物品外,还可以是一些抽象事物。

〈相关〉保存　存放

触犯　　冒犯

【触犯】chùfàn　冲撞;冒犯;侵犯。例:他~了法律,受到了应有的惩罚。

【冒犯】màofàn　言语或行动没有礼貌,冲撞了对方。例:他性格怪异,你不要去~他。

〈辨析〉都有冲撞对方的意思。"触犯"除冲撞、冒犯外,还含有侵犯别人、违犯法规的意思,语意较重;"冒犯"一般只指言行没有礼貌,冲撞、得罪对方,语意较轻。

〈相关〉冲犯　冲撞

矗立　　耸立　　屹立

【矗立】chùlì　高高地耸立着。例:人民英雄纪念碑~在天安门广场上。

【耸立】sǒnglì　高高地直立着。例:我看到了~于云层之上的壮美雪山。

【屹立】yìlì　像山峰一样高耸而稳固地立着。例:中华民族巍然~于世界民族之林!

〈辨析〉都有高高地立着的意思。"矗立"强调高而且直,不能用于人;"耸立"强调高而突出,也不能用于人;"屹立"强调高而且稳固,除用于物外,还可用于人或国家、民族等,含有庄重色彩。

〈相关〉陡立　直立

揣测　　揣摩

【揣测】chuǎicè　推测。例:我~他已经离开洛杉矶了。

【揣摩】chuǎimó　反复思考推求。例:演员在接到剧本后,都要细细~剧中人物的性格。

〈辨析〉都有猜测、考虑的意思。"揣测"强调估计推测,既可用于人,也可用于事;"揣摩"强调反复思索、颇费心思,一般用于对他人的猜想。

〈相关〉猜测　推测

传播　　传布

【**传播**】chuánbō　广泛散布。例:苍蝇会～病菌。

【**传布**】chuánbù　传播;传扬。例:这条假消息在微信圈内广为～。

〈辨析〉都有传开、散布的意思。"传播"侧重指广泛散布,对象可以是理论、消息、经验等抽象事物,也可以是种子、花粉、细菌等具体事物,适用范围较广;"传布"侧重指有意识地宣传以扩大影响,对象一般是宣传内容,适用范围较窄。

〈相关〉传扬　散布

传染　　感染

【**传染**】chuánrǎn　① 病原体从有病的生物体侵入别的生物体。例:感冒流行季节我们要尽量避免去人多的地方,防止交叉～。② 因接触而使风气、情绪、感情等受到影响。例:负面情绪很容易～。

【**感染**】gǎnrǎn　① 受到传染。例:我不小心～了风寒,不能和大家一起去旅游了。② 通过语言或行为引起别人相同的思想感情。例:雷锋精神～了我。

〈辨析〉都有因接触而染上的意思。"传染"除指病菌侵入而染上外,还可指染上悲观的、消极的思想感情;"感染"强调受到传染,一般用于疾病、病菌等,也可用于积极向上的思想感情、具有艺术魅力的文艺作品或表演等。

〈相关〉习染　沾染

传说　　据说

【传说】chuánshuō　① 传言所说。例：民间～灵芝可以治百病。② 辗转流传的说法。例：木工用的锯,～是鲁班发明的。

【据说】jùshuō　根据别人说;根据传言。例：～她出生在戏曲世家,父母都是戏曲演员。

〈辨析〉都有根据传言的意思。"传说"还用作名词,指民间口头流传的说法,不是自己亲耳听见的,不一定有事实根据;"据说"多指根据别人所说,带有转述的意思。

〈相关〉传闻　传言

创办　　开办

【创办】chuàngbàn　开始举办。例：茅盾与鲁迅发起～了《译文》杂志。

【开办】kāibàn　建立工厂、学校、商店、医院等。例：我们合资～了一所老年艺术学校。

〈辨析〉都有开始举办的意思。"创办"强调开创地建立,多用于从前没有的单位、机构、报纸等;"开办"多用于新开业的工厂、学校、商店等。

〈相关〉创建　兴办

创建　　创立

【创建】chuàngjiàn　开创建立。例：为了～这个美好温馨的家园,他俩同甘苦、共患难。

【创立】chuànglì　初次建立。例：马克思～了剩余价值学说,揭露了资本家的秘密。

〈辨析〉都有初次建立的意思。"创建"着重指建立新的事物,对象既可是抽象事物,也可以是具体事物;"创立"强调开创性,多用于抽象的、重大的事物,如政权、党派、制度、学说等。
〈相关〉创办　建立

创造　发明

【创造】chuàngzào　首先提出新方法,建立新理论,做出新成绩或事物。例:歌唱家德德玛用歌声战胜了病魔,～了奇迹。

【发明】fāmíng　创立出新事物或新方法。例:科研人员最近～了一种特殊的杀菌涂料。

〈辨析〉都有创立新事物或新方法的意思。"创造"着重指开创性地建立具有重要意义的新事物,对象既可以是具体事物,也可以是抽象事物;"发明"着重指通过研究创造出前所未有的局面,对象只能是具体的事物或方法。

〈相关〉创立　缔造

吹捧　吹嘘

【吹捧】chuīpěng　吹嘘,捧场。例:他的竞选班子已经开始努力,一方面低调宣传他的演艺生涯,另一方面则大力～他的商业才能。

【吹嘘】chuīxū　夸大地或无中生有地说自己或别人的优点;夸张地宣传。例:那个神棍～自己有未卜先知的本领,不少人都上了他的当。

〈辨析〉都有不切实际地夸大、张扬的意思。"吹捧"强调以恭维、讨好对方为目的,为对方吹嘘捧场;"吹嘘"强调夸大自己的优点或功劳,还有夸张地宣扬的意思。

〈相关〉吹牛　恭维

纯粹　纯正

【纯粹】chúncuì　单一的;完全的。例:山坡上各种奇草异树不约而同地泛黄、泛红,黄得～、红得似火,把游客的心也给燃烧起来。

【**纯正**】chúnzhèng 不掺杂其他成分的;单纯的。例:她能说一口流利的美式英语,口音非常～。

〈辨析〉都有不掺杂其他成分的意思。"纯粹"强调不含杂质,多形容人或具体事物,为中性词;"纯正"强调纯洁正宗,多形容物品的质地或人的口音、动机、思想等,为褒义词。

〈相关〉纯净 单纯

纯洁　　纯真

【**纯洁**】chúnjié 纯粹洁白,没有污点。例:他俩在四年大学生活中结下了～的友情。

【**纯真**】chúnzhēn 纯洁,真挚。例:她虽然是个残疾人,但有着一颗美好而～的心。

〈辨析〉都有洁白、没有污点的意思。"纯洁"着重指洁白无瑕,多形容友情、感情、品质、组织等;"纯真"着重指纯净真挚、不虚伪,多形容人的感情或表情。

〈相关〉纯净 天真

纯朴　　淳朴　　质朴

【**纯朴**】chúnpǔ 纯正,朴素。例:他的言谈举止时时流露出牧人特有的～、厚道的性情。

【**淳朴**】chúnpǔ 敦厚,朴实。例:这个小镇因为～的民风而更显美丽。

【**质朴**】zhìpǔ 朴实,不矫饰。例:契诃夫的小说风格～,语言精悍,篇幅简短。

〈辨析〉都有朴实的意思。"纯朴"侧重指单纯、不虚伪,多形容人、语言、风俗等;"淳朴"侧重指朴实、厚道,多形容人的品质、外貌、语言等;"质朴"侧重指实在、不做作或不矫饰,除形容人、语言外,还可形容文章、见解等。

〈相关〉朴实　朴素

慈爱　慈祥

【慈爱】cí'ài　仁慈,喜爱。例:母亲对待儿女总是～的,愿为儿女辛苦地操劳。

【慈祥】cíxiáng　仁慈,和蔼。例:老人用～的目光看着正在玩耍的孩子们。

〈辨析〉都有和善可亲的意思。"慈爱"强调喜爱,形容人的情感和神态,多用于长辈对小辈;"慈祥"强调仁慈,只用于形容老年人的神态。

〈相关〉安详　仁爱

慈悲　慈善

【慈悲】cíbēi　仁慈,怜悯。例:外婆是个很～、善良的老人。

【慈善】císhàn　对人关怀而有同情心。例:我们要大力扶持和发展～事业。

〈辨析〉都有仁慈、善良的意思。"慈悲"侧重指发自内心的怜悯;"慈善"侧重指对人的关怀。

〈相关〉仁慈　善良

次序　顺序　秩序

【次序】cìxù　排列的先后。例:这些文件已经整理好,请你不要把～弄乱。

【顺序】shùnxù　① 次序。例:请按排队的～购票,不要插队。② 顺着次序。例:请大家～前进,不用拥挤。

【秩序】zhìxù　整齐而有条理的状况。例:要遵守交通～,不乱穿马路。

〈辨析〉都指人或事物的一种排列状态。"次序"强调事物在时间或空间上排列的先后位置,使用范围较广,可用于人或事,也可用于社会情况和自然现象,用作名词;"顺序"强调排列先后的条理或原则,一般用于数字、字母、名字的排列和事情发生的时间上的先后,既可用作名词,也可用作副词;"秩序"指有条理、不混乱的状况,用作名词。

〈相关〉次第　程序

伺候　　侍候

【伺候】cìhòu　在人身边供使唤,照料饮食起居。例:老人病倒进了医院后,家人找了个～他的护工。

【侍候】shìhòu　服侍,照料。例:她很孝顺,愿意～老人一辈子。

〈辨析〉都有照料人生活起居的意思。"伺候"的对象可以是人,包括长辈、平辈、晚辈,也可以是动物,有时含有不情愿的意思;"侍候"的对象一般是人,多用于对长辈或地位较尊贵者。

〈相关〉服侍　侍奉

匆忙　　急忙　　连忙

【匆忙】cōngmáng　急急忙忙。例:他来不及吃早饭就～赶去上班了。

【急忙】jímáng　由于着急而行动加快。例:听说家中出事了,她～坐出租车赶回家。

【连忙】liánmáng　赶紧;急忙。例:集合铃响了,同学们～排队,准备出发。

〈辨析〉都有急急匆匆的意思。"匆忙"形容事情仓促,来不及准备,带有慌忙的意思;"急忙"形容心里着急而加快行动;"连忙"形容时间紧迫,需要立刻行动。

〈相关〉赶紧　赶忙

聪慧　聪明　聪颖

【聪慧】cōnghuì　聪明而有智慧。例：她虽然不如妹妹～,却也是个讨人喜欢的姑娘。

【聪明】cōngmíng　智力发达,记忆、理解力强。例：他是一个～的孩子,就是太调皮了。

【聪颖】cōngyǐng　聪明,敏锐。例：这小孩～过人,好好培养,一定大有前途。

〈辨析〉都有智力发达、理解力强的意思。"聪慧"形容有智慧、有才智,多用于书面语,语意比"聪明""聪颖"重;"聪明"形容不愚笨,通用于口语和书面语;"聪颖"形容智力发达而且敏锐,多用于书面语。

〈相关〉机灵　伶俐

从来　历来　向来

【从来】cónglái　从过去到现在。例：父亲很慈祥,～没有打骂过我们。

【历来】lìlái　从来;一向。例：母亲～都很讲究礼节。

【向来】xiànglái　从来;一向。例：他对部下～是十分大方慷慨的。

〈辨析〉都有从过去到现在的意思。"从来"强调经历的时间长,后面多用否定词,语气较强;"历来"强调是一贯的,不是偶尔的,后面多用肯定词,语气较弱;"向来"表示一直如此,没有变化,后面肯定词、否定词都可用,语气也较强。

〈相关〉素来　一向

从前　以前

【从前】cóngqián　过去的时候。例：～这里是一家化工厂,如今已经新建成一片公共绿地。

【以前】yǐqián 从前;以往。例:三年~我在这所中学教书。
〈辨析〉都指已过去的时间。"从前"指已经过去很久的时间;"以前"可指很远的时间,也可指很近的时间,往往有具体的时间或事情作参照物。
〈相关〉过去 以往

从属 附属

【从属】cóngshǔ 依从,附属。例:利用~关系侵犯他人合法权益的,应当追究法律责任。
【附属】fùshǔ 某个机构附设或管辖的。例:各直属、~单位分别成立了防治新冠肺炎工作领导小组。
〈辨析〉都有依附、依从的意思。"从属"强调依从关系;"附属"强调附着、受管辖,多用于机构、部门。
〈相关〉依从 依附

粗暴 粗鲁 粗野

【粗暴】cūbào 鲁莽,暴躁。例:他脾气~,很难与人相处。
【粗鲁】cūlǔ 粗暴,鲁莽。例:超市保安~的行为激起了众怒。
【粗野】cūyě 鲁莽,没礼貌。例:叔叔~的叫骂声刺伤了哥哥的自尊心。
〈辨析〉都有鲁莽的意思。"粗暴"强调暴躁无理,多形容言行、脾气、工作方法等;"粗鲁"强调鲁莽草率,多形容人的性格、行为、言谈、举止等;"粗野"强调粗鲁野蛮、不讲文明礼貌,多形容人的言谈、举止。
〈相关〉鲁莽 野蛮

粗糙 粗劣

【粗糙】cūcāo 不精巧;不细致。例:这个瓷杯的瓷质太~了。

【粗劣】cūliè 粗糙,低劣。例:～的产品无法占领市场。
〈辨析〉都有粗陋、不细精的意思。"粗糙"除形容质地不精细外,还形容工作草率不细致;"粗劣"形容质量低下。
〈相关〉粗陋 毛糙

粗略　　简略

【粗略】cūlüè 大略,不精确。例:有人～地计算,美人鱼青铜塑像每天被人拍照不下五万张,这个纪录,可谓是世界级的。
【简略】jiǎnlüè 简单,不详细。例:校长～地向同学们介绍了新班主任的情况。
〈辨析〉都有大概、不详细的意思。"粗略"强调不精确,适用范围较广,多形容计算、统计、估计等;"简略"强调不详尽,适用范围较窄,一般只形容言语内容。
〈相关〉大概 大略

粗俗　　庸俗

【粗俗】cūsú 粗野庸俗,不文雅。例:～的举止为人们所鄙视。
【庸俗】yōngsú 平庸鄙俗;不高尚。例:这出相声内容～不堪,但也迎合了某些人的低级趣味。
〈辨析〉都有鄙俗、不高雅的意思。"粗俗"侧重指没有礼貌、缺乏修养,多形容人的言语、举止行为;"庸俗"侧重指趣味低下、不高雅,多形容人的情趣、思想、言语等,也可形容文章、作品的思想内容。
〈相关〉鄙俗 平庸

粗心　　马虎

【粗心】cūxīn 不细心;不谨慎。例:她很～,出门时把钥匙忘在家中了。
【马虎】mǎ·hu 粗枝大叶;草率敷衍。例:妈妈要小明改掉做作业～的坏习惯。

〈辨析〉都有疏忽、不细心的意思。"粗心"形容不细心,随便了事,也可形容性格大大咧咧;"马虎"形容态度不认真、不负责任,含贬义色彩,语意比"粗心"重。

〈相关〉草率 粗疏

簇新　　崭新

【簇新】cùxīn 非常新。例:弟弟穿上了～的校服,人显得更神气了。

【崭新】zhǎnxīn 很新。例:新的规章制度实行后,员工们呈现了～的精神面貌。

〈辨析〉都有新的意思。"簇新"适用范围较窄,一般只形容服装、服饰等;"崭新"适用范围较广,可形容具体的事物,也可形容抽象的事物。

〈相关〉全新 最新

窜改　　篡改

【窜改】cuàngǎi 删改;改动。例:我们不能任意～文件。

【篡改】cuàngǎi 故意改动原文、原意或歪曲事实。例:日军侵华历史不容～。

〈辨析〉都有改动的意思。"窜改"指错误地改动或变更原来的东西,多用于具体的书面材料,如文字、文件等;"篡改"指用假的、错误的东西取代或歪曲真的、正确的东西,多用于抽象事物,如理想、学说、历史、政策、精神等。

〈相关〉改动 修改

脆弱　　懦弱　　软弱

【脆弱】cuìruò 经受不起挫折,不坚强。例:她～的感情再也经不起打击了。
- 【懦弱】nuòruò 软弱无能,不坚强。例:他是一个~无能的人,恐怕担当不了如此重任。
- 【软弱】ruǎnruò 缺乏力气,不坚强。例:大病初愈,他感到浑身~无力。

〈辨析〉都有不够坚强的意思。"脆弱"强调经不起挫折,多形容情感;"懦弱"强调软弱无能,多形容性格,语意比"软弱"重;"软弱"强调不强硬、缺乏力气或力量,多形容身体、性格等。

〈相关〉怯弱　柔弱

磋商　协商

- 【磋商】cuōshāng 仔细地商讨、研究。例:经过多次~,两国签订了经济贸易协议。
- 【协商】xiéshāng 为了取得一致意见而共同商量。例:经过~,他们就调解方案达成共识。

〈辨析〉都有共同商量、讨论的意思。"磋商"强调对问题探讨深刻,态度认真、慎重,多用于严肃庄重的场合;"协商"强调通过商量取得意见的一致,既可用于庄重场合,也可用于一般问题的讨论。

〈相关〉商量　商讨　谈判

Dd

答应　　允许　　准许

【答应】dā·ying　允诺;同意。例:这件事他~一定会帮忙解决的。

【允许】yǔnxǔ　准许;许可。例:未经~,他竟然闯进了会议室。

【准许】zhǔnxǔ　同意别人的需求。例:因为特殊情况,公司~他在家办公。

〈辨析〉都有许可、同意的意思。"答应"侧重应允,对别人的要求表示同意;"允许"侧重许可,多用于书面语;"准许"侧重批准,语意较重。

〈相关〉容许　同意　允诺

搭救　　营救　　援救

【搭救】dājiù　帮助人脱离危险或灾难。例:小张奋不顾身地跳入水中~落水者。

【营救】yíngjiù　想方设法帮助人脱离危险或灾难。例:在大家的努力下,困于洪水中的灾民终于被~出来。

【援救】yuánjiù　帮助别人脱离痛苦或危险。例:登山队派出精兵强将~被围困在山上的游客。

〈辨析〉都有帮助被救者避开危险或脱离困境的意思。"搭救"一般指帮助一个或少数几个人,使脱离困境,通用于口语和书面语;"营救""援救"的对象可以是个人,也可以是群体,一般用于书面语。

〈相关〉解救 救援 抢救

答复　回答

【答复】dáfù 对问题或要求给予回答。例：等我们开会研究后再～你们。

【回答】huídá 对问题给予解释；对要求表示意见。例：他沉默了好一会儿才～我。

〈辨析〉都有对问题或要求予以回答的意思。"答复"强调要一个确定的答复,用于比较严肃或庄重的场合,多为书面语；"回答"强调解释、说明的过程,多用于日常生活、学习、工作中,为口语。

〈相关〉回复 回应

打扮　装扮

【打扮】dǎbàn 修饰外表。例：今天,小丽～得真漂亮。

【装扮】zhuāngbàn ① 梳妆打扮。例：化装舞会上,晓梦～成白雪公主。② 乔装假扮。例：侦察员～成卖鱼的渔夫,进入城中探听敌情。

〈辨析〉都有使容貌与衣着好看的意思。"打扮"侧重指通过修饰,使容貌或衣着变得更美丽,一般用于人；"装扮"除梳妆打扮外,还有乔装的意思,既可用于人,也可用于物。

〈相关〉化妆 妆饰

打击　攻击

【打击】dǎjī ① 敲打；撞击。例：非洲人喜欢以～大鼓的方式来欢迎客人。② 攻击,使对方受到挫折。例：我们要严厉～贩卖毒品的行为。

【攻击】gōngjī ①进攻。例：司令部一下命令,我排立即向敌人发起～。②恶意指责。例：请你不要对他进行人身～。
〈辨析〉都有击打进攻、使对象受损失的意思。"打击"侧重指敲打、撞击,还可指攻击使受挫折,语意较轻;"攻击"侧重指军事进攻,还含有恶意指责的意思,使用范围较广,语意较重。
〈相关〉攻打　进攻

打量　　端详

【打量】dǎ·liang 注意观察。例：他～着门外的年轻人,迟疑了片刻还是让年轻人进入屋内。
【端详】duānxiáng 细看;仔细观察。例：老人戴起老花眼镜,仔细～着手里的玉砚。
〈辨析〉都有仔细观察的意思。"打量"时,目光不停留在一个地方,看的时间较短,一般用于口语;"端详"时,目光紧紧地盯住,看的时间较长,一般用于书面语。
〈相关〉端量　审视

打算　　盘算

【打算】dǎsuàn 考虑;计划。例：我～下学期参加绘画班。
【盘算】pánsuàn 心里算计;筹划。例：他～着这一年能赚多少钱。
〈辨析〉都有事先考虑、计划的意思。"打算"指一般地考虑,用于各种大小行动的计划和安排,使用范围较广;"盘算"强调反复考虑,多用于较费心的事情上。
〈相关〉筹划　计划　算计

打听　　了解

【打听】dǎtīng 探问消息、情况、意图等。例：你到医院～一下,受伤的工人有没有生命危险。

【了解】liǎojiě 调查;弄清楚。例:关于这件事情的来龙去脉,你去一下。

〈辨析〉都有调查、探问消息的意思。"打听"侧重探问,指从侧面探听询问,使用范围比较广;"了解"除侧重调查、从正面查问外,还有搞清楚的意思。

〈相关〉探听 探问 探询

大半　大多　多半

【大半】dàbàn 大部分或半数以上。例:这支旅行团里～是退休的老伯伯老阿姨。

【大多】dàduō 大部分;大多数。例:果园里的果子～已经成熟。

【多半】duōbàn ① 超过半数。例:这次机构调整,会涉及～人。② 大概。例:快半夜了,他们～已经入睡了。

〈辨析〉都有超过半数的意思。"大半"强调数量较大,大大超过了半数;"大多"强调数量占多数;"多半"强调数量多,比半数要多一些外,还用于推测,表示有较大的可能性。

〈相关〉大都　多数

大方　慷慨

【大方】dàfāng 不吝惜。例:在用钱方面,他一向很～。

【慷慨】kāngkǎi ① 不吝惜。例:李大爷为人～,乐于助人。② 情绪激动,意气昂扬。例:战士们～激昂的歌声,赢得了阵阵掌声。

〈辨析〉都有不吝惜的意思。"大方"为中性词,多用于口语;"慷慨"为褒义词,多用于书面语,语意比"大方"重,还形容情绪激动、意气昂扬。

〈相关〉大度　大气

歹毒　恶毒

【歹毒】dǎidú　阴险,狠毒。例:白雪公主的后母心肠～。

【恶毒】èdú　险恶,狠毒。例:这个女人太～了,竟然连自己的亲生儿子也不放过。

〈辨析〉都有阴险毒辣、心毒手狠的意思。"歹毒"侧重指人的心肠、言语、手段等阴险狠毒,多用于书面语;"恶毒"侧重指人的心术、手段、言行、眼神等凶狠毒辣,通用于口语和书面语。

〈相关〉毒辣　狠毒

代替　取代

【代替】dàitì　以甲换乙并起乙的作用。例:他触犯了法律,后果只能由他自己承担,谁也无法～他。

【取代】qǔdài　排除别人或原来的事物,由自己或另一种事物来代替其位置。例:新来的小王～了老李销售部经理的位置。

〈辨析〉都有替换的意思。"代替"的时间可长可短,指人时,双方是自愿平等的,指物时,既可是具体事物,也可是抽象事物;"取代"的时间是永久性的,指人时,替换是被迫进行的,地位是不平等的,指物时,双方必须是同类事物。

〈相关〉替代　替换

带领　率领

【带领】dàilǐng　① 引导。例:在他的～下,大伙儿一鼓作气地爬上了山头。② 领导或指挥大家进行集体活动。例:老师～我们参观了历史博物馆。

【率领】shuàilǐng　带领;领导。例:张县长～慰问团奔赴受灾地区慰问灾民。

〈辨析〉都有带动、领导的意思。"带领"强调带路、引导,还可指领导或指挥一群人进行集体活动,适用范围较广;"率领"适用范围较窄,多用于上级对下级的统率、领导。

〈相关〉带动　领导

怠惰　　懒惰

【怠惰】dàiduò　松懈;懒惰。例:有些人一旦在所选择的领域中安定下来,就会安于现状,变得懒散~。

【懒惰】lǎnduò　不爱劳动和工作;不勤快。例:他太~了,连自己换下的袜子都不肯洗。

〈辨析〉都有不爱干活、不勤快的意思。"怠惰"侧重指工作、学习上的懒,使用范围较窄;"懒惰"泛指各个方面的懒,使用范围较广。

〈相关〉懒散　懈怠

担当　　担负　　担任

【担当】dāndāng　接受并负起责任。例:他能不能~起主教练的重任,许多人持怀疑态度。

【担负】dānfù　担起,承当。例:年轻人要~起建设祖国的重任。

【担任】dānrèn　负责、承当某种职务和工作。例:新公司的总经理一职由老周~。

〈辨析〉都有承担某种责任或义务的意思。"担当"指接受、承担较艰巨的工作、责任、风险等;"担负"使用范围较广,指担起、负责工作、任务、使命、责任等;"担任"使用范围较窄,指承担某种职务和工作。

〈相关〉承担　担纲

担心　担忧

【担心】dānxīn　有顾虑,放心不下。例:他~老父亲一个人在家没人照顾。

【担忧】dānyōu　忧虑,发愁。例:这几年,我一直在为父亲的健康~。

〈辨析〉都有忧虑、放心不下的意思。"担心"强调牵挂、不安,语意较轻;"担忧"强调忧虑、发愁,语意较重。

〈相关〉顾虑　忧虑

单独　独自

【单独】dāndú　独自一个;不跟别的合在一起。例:这件事你~向上级组织反映一下。

【独自】dúzì　自身一人。例:父母都外出旅游了,我~一人在家。

〈辨析〉都有独自一个的意思。"单独"强调不跟别的合在一起,可用于人,也可用于动物或事物;"独自"强调仅仅只有自己一个,没有第二个,只用于人,不用于其他事物。

〈相关〉单个　独个

耽搁　耽误

【耽搁】dān·ge　停留;拖延;耽误。例:由于飞机起飞前发现小故障,我们在机场~了半天。

【耽误】dān·wu　因拖延或错过时机而误事。例:由于忙于工作,他把自己的终身大事给~了。

〈辨析〉都有时间上迟延的意思。"耽搁"强调拖延、停留,使用范围较窄,多用于时间,有时也用于事情,语意较轻;"耽误"强调因错过时机而误事,使用范围较广,多用于时间、学习、前途、个人的终身大事等,语意较重。
〈相关〉延迟　延误

胆量　　胆子

【胆量】dǎnliàng　敢作敢为、不怕危险的精神和勇气。例:他有足够的～和智慧化解眼前的危机。

【胆子】dǎn·zi　胆量。例:经历了那件事以后,他的～就更小了。

〈辨析〉都有敢作敢为、不怕危险的意思。"胆量"多用于人,多用于书面语;"胆子"可用于人,也可用于动物,多用于口语。

〈相关〉胆略　胆识

胆怯　　胆小

【胆怯】dǎnqiè　胆小;没有勇气。例:他的问话惊吓到边上那个～的孩子。

【胆小】dǎnxiǎo　胆量不大。例:这姑娘～,从不敢一个人走夜路。

〈辨析〉都有胆量不大的意思。"胆怯"侧重指没有勇气;"胆小"侧重指胆量不大。

〈相关〉害怕　怯懦

但是　　可是

【但是】dànshì　用在后半句,表示转折的语气,常和前面的"虽然"相呼应。例:他的话虽然不多,～句句击中要害。

【可是】kěshì　连接分句、句子或段落,表示转折关系。例:人的生命是短暂的,～为人民服务是无限的。

〈辨析〉都表示转折的语气。"但是"多用在后半句或下一句的开头,往往与上半句的"虽然"相呼应,转折语气较重,用于书面语和口语;"可是"多用于口语,转折语气不是很重。

〈相关〉不过　然而

诞辰　　生日

【诞辰】dànchén　生日。例:今天是章教授八十岁~,学生都来庆贺。

【生日】shēngrì　出生之日。亦指每年满周岁的那一天。例:今天是奶奶九十岁~,亲戚们都来为她祝寿。

〈辨析〉都指出生之日。"诞辰"带有庄重、崇敬的色彩,用于正式场合,一般不用于自己,还可比喻国家、组织等的成立,为书面语;"生日"用于普通场合,既可用于别人,也可用于自己,口语和书面语都可用。

〈相关〉生辰　寿辰

淡泊　　恬淡

【淡泊】dànbó　对名利等不看重。例:沙发上,素色的靠垫透露出主人宁静~的生活追求。

【恬淡】tiándàn　① 不追求名利;淡泊。例:"温一壶月光下酒",多么悠远的意境,多么~的心情。② 恬静。例:她喜欢退休后~的生活。

〈辨析〉都有不追求名利、安于恬静闲适的生活的意思。"淡泊"侧重指把功名利禄看得很淡,追求一种朴素闲适的生活或境界;"恬淡"侧重指不慕名利、感受恬静闲适的心情、生活。

〈相关〉恬静　恬然

当前　　目前

【当前】dāngqián　① 目前;现阶段。例:我们~的任务是做好复习迎考工作。② 在面前。例:大敌~,我们要集中力量对付才是。

【目前】mùqián 眼前;现在。例:到~为止,造成这起事故的原因还未查清。
〈辨析〉都指现在。"当前"指现阶段,有一定的时间间隔,还用作动词,指在面前;"目前"指说话的时候,没有任何时间间隔。
〈相关〉现在　眼前

当心　小心

【当心】dāngxīn 谨慎;留心。例:天雨路滑,开车要~。
【小心】xiǎoxīn ①注意,留神。例:河上刚结了冰,踏上去要~。②谨慎。例:他为人处事一直十分~。
〈辨析〉都有对人对事要留心、注意的意思。"当心"侧重指对人待事要有警惕性;"小心"侧重指对人待事要仔细、谨慎。
〈相关〉留心　注意

倒霉　倒运

【倒霉】dǎoméi 指遇事不顺或碰到认为不吉祥之物。例:他真~,出门就摔了一跤。
【倒运】dǎoyùn 不走运;认为运气不好。例:今天真~,早上坐公车时竟然手机被偷。
〈辨析〉都有不顺利、不吉利的意思。"倒霉"侧重指遇事不顺、遭遇不好;"倒运"侧重指运气不好,语意比"倒霉"重。
〈相关〉背运　晦气

祷告　祈祷

【祷告】dǎogào 向神祈求保佑。例:按照教规,教徒每次进餐前都必须先做~。
【祈祷】qídǎo 向神祝告求福。例:圣诞的钟声敲响了十二下,~开始了。

〈辨析〉都有向神默告自己的情况和心愿、祈求保佑赐福的意思。"祷告"强调向神默告自己的情况和心愿,多用于宗教场合;"祈祷"强调向神祈求保佑赐福,使用范围较广。

〈相关〉祈求　祝祷

到达　抵达

【到达】dàodá　到了某一个地点或某一个阶段。例:等他翻过这座山～目的地时,已经是傍晚时分了。

【抵达】dǐdá　到达目的地。例:经过了两个小时的等候,晚点的飞机终于～了机场。

〈辨析〉都有到了某地的意思。"到达"的地点或阶段,可以是具体的,也可以是抽象的;"抵达"的地点是具体的,且需借助交通工具,多用于书面语。

〈相关〉达到　赶到

盗窃　偷窃

【盗窃】dàoqiè　用非法手段暗中取得。例:他贪污～了公司的巨额资产。

【偷窃】tōuqiè　偷盗。例:看着被告席上的儿子,老人怎么也想不通,家境富裕的儿子竟然会去～。

〈辨析〉都有暗中偷拿别人的东西、据为己有的意思。"盗窃"侧重指用不正当手段取得,可用于具体或抽象事物,一般用于书面语;"偷窃"侧重指小偷小摸,一般用于口语。

〈相关〉盗取　偷盗

得当　得体

【得当】dédàng　适当;妥当。例:只要方法～,这事一定办得成。

【得体】détǐ　言行恰到好处;恰当。例:谈判中,她～的言谈举止给对方留下了深刻的印象。

〈辨析〉都有恰当、合适的意思。"得当"着重指说话、办事恰当合理;"得体"着重指恰如其分,多用于形容言语、行为等合时宜,分寸掌握得好。

〈相关〉合适　恰当

得意　　得志

【得意】déyì　感到满足时的高兴心情。例:因为得到现任局长的重用,她显得很～。

【得志】dézhì　志愿得以实现或名利欲望得到满足。例:他少年～,是省里最年轻的局级干部。

〈辨析〉都有满足的意思。"得意"指称心如意,为形容词;"得志"指志愿、名利欲望得以实现,为动词。

〈相关〉自得　自满

低沉　　低落

【低沉】dīchén　情绪低落消沉;声音粗重不响亮。例:他声音～,脸上始终挂着淡淡的微笑。

【低落】dīluò　下降,变低。例:比赛失败后,他的情绪极其～。

〈辨析〉都有情绪不高、不振作的意思。"低沉"除形容情绪外,还可形容天气阴暗、声音低;"低落"的使用范围较广,可形容情绪、士气、价格、水平等。

〈相关〉消沉　消极

低贱　　低微

【低贱】dījiàn　① 低下;卑贱。例:他出身～,品德却很高尚。② 价钱便宜。例:这批蔬菜价格～得很。

【低微】dīwēi　① 卑下;微贱。例:他们是我们生活中的大多数,平凡而~。②声音细小。例:躺在病床上的她发出~的呻吟。③收入微薄。例:他在一家企业当保安,收入~。

〈辨析〉都有低下、卑贱的意思。"低贱"除指地位卑下外,还指货物很不值钱;"低微"除形容地位和身份低下外,还形容声音细小,收入微薄。

〈相关〉卑贱 卑微 低下 下贱

低廉　　便宜

【低廉】dīlián　价格低而实惠便宜。例:这种新产品价格~,质量上乘,深受广大用户的欢迎。

【便宜】pián·yi　价钱较低。例:她在网上淘到一件既漂亮又~的衣服。

〈辨析〉都有价格低的意思。"低廉"常用于书面语;"便宜"多用于口语。

〈相关〉低价　廉价

抵抗　　抵御　　反抗

【抵抗】dǐkàng　用力量制止对方的进攻。例:加强锻炼身体可以~疾病。

【抵御】dǐyù　抵挡,抗御。例:他们在自己的疆土上修筑城墙,以~敌人的侵犯。

【反抗】fǎnkàng　反对,抵抗。例:哪里有压迫,哪里就有~,这是千古不变的真理。

〈辨析〉都有用力量抵制对方的意思。"抵抗"强调抗拒、制止,对象可以是人,也可以是疾病、灾害等事物;"抵御"强调防御、阻止,多用于武装力量或自然力量;"反抗"强调反对、抵抗,使用范围较广,可用于侵略、暴力、压迫、剥削等具体行为,也可用于思想上、舆论上的反抗。

〈相关〉抵制　防御

典范　　典型

【**典范**】diǎnfàn　可以作为学习、仿效标准的人或事物。例：她很崇拜这位歌星,处处以她为～。

【**典型**】diǎnxíng　作为代表性的人物或事物。例："好八连"是我军艰苦奋斗建设连队的～。

〈辨析〉都有具有代表性的、可供学习和效仿的人或事物意思。"典范"着重指不可多得的、能起示范作用的、可以作为学习和仿效的标准,语意比"典型"重;"典型"着重指能反映某类事物或某种人的本质特征的集中代表,还可用在文艺理论中,指具有代表性、概括性的艺术形象。

〈相关〉榜样　示范

点缀　　装饰

【**点缀**】diǎnzhuì　加以衬托或装饰,使原有的事物更加美好。例：蜜蜂和蝴蝶翩翩起舞,～着这座宁静的小院子。

【**装饰**】zhuāngshì　装点,修饰。例：候机厅四周用浮雕～。

〈辨析〉都有装饰、装点使美观的意思。"点缀"指在原有美好事物的基础上稍加装饰,使之更美好;"装饰"指在事物表面加些附属的东西,使之美观。

〈相关〉修饰　装点

惦记　　惦念

【**惦记**】diànjì　心里牵挂着,不能忘怀。例：回家后,王医生还～着老人的病情。

【**惦念**】diànniàn　记挂;想念。例：虽然他们相隔两地,但内心深处都对对方有着一种淡淡的牵挂和～。

〈辨析〉都有牵挂、想念的意思。"惦记"侧重于记挂、不能忘怀，对象是人或事物；"惦念"侧重于想念、牵挂在心，对象是人，语意比"惦记"重。

〈相关〉挂念　记挂　牵挂　想念

凋零　　凋落　　凋谢

【凋零】diāolíng　草木凋谢零落。比喻衰败和死亡。例：一到秋天，草木就开始~了。

【凋落】diāoluò　花木脱落。比喻死亡。例：这座公园荒废了很久，一派~的景象。

【凋谢】diāoxiè　花草败落。比喻人的死亡。例：书的扉页上夹着一朵已经~枯萎了的花。

〈辨析〉都有花草败落的意思。"凋零"可比喻人的死亡和各行业的衰败；"凋落""凋谢"都可比喻人的死亡。

〈相关〉凋萎　枯萎

叮咛　　叮嘱

【叮咛】dīngníng　怕对方不重视，反复地告诉。例：尽管我千~万嘱咐，可她还是把最重要的东西拉下了。

【叮嘱】dīngzhǔ　叮咛，嘱咐。例：我不时~他要多注意自己的身体健康。

〈辨析〉都有告诉对方的意思。"叮咛"强调不厌其烦地告诉对方要注意些什么；"叮嘱"强调反复嘱咐，语重心长，一般用于长辈对小辈、上级对下级，语意比"叮咛"重。

〈相关〉关照　嘱咐

顶真　　认真

【顶真】dǐngzhēn　认真。例：我和他随便说说，没想到他竟如此~。

【**认真**】rènzhēn　当真;信以为真。例:我和你说着玩的,你怎么就~起来了。

〈辨析〉都有信以为真的意思。"顶真"适用范围窄,多用于口语;"认真"适用范围较广,书面语和口语都可用。

〈相关〉当真　果真

丢脸　丢人

【**丢脸**】diūliǎn　丧失体面;出丑。例:他们认为对方让自己~了,所以一定要想方设法把面子再挣回来。

【**丢人**】diūrén　出丑;丢脸。例:因为害怕对方报复,也怕~,她选择了沉默。

〈辨析〉都有丧失脸面、出丑的意思。"丢脸"侧重指面子上不好看,语意比"丢人"轻;"丢人"侧重指丧失人格,语意比"丢脸"重。

〈相关〉出丑　丢丑

动员　发动

【**动员**】dòngyuán　发动人参加某项活动。例:那年,居委会的干部~她去新疆建设兵团。

【**发动**】fādòng　使开始动起来。例:社区~居民开展春季爱国卫生运动。

〈辨析〉都有使行动起来的意思。"动员"强调诱导而使行动,对象只能是人,可以用于多个人,也可以用于单个人;"发动"强调启发而使行动,对象可以是事物,也可以是人,多用于多个人。

〈相关〉策动　鼓动

陡峭　峻峭

【**陡峭**】dǒuqiào　形容山势、河岸等坡度很大,直上直下。例:

海滨城市风景如画,山崖～,海岸线怪石嶙峋。
- 【峻峭】jùnqiào 形容山高而陡。例:瑞士到处都是纯净的山谷、寂静的草原、～的雪山。

〈辨析〉都有坡度很大的意思。"陡峭"强调坡度很大,几乎直上直下,适用范围较广,可形容山峰、海岸、楼梯等;"峻峭"只形容山势高而陡。

〈相关〉陡直 高峻

斗争 争斗

- 【斗争】dòuzhēng ① 矛盾的双方互相冲突,一方力求战胜另一方。例:我们必须与敌人作坚决的～。② 努力奋斗。例:我们要为祖国繁荣富强而～。
- 【争斗】zhēngdòu ① 打架。例:为了这一点小事而～,真是太不值得了。② 对立的一方力求战胜另一方的活动。例:参加比赛的双方展开了激烈的～。

〈辨析〉都有矛盾双方中一方力求战胜另一方的意思。"斗争"侧重指力图战胜对立的势力,还含有为实现某一目标而努力奋斗的意思,使用范围较广,对象可以是人,也可以是思想、疾病、灾害、苦难等;"争斗"本指"打架",引指对立的一方力求战胜另一方的活动,使用范围较窄,对象一般是人或动物。

〈相关〉吵架 争吵

督促 敦促

- 【督促】dūcù 监督,催促。例:市里派出督导组～检查各区的防疫工作。
- 【敦促】dūncù 诚恳地催促。例:有关部门～地铁公司做好防汛预案,以保证民众出行安全。

〈辨析〉都有催促别人尽快办某事的意思。"督促"着重指监督并促使对方做好某事,有时也可用于对自己的要求;"敦促"着重指很诚恳地催促对方办好某事,常用于比较庄重的场合。
〈相关〉催促　监督

渎职　失职

【**渎职**】dúzhí　玩忽职守;不尽职。例:他的～行为造成了不可估量的损失。

【**失职**】shīzhí　没有尽到职责。例:这起事故是由于我的～造成的。

〈辨析〉都有不尽职的意思。"渎职"多用于担任一定职位的干部、官员等;"失职"可用于从事各种工作的人。

〈相关〉失责

堵塞　阻塞

【**堵塞**】dǔsè　阻塞洞穴、通道,使不通。例:这条河道早就被淤泥～了。

【**阻塞**】zǔsè　有障碍而不能通过。例:造成交通～的原因主要是驾驶员违章行驶。

〈辨析〉都有使通道不畅通的意思。"堵塞"侧重指因有物体塞住而受阻,适用范围较广,可用于通道、洞穴等;"阻塞"侧重指因有障碍而受阻,适用范围较窄,只用于通道。

〈相关〉梗塞　拥塞

度过　渡过

【**度过**】dùguò　在时间上经过了一段时候。例:我在农村～了一个快乐的暑假。

【**渡过**】dùguò　在空间上通过了一段距离。例:我们～了长江。

〈辨析〉都有过的意思。"度过"适用范围较小,多指时间在工作、生活、休息等中过去;"渡过"适用范围较大,可用于水流,如江、河等,也可以用于抽象事物,如难关、危险等,指由此岸到彼岸或通过困难、危机等。

〈相关〉经过　通过

短促　短暂

【短促】duǎncù　短暂而急促。例:由于时间～,准备活动来不及做了。

【短暂】duǎnzàn　指时间短。例:他在当地只～停留了三天。

〈辨析〉都有短的意思。"短促"除形容时间外,还可形容声音和节奏等;"短暂"所形容的时间短,可在时、分、秒之内,也可在年、月、日之内。

〈相关〉急促　暂时

断定　肯定　确定

【断定】duàndìng　下结论;断然认定。例:由此可以～,他们是一伙的。

【肯定】kěndìng　①承认事物的存在或事物的真实性。例:厂领导在开会时～了他的成绩。②确定;明确。例:这件事～是他做的。

【确定】quèdìng　①明确地定下。例:参加彩排的节目单已经～。②明确而肯定。例:有关这件事的处理情况,我将会给你一个～的答复。

〈辨析〉都有确定的意思。"断定"侧重指经过推理、判断而下结论;"肯定"侧重指承认事物存在或事物本身的真实性;"确定"着重指明确地下结论。

〈相关〉料定　认定

锻炼 磨炼

【锻炼】 duànliàn ① 在生产和社会实践中提高自己的各种能力。例：这项活动～了他,使他的组织能力得到了提高。② 通过体育运动使体质增强。例：冬天正是～身体的好时机,千万不能因为天冷而放弃。

【磨炼】 móliàn 在艰苦环境中提高自己的各种能力。例：长期困苦生活的～,造就了他坚韧的毅力。

〈辨析〉都有通过一定的环境、方法提高能力的意思。"锻炼"侧重指通过不断实践提高各方面的能力,还可指通过体育活动增强体质;"磨炼"侧重指在艰难困苦的环境中反复锻炼,提高各种能力,语意比"锻炼"重。

〈相关〉锤炼 历练

对比 对照

【对比】 duìbǐ 两种事物对照比较。例：这幅画的色彩～很强烈。

【对照】 duìzhào 相互对比参照。例：请～原文,回答下列问题。

〈辨析〉都有两相比照的意思。"对比"侧重于两种事物比较;"对照"侧重于两种事物参照。

〈相关〉比较 参照

对付 应付

【对付】 duì·fu 对人对事采取方法措施。例：我学了几个月的韩语,简单的口语已经能够～了。

【应付】 yìngfù ① 采取措施、办法来对待。例：我们已经做好了充分的准备工作,足能～可能发生的各种情况。② 敷衍了事。例:你要说到做到,不能随便~。③将就;凑合。例:这件衣服小了点,但还能~。

〈辨析〉都有对人或事采取方法或措施的意思。"对付"侧重指被动地处理事情或对待人,含有敷衍了事的意思;"应付"侧重指主动地采取措施、办法来对待人或事,还含有敷衍了事、将就的意思。

〈相关〉凑合　将就

夺目　醒目

【夺目】duómù　光彩非常耀眼。例:颁奖典礼上,舞台灯光耀眼~,演出节目精彩纷呈。

【醒目】xǐngmù　文字、图片等形象明显,容易看清。例:小牌子上特别~地标了"请勿踩踏草地"的字样。

〈辨析〉都有十分显明的意思。"夺目"侧重于色彩鲜明、光彩耀眼,多形容事物的光泽、颜色;"醒目"侧重于形象鲜明、引人注目,多形容文字、图案等具体事物。

〈相关〉显眼　耀眼

躲避　回避　逃避

【躲避】duǒbì　故意离开或隐藏起来,不让别人看见。例:小许机智地~了敌人的追捕。

【回避】huíbì　有意躲开;让开。例:为~记者的提问,他有意岔开了话题。

【逃避】táobì　因不愿意或害怕而避开。例:销售人员明显是在找借口~责任。

〈辨析〉都有躲开、避开的意思。"躲避"侧重于躲开或隐藏起来;"回避"侧重于让开、保持距离,指由于某种原因需要避开和自己有关联的人或事以免误解;"逃避"侧重于避开不愿意或不敢接触的事物,含有贬义色彩。
〈相关〉隐藏 逃匿

堕落　腐化

【堕落】duòluò　思想、行为等变化。例:我们要拉他一把,不能让他就这样~下去。

【腐化】fǔhuà　① 思想蜕化变质和生活堕落。例:欲望的膨胀很容易导致官员贪污~。② 机体由于微生物的滋生而破坏。例:由于没有及时就医,伤口已经~。

〈辨析〉都有思想、行为变化的意思。"堕落"多指思想、品德变坏;"腐化"除指生活糜烂、思想行为变坏外,还有有机体腐烂的意思,与"堕落"没有同义关系。

〈相关〉沦落　蜕化

Ee

讹诈　　敲诈

【**讹诈**】ézhà　假借某种理由强行向人索取财物;威胁恐吓。例:把无中生有的事情强按在我的头上,简直就是在~!

【**敲诈**】qiāozhà　用威胁、欺骗手段索取财物。例:这些地痞流氓,整天到火车站附近~外地来的民工。

〈辨析〉都有以威胁、欺骗的手段索取财物的意思。"讹诈"侧重指假借某种理由来恐吓勒索,既可用于抓住把柄的勒索,又可用于没有把柄的威胁;"敲诈"侧重指凭借某种权势来威逼勒索,只用于在物质上获取好处,一般指有把柄的勒索。

〈相关〉勒索　欺诈

扼要　　简要

【**扼要**】èyào　说话或写文章时抓住重点。例:报告的内容不多,秘书只作了简单~的记录。

【**简要**】jiǎnyào　说话或写文章时简明扼要。例:老师要求学生~叙述一下课文的内容。

〈辨析〉都有简练、抓住要点的意思。"扼要"强调能抓住重点,没有多余的话;"简要"强调语言精练简洁,不重复。

〈相关〉简略　简明

恶果　　后果

【**恶果**】èguǒ　坏结果;坏的下场。例:他一手种下的~,最终由他自己吞食。

【后果】hòuguǒ 坏结果。例：如果他一意孤行，～不堪设想。

〈辨析〉都可指坏的结果。"恶果"强调结果非常坏，为贬义词；"后果"常用于坏的方面，强调由某个原因导致的结果，为中性词。

〈相关〉成果　结果

遏止　　遏制

【遏止】èzhǐ 使某种情况停止不再继续下去。例：在工作人员的竭力劝说下，事态的发展得到了～。

【遏制】èzhì 制止；阻止。例：大家～住愤怒的情绪，决定先坐下来谈判。

〈辨析〉都有阻止使不再继续的意思。"遏止"侧重指用强力阻止，对象为情绪、事态、力量等；"遏制"侧重指采取某种措施使言论、行为等停止，也指控制情绪。

〈相关〉制止　阻止

恩赐　　赏赐

【恩赐】ēncì 因怜悯而施舍。例：学问不是老天～的，而是靠你平时努力学习积累的。

【赏赐】shǎngcì 指地位高的人或长辈把财物送给地位低的人或晚辈。例：我们取得的成绩不是命运的～，而是因为过去一年中我们一直在勤奋地工作。

〈辨析〉都有赠送财物的意思。"恩赐"原指封建帝王给予赏赐，现泛指因怜悯而施舍；"赏赐"指地位高的人或长辈把财物奖赏给地位低的人或晚辈。

〈相关〉赐予　犒赏

恩惠　　恩情

【**恩惠**】ēnhuì　他人给予的好处。例：别人给我的点滴～与帮助,我都一一记在心里。

【**恩情**】ēnqíng　好处;深厚的情义。例：共产党的～比山高,比海深。

〈辨析〉都有他人给予好处的意思。"恩惠"侧重于物质方面,一般指实际得到的好处;"恩情"侧重于感情方面,指深厚的情谊。

〈相关〉恩德　恩泽

发表　　发布

【发表】fābiǎo　向公众或社会表达意见。例:会议上,大家争先恐后地~自己的意见。

【发布】fābù　宣布。例:一旦政策有变化,报纸上便会很快地~消息。

〈辨析〉都有公开宣布的意思。"发表"的对象常是意见、声明、演说、谈话、文章等;"发布"的对象常是新闻、命令、告示、消息、警报等,含有郑重的色彩。

〈相关〉公布　宣布

发达　　兴旺

【发达】fādá　事物有了充分的发展;事业兴盛。例:虽然这是个小城市,但工业十分~。

【兴旺】xīngwàng　兴盛;旺盛。例:国家~要靠全国人民的共同努力。

〈辨析〉都有发展、兴盛的意思。"发达"强调事物充分发展,已达到很高水平,可形容工农业、科技、文化等事业,也可形容人的大脑、四肢、肌肉等;"兴旺"强调事物兴盛、蓬勃发展的态势,多形容国家、民族、商贸活动等,也可形容人口、牲畜等。

〈相关〉旺盛　兴盛

发奋　　发愤

【发奋】 fāfèn　振作起来,努力奋斗。例:他~学习一年,终于在第二年高考中如愿以偿,考上了重点大学。

【发愤】 fāfèn　下定决心不懈努力。例:队员们~图强,争取在新的赛季再创佳绩。

〈辨析〉都有不懈努力、奋发向上的意思。"发奋"强调人的精神状态,指振作精神、奋发向上;"发愤"强调人对学习、工作的决心,指痛下决心,努力进取,语意比"发奋"重。

〈相关〉奋发　振奋

发挥　　发扬

【发挥】 fāhuī　把事物内在性质、能力或作用表现出来。例:换了新的工作岗位,他的特长得到了更大的~。

【发扬】 fāyáng　把好的作风、传统大力加以推广、提倡。例:我们要~艰苦朴素的优良传统。

〈辨析〉都有把事物或人的内在东西表现出来的意思。"发挥"强调把事物或人的内在潜力表现出来,对象多为积极性、特长、才能、创造性等;"发扬"强调把先进的事物推广、提高,对象多为优良作风、传统、精神、风格等。

〈相关〉弘扬　施展

发觉　　发现

【发觉】 fājué　开始知道以前不知道或没注意到的事。例:我~她神色紧张,说话也有些结结巴巴。

【发现】 fāxiàn　察觉、了解到别人没有注意到的事物、问题或规律。例:如果能及时~问题,就能尽早消除事故的隐患。

〈辨析〉都有察觉到以前没有注意到的人或事的意思。"发觉"

强调开始知道,多用于具体的人或事;"发现"强调通过分析、研究和探索,了解到别人不知道的事物或规律,使用范围较广。
〈相关〉察觉 感觉 觉察

发掘　挖掘

【**发掘**】fājué 把内藏的东西开挖出来。例:考古学家在古墓中~出大量的珍贵文物。

【**挖掘**】wājué 从深处开挖出来。例:采药的郎中正在山上~药材。

〈辨析〉都有开挖出来的意思。"发掘"侧重指寻找埋藏之物;"挖掘"侧重指从深处开挖。
〈相关〉开采 开掘

发泄　宣泄

【**发泄**】fāxiè 尽量发出情感、不满情绪等。例:她满腔的怨怒,不知道向谁~才好。

【**宣泄**】xuānxiè ① 排放,泄出。例:下水道堵塞后,污水无法~。② 舒散,吐露。例:对生活的厌倦和失望使得他懒于~心中的苦闷之情。

〈辨析〉都有排出、舒散的意思。"发泄"侧重指排出不满情绪或某种情感,从而减轻内心的压力;"宣泄"侧重指吐露心中的烦闷、积郁等情绪,就像使积聚的水流排放出去一样。
〈相关〉排放 倾泻

发展　进展

【**发展**】fāzhǎn 事物由小到大、由简单到复杂、由低级到高级的变化。例:我国西部地区的经济~很快。

【**进展**】jìnzhǎn 向前发展。例:整个工程~得很顺利。

〈辨析〉都有发生变化的意思。"发展"强调变化的过程;"进展"强调事情向前发展。
〈相关〉开展　前进

烦闷　　烦躁

【烦闷】fánmèn　心情不舒畅。例:近些时候工作不顺利,她心里很~。

【烦躁】fánzào　烦闷,急躁。例:这场球又输了,他~极了。

〈辨析〉都有心情不舒畅的意思。"烦闷"强调"闷",指心情很不畅快;"烦躁"强调"躁",除了不畅快外,还很急躁。

〈相关〉急躁　郁闷

烦恼　　苦恼

【烦恼】fánnǎo　烦闷,苦恼。例:人生本来就十分短暂,何必再自寻~呢?

【苦恼】kǔnǎo　痛苦,烦恼。例:晚上他躺在床上总要想好多事情,越想越叫人~。

〈辨析〉都有烦闷、愁苦、心情不愉快的意思。"烦恼"强调烦闷愁苦、心里不愉快,语意较轻;"苦恼"强调痛苦烦恼、心里难受,语意较重。

〈相关〉愁苦　烦闷　苦闷

繁华　　繁荣

【繁华】fánhuá　形容经济发达、街市兴旺热闹。例:汽车驶进了一条~的商业大街。

【繁荣】fánróng　形容经济或事业蓬勃发展、旺盛。例:改革开放后,我国的经济更加~昌盛。

〈辨析〉都有兴旺、发达的意思。"繁华"侧重指兴旺热闹,常形容城镇、街市等,指的是外在景象;"繁荣"侧重指昌盛发达,常形容经济、科学、文化、艺术等,强调的是内在实质,语意比"繁华"重。

〈相关〉繁盛　热闹

繁忙　繁重

【繁忙】fánmáng　事情多,没有空闲。例:每天上午是我最～的时候。

【繁重】fánzhòng　繁多而沉重。例:～的工作压得他喘不过气来。

〈辨析〉都有事情多而忙的意思。"繁忙"形容工作头绪多,时间紧,没有闲空;"繁重"形容工作头绪多、数量多。

〈相关〉劳碌　忙碌

繁杂　复杂　庞杂

【繁杂】fánzá　事情多而杂乱。例:因为各种～的环保税和更高的油品要求,加州的汽油价比全美平均价要高。

【复杂】fùzá　多而杂,不单纯。例:这是一项相当～的高科技系统工程。

【庞杂】pángzá　多而杂乱。例:他要从这些～的信息上找到真实的有用的情报来。

〈辨析〉都有多而杂的意思。"繁杂"使用范围窄,用于工作事务方面;"复杂"强调种类、头绪多,可用于具体事物,也可用于抽象事物;"庞杂"指内容杂乱,强调整体漫无头绪,多用于具体事物。

〈相关〉纷乱　杂乱

反击　还击

【反击】fǎnjī　回击进攻的敌人。例:在我军猛烈炮火的～下,敌人溃不成军。

【**还击**】huánjī 受到攻击时反过来攻击对方。例：他用无可辩驳的事实，对谣言作了有力的～。

〈辨析〉都有奋起回击的意思。"反击"侧重指对敌人的进攻予以回击，多用在军事上；"还击"侧重指受到攻击时回击对方，既可用在军事上，也可用在非军事的行动上。

〈相关〉回击

范畴　　范围

【**范畴**】fànchóu 类型，范围。例：这个问题属于哲学～，不在我们今天讨论的话题之内。

【**范围**】fànwéi 周围的界限。例：这次降雨的～很大，各地区要做好防汛工作。

〈辨析〉都有在一定界限内的意思。"范畴"一般只用于抽象概括的事物，除了表示周围的界限外，还是个哲学名称，表示人的思维对客观事物本质的概括和反映；"范围"指一般事物的界限，使用范围较广，既可用于抽象事物，也可用于具体事物。

〈相关〉界限　领域

方法　　方式

【**方法**】fāngfǎ 解决问题的门路、程序等。例：要练好口语，你还得掌握一定的～。

【**方式**】fāngshì 说话做事所采取的方法和形式。例：这是个与世隔绝的小村庄，村里人的生活～相当原始。

〈辨析〉都有处理事情或解决问题所采用的手段的意思。"方法"着重指解决问题、处理事情的具体做法和途径；"方式"着重指说话、做事所采取的手段和形式。

〈相关〉手段　途径

防备　　防范

【防备】fángbèi　为应付攻击或避免受害而作好准备。例：他突然出现在我面前,我一点~也没有。

【防范】fángfàn　戒备;防备。例：我们要严加~黄色书籍毒害青少年。

〈辨析〉都有预先做好准备、避免意外发生的意思。"防备"侧重指预备、准备,为避免伤害准备好应付手段;"防范"侧重指警戒防备,为避免伤害采取保障措施,多用于书面语。

〈相关〉戒备　警惕

防守　　防卫

【防守】fángshǒu　警戒,守卫。例：教练对于他在后防线的牢固~大加赞扬。

【防卫】fángwèi　防御,保卫。例：只有扎扎实实地做好~工作,才能保证我省不受"新冠"传染。

〈辨析〉都有防备、守卫以避免受到进攻和伤害的意思。"防守"侧重指把守,以做到严密、牢固,除用于军事外,还可用于体育比赛;"防卫"侧重指保卫,以做到安全、可靠,还有人身保护的意思。

〈相关〉防御　守卫

妨碍　　阻碍

【妨碍】fáng'ài　使事情不能顺利进行。例：阅览室是公共场所,大声说话会~别人看书学习。

【阻碍】zǔ'ài　使不能顺利通过和发展。例：这些历史遗留问题~了两国间的正常交往。

〈辨析〉都有使事情不能顺利进行的意思。"妨碍"侧重于扰乱、打扰,语意较轻;"阻碍"侧重于阻挡,语意较重。
〈相关〉妨害　阻挠

仿佛　好像　似乎

【仿佛】fǎngfú　① 似乎;好像。例:他干起活来,～有使不完的劲。② 相似;类似。例:你俩的个子相～。

【好像】hǎoxiàng　① 似乎。例:我～在哪里见过他,但我无论如何想不起来。② 有些像;像。例:她俩一见如故,～相交多年的老朋友。

【似乎】sìhū　仿佛;好像。例:天阴沉沉的,～要下雨了。

〈辨析〉都有表示判断或感觉不十分肯定的意思。"仿佛"除了表示不肯定的语气外,还可表示委婉否定的语气和相似的意思,多用于书面语;"好像"语法意义与"仿佛"相同,多用于口语;"似乎"一般只表示不十分肯定的判断或感觉,多用于书面语。

〈相关〉好似　有如

仿效　仿造　仿照

【仿效】fǎngxiào　模仿。例:他没有现成的样子可以～,只能一点点摸索着做。

【仿造】fǎngzào　模仿一定的式样制造。例:人们～了一条当年渡江的帆船,陈列在历史博物馆里。

【仿照】fǎngzhào　按照已有的方法或式样去做。例:她～折扣店的经营模式开了一家饰品店。

〈辨析〉都有模仿着做的意思。"仿效"指效法别人的办法、式样等;"仿造"指模仿某种现成的式样制造,多指具体的实物或产品;"仿照"指完全按别人的样子去做,多指计划、方法、步骤等。

〈相关〉仿制　模仿

放弃　废弃

【**放弃**】fàngqì　丢掉;不坚持。例:为了家庭,她~了出国留学的机会。

【**废弃**】fèiqì　抛弃不用。例:车间的一角,放着几台~的机器。

〈辨析〉都有丢掉不用的意思。"放弃"的可以是已拥有的东西,也可以是还未拥有的东西;"废弃"侧重指将不再有使用价值的东西抛弃不用。

〈相关〉丢弃　抛弃

放任　放纵

【**放任**】fàngrèn　听其自然,任其行动。例:我认为完全~自由地让孩子画画是一种方法,适度指导孩子画画也是一种方法。

【**放纵**】fàngzòng　① 放手纵容,不加约束管教。例:工作上~自己,就会使自己变得疲沓和马虎;生活上放纵自己,就会使自己变得自私和享乐。② 不守规矩,没有礼貌。例:被尊为"春秋五霸"之首的齐桓公,既是九合诸侯、称霸中原的明君,也有宠信奸佞、骄奢~的昏聩。

〈辨析〉都有不加管理、任其所为的意思。"放任"侧重指听其自然、任其发展,不加干涉;"放纵"侧重指放手纵容、不加约束,还含有不守规矩、没有礼貌的意思,语意比"放任"重。

〈相关〉听任　纵容

飞奔　飞驰

【**飞奔**】fēibēn　很快地跑。例:他向我~过来。

【**飞驰**】fēichí　车马很快地跑。例:一辆汽车从我们身边~而过。

〈辨析〉都有很快地跑的意思。"飞奔"指人或动物飞快地奔跑,有时也可以指交通工具飞快地行驶;"飞驰"指车、马飞快地跑。
〈相关〉奔驰　飞驶

非常　　异常

【**非常**】fēicháng　① 超出一般的;特殊的。例:在疫情防控的～时期,大家一定要做好个人防护。② 十分;极其。例:街上～寂静,连行人的脚步声也没有。

【**异常**】yìcháng　① 不同于寻常的。例:大家发现他今天神色～,关切地询问他身体状况。② 特别。例:天边的云海涌起了美丽的红光,～耀眼。

〈辨析〉都有特别、特殊的意思。"非常"强调超出一般的;"异常"强调非同寻常的。

〈相关〉特别　特殊

肥美　　肥沃

【**肥美**】féiměi　肥壮,丰美。例:这种鱼肉质鲜嫩～,营养丰富,很受食家欢迎。

【**肥沃**】féiwò　含有适合植物生长的养分、水分。例:绿色的树苗在这片～的土地上茁壮成长。

〈辨析〉都有土地里含有丰富的养分和水分的意思。"肥美"带有一定的主观感情色彩,可形容动植物肥壮,还可形容动物肉质肥而味美;"肥沃"带有一定的客观性,只形容土地。

〈相关〉肥厚　肥壮

肥胖　　肥壮

【**肥胖**】féipàng　体内脂肪多。例:他～的身子向左微倾,显出很努力的样子。

【**肥壮**】féizhuàng　肥大而健壮。例:这里水草肥美,牛羊～。

〈辨析〉都有因脂肪多而肥大的意思。"肥胖"强调脂肪太多,显得臃肿,多用于人,少用于动物;"肥壮"强调脂肪多而强壮,不瘦弱,可用于人和动物。
〈相关〉丰满　强壮

废除　　废止

【废除】fèichú　取消;作废。例:这些不符合市场经济规律的条款应该～了。

【废止】fèizhǐ　取消;停止使用。例:最近国务院下发了关于修改和～部分行政法规的决定。

〈辨析〉都有取消、不再使用的意思。"废除"强调除去、取消不合理或无用的事物,常用于法令、制度、条约、规章、苛捐杂税等,使用范围较广;"废止"强调停止,不再使用不合理的法令、制度、条约等,使用范围较窄。

〈相关〉取消　停止

费劲　　费力

【费劲】fèijìn　耗费精力。例:有些家电说明书,没有标清楚符号,看起来十分～。

【费力】fèilì　花费力气。例:他总喜欢做这种～不讨好的事情。

〈辨析〉都有事情不易做、耗费精力的意思。"费劲"除指消耗力量外,还有费工夫的意思,多用于口语;"费力"着重指消耗力量,通用于书面语和口语。

〈相关〉吃力　用劲

费神　　费心

【费神】fèishén　耗费精神。例:熟悉了基本的舞步后,他发现自己再也不用～了,完全可以放任自己随着音乐的节奏而起舞。

【费心】fèixīn 耗费心力。例:看着陆老师这样的～操劳,同学们于心不忍,纷纷劝陆老师回家休息。

〈辨析〉都有耗费精神的意思。"费神"强调开动脑筋,耗费精神,语意较轻;"费心"强调既费心思,又费精力,语意较重。

〈相关〉操心 劳神

分辨 分别

【分辨】fēnbiàn 区分;识别。例:看看哪边的雪融化得快,哪边的雪融化得慢,就可以～出南北方向了。

【分别】fēnbié 辨别。例:我们要把两者～开来,采取不同的措施加以解决。

〈辨析〉都有加以区别的意思。"分辨"的对象多指容易混淆、不容易区分的事物;"分别"的对象多是有明显区别的事物。

〈相关〉辨别 区分

分别 分离 离别

【分别】fēnbié 人与人分开。例:在机场,这对～多年的老友重逢了。

【分离】fēnlí ① 分开。例:蒸馏是～和提纯液态混合物的常用方法。② 别离。例:因为长久～,他俩的感情越来越淡漠了。

【离别】líbié 比较长久地与熟悉的人或地方分开。例:一年前,他～上海,到了美国的纽约。

〈辨析〉都有分开的意思。"分别"指人与人较长久地分开;"分离"有时特指人与人被迫地分开,还可指事物的分开;"离别"除指人与人分开外,还指人与地方的分开。

〈相关〉别离　分开

分手　　诀别

【分手】fēnshǒu　分开;离别。例:既然志不同、道不合,我看你们还是～吧!

【诀别】juébié　分开后不再见面。例:他知道,这次是与故乡～,因为自己已年近九十,以后不可能再回来了。

〈辨析〉都有分开、离别的意思。"分手"强调分开,不再在一起;"诀别"强调永远分开,再也见不到面。

〈相关〉分开　离别

分散　　散开

【分散】fēnsàn　① 不集中;散开来。例:他有意～了大家的注意力。② 散发;分发。例:志愿者正挨家挨户地～抗疫慰问品。

【散开】sànkāi　由聚集而分离。例:警察赶到时,围观的人群早就～了。

〈辨析〉都有不集中的意思。"分散"除有不集中的意思外,还有散发、分发的意思,可用于人、事物、意见等;"散开"只有不集中的意思。

〈相关〉散发　散落

分析　　剖析

【分析】fēnxī　把事物分为比较简单的组成部分,找出各部分的本质属性及相互联系。例:我们要认真～和研究当前的形势和社会矛盾。

【剖析】pōuxī　分辨;分析。例:通过对典型案件的～,干警的办案能力提高了。

〈辨析〉都有把事物现象的各个组成部分看成一个统一的整体

并找出共同的本质属性和相互联系的意思。"分析"强调把事物分成比较简单的组成部分;"剖析"强调将事物仔仔细细、一点一点地分开,语意比"分析"重。
〈相关〉分解　解析

吩咐　嘱咐

【吩咐】fēnfù　口头上的指派或命令。例:他~助手尽快去机场迎接客人。

【嘱咐】zhǔfù　仔细告诉对方该做什么事和怎样做。例:妈妈~我路上要小心,千万注意安全。

〈辨析〉都有告诉别人照自己意愿办事的意思。"吩咐"含有强制性的意味,语意较重;"嘱咐"语意较轻,多用于长辈对晚辈、上级对下级的叮嘱。
〈相关〉叮咛　叮嘱

纷乱　凌乱

【纷乱】fēnluàn　纷杂,混乱。例:现实是~的,有许多无法理清的头绪和无法言说的无奈。

【凌乱】língluàn　杂乱,没有条理。例:由于无人看管,仓库里的物品堆放得~不堪。

〈辨析〉都有杂乱、无秩序的意思。"纷乱"侧重指多而乱、杂乱,可用于社会、局势、环境、思绪等方面;"凌乱"侧重指没有秩序、没有条理,多用于工作、头绪、环境等方面。
〈相关〉混乱　杂乱

氛围　气氛

【氛围】fēnwéi　固有的气氛和情调。例:书友会里弥漫着一种浓厚的文化~。

【气氛】qìfēn 指特定环境中给人强烈感觉的景象或情调。例：刚坐下不久,我就被屋里欢乐的～感染了。

〈辨析〉都可指特定环境中的景象或情调。"氛围"侧重指能使人产生某种强烈感觉或情绪的场景;"气氛"侧重指特定环境营造的情景给人带来的感觉或情绪。

〈相关〉空气

分外　　格外

【分外】fènwài 超过平常;特别。例：看红装素裹,～妖娆。

【格外】géwài ① 不寻常;特别。例：月明星稀,山中显得～凉爽。② 额外;另外。例：小李要去参加数学竞赛,老师～给他补了几堂课。

〈辨析〉都有不同寻常、特别的意思。"分外"强调不同于一般;"格外"除了不寻常、特别的意思外,还有额外的意思,与"分外"没有同义关系。

〈相关〉特别　意外

愤慨　　愤怒

【愤慨】fènkǎi 气愤不平。例：面对侵略者的暴行,中国人民非常～。

【愤怒】fènnù 非常生气。例：大门口挤满了～的群众,大家纷纷斥责他的错误行为。

〈辨析〉都有生气发怒的意思。"愤慨"侧重于气愤不平、情绪激昂;"愤怒"侧重于发怒,指不满、生气到了极点。

〈相关〉愤懑　气愤　义愤

丰富　　丰盛

【丰富】fēngfù ① 种类多,数量大,充足富裕。例：老王在这个行业干了十几年,有～的经验。② 使丰富。例:员工之家～了员工的业余生活。

【丰盛】fēngshèng 又多又好。例:当地的村民为我们准备了一顿～的晚宴。

〈辨析〉都有充足、充裕的意思。"丰富"强调种类多、充足,可形容物质财富,又可形容学识、经验等精神财富,还可用作动词;"丰盛"强调丰富、又多又好,常形容具体物质。

〈相关〉丰厚 丰裕

风采 风度

【风采】fēngcǎi 美好的仪表举止;神采。例:他觉得她服装很漂亮,～也很动人。

【风度】fēngdù 人的举止、姿态。例:他爱清洁、爱整齐,一直保持着军人的习惯和～。

〈辨析〉都有美好的姿态、举止的意思。"风采"强调所表现出来的精神面貌,既可用于人,也可用于事物;"风度"强调举止、姿态所表现出来的气度,只适用于人。

〈相关〉风范 风貌

风光 风景

【风光】fēngguāng 风景;景象。例:我很想去哈尔滨看一看千里冰封、万里雪飘的北国～。

【风景】fēngjǐng 供观赏的自然风光、景物。例:阳光、沙滩、椰树,这里有着迷人的热带～。

〈辨析〉都指自然景色。"风光"着重指由自然现象构成的宏大美好的景象,含欣赏、赞美的意味;"风景"着重指可供观赏的由山水、花草、树木、建筑等构成的自然景色。

〈相关〉景色 景物

风气　风尚

【风气】fēngqì　社会上或某个集体中流行的爱好或习惯。例：这是所贵族学校,学生中流行着互相攀比的不良～。

【风尚】fēngshàng　在一定时期中社会上流行的风气或习惯。例：尊老爱幼是一种良好的社会～。

〈辨析〉都可指社会上流行的习惯或时尚。"风气"往往指现时流行的作风、爱好、习惯等,随着时间的推移容易改变,为中性词;"风尚"着重指社会上共同崇尚、尊重的精神风貌、道德品质等,为褒义词。

〈相关〉风俗　习俗

风趣　幽默

【风趣】fēngqù　幽默或诙谐的趣味。例：他说话十分～。

【幽默】yōumò　有趣或可笑而意味深长。例：这个四川男人,善良、宽容、开朗、～。

〈辨析〉都有富有趣味的意思。"风趣"强调语言或文字富有趣味;"幽默"除了"有趣"外,还有意味深长、富有智慧等含义。

〈相关〉诙谐　有趣

风俗　习俗

【风俗】fēngsú　社会上长期形成的风尚、礼节、习惯等的总和。例：我们要尊重少数民族的～习惯。

【习俗】xísú　习惯和风俗。例：他们的婚礼是按照民间婚嫁～举行的。

〈辨析〉都可指社会性的行为或生活习惯。"风俗"侧重于长期形成的风尚、礼节、习惯等,具有一定的历史性和稳定性;"习俗"侧重于某个方面的习惯、民风、礼俗,使用范围较窄。

〈相关〉民俗　习惯

风行　　流行

【风行】fēngxíng　普遍流行。例：由于网络的～,知识的传播速度越发迅捷了。

【流行】liúxíng　传播很广很盛。例：这几年唐装很～,连外国人也爱穿。

〈辨析〉都有很快时兴开来的意思。"风行"强调流行速度快;"流行"强调传播范围广。

〈相关〉风靡　盛行

锋利　　锐利

【锋利】fēnglì　① 形容工具、兵器等的头尖,容易切入物体。例：～的刀刃在他的手臂上划出了一道口子。② 形容言论、文笔尖锐。例：他谈吐～,咄咄逼人。

【锐利】ruìlì　① 尖锐,锋利。例：猫头鹰的爪子很～。② 形容目光、言论等尖锐。例：他～的目光似乎一下子看透了我的心思。

〈辨析〉都有尖锐的意思。"锋利"除形容工具或武器头尖而利、易于刺入或切入外,还可形容言论、文笔等的尖锐;"锐利"除形容工具或武器尖锐、易刺穿物体外,还可形容目光识别力强与言论、文笔等犀利。

〈相关〉尖利　尖锐

讽刺　　挖苦

【讽刺】fěngcì　用比喻、夸张等手法对不良的或愚蠢的行为进行揭露或批评。例：居民们纷纷以自己创作的漫画对随地吐痰、乱倒垃圾等不文明行为进行了～和批判。

【挖苦】wākǔ 用尖酸刻薄的话讥笑人。例：不管是由于什么原因，对孩子进行侮辱、嘲讽、～等，总是不应该的。

〈辨析〉都有用刻薄的话语讥讽的意思。"讽刺"侧重指用比喻或夸张的手法来揭露、批评或嘲笑对方，指责的话语比较含蓄，对象可以是人，也可以是某种现象；"挖苦"侧重指用尖刻的话来讥笑别人的缺点或错误，往往使人感到难堪丢脸。

〈相关〉嘲讽　讥讽

奉承　恭维

【奉承】fèngcheng 用好听的话恭维人，向人讨好。例：他为人正直，从不～别人。

【恭维】gōngwei 为讨好别人执意说好话或进行过分的赞扬。例：听了别人的～之词，他心里美滋滋的。

〈辨析〉都有为了讨好别人而赞扬别人的意思。"奉承"多用于下级对上级，含贬义色彩；"恭维"多用于平辈之间，为中性词。

〈相关〉阿谀　奉迎

奉献　贡献

【奉献】fèngxiàn 恭敬地交付、呈献。例：她把自己的一生～给了党的教育事业。

【贡献】gòngxiàn 把自己的物资、力量、智慧、才能、经验等献给国家、集体或事业。例：这些老工人们，为祖国的建设作出了巨大的～。

〈辨析〉都有献出自己的东西的意思。"奉献"带有诚恳的态度，感情色彩较浓；"贡献"多用于对国家或公众所做的有益的事，感情色彩较淡。

〈相关〉呈献　进献

缝隙　空隙

【缝隙】fèngxì　裂开或自然露出的狭长的空隙。例：那么多的绿叶,一簇堆在另一簇上面,不留一点～。

【空隙】kòngxì　① 中间空着的地方。例：铁轨接头的地方都有一定的～。② 空闲,间隙。例：乘工作～,我们去商场买了一些生活用品。

〈辨析〉都可指物体之间有空出的地方。"缝隙"指狭长的细缝;"空隙"除指物体与物体之间空出的地方、范围可大可小外,还指空闲、间隙,与"缝隙"没有同义关系。

〈相关〉孔隙　罅隙

否定　否认

【否定】fǒudìng　否认事物的存在或事物的真实性。例：这是客观事实,不是哪个人能～得了的。

【否认】fǒurèn　不承认。例：当我再次问她时,她坚决～昨天曾说过的话。

〈辨析〉都有不承认的意思。"否定"侧重不接受某种理论、观点、事实等;"否认"侧重不认可某种事实或现象,语意比"否定"重。

〈相关〉否决

肤浅　浮浅

【肤浅】fūqiǎn　学识浅,理解不深刻。例：人类对自身的了解还是很～的。

【浮浅】fúqiǎn　浮在表面上,根底不深。例：她对这类植物只有一些～的认识。

〈辨析〉都有学识水平不高的意思。"肤浅"侧重形容人的学识、见解只停留在表面;"浮浅"侧重形容人的认识能力、学识水平不深入、不深刻,还可形容作风轻浮、不踏实。
〈相关〉浅薄　浅陋

敷衍　　搪塞

【敷衍】fūyǎn　做事不负责;表面上应付。例:他生来就是一个不会假装、不懂得如何~别人的人。

【搪塞】tángsè　敷衍塞责;应付。例:他想先找借口~一下,然后回去再慢慢想办法。

〈辨析〉都有做事不负责任、表面上应付的意思。"敷衍"侧重于态度,通用于口语和书面语;"搪塞"侧重于话语,多用于书面语。
〈相关〉唬弄　应付

扶养　　抚养　　赡养

【扶养】fúyǎng　养活;养育。例:法律规定,子女有~父母的义务。

【抚养】fǔyǎng　爱护并教养。例:他年幼时,父母因车祸身亡,是爷爷奶奶~他长大的。

【赡养】shànyǎng　供给生活所需。例:作为子女,~父母是自己应尽的责任。

〈辨析〉都有向别人提供生活必需品以满足生活需要的意思。"扶养"多用于晚辈对长辈,也可用于同辈之间;"抚养"多用于长辈对晚辈、父母对子女、年长者对年幼者;"赡养"多用于子女对父母的供养。

〈相关〉奉养　供养

扶植　　扶助

【扶植】fúzhí　扶助培植。例:政府要大力~下岗工人重新创业。

【扶助】fúzhù 帮助。例：我们要多多～失学儿童,使他们能重回课堂,恢复学业。

〈辨析〉都有帮助的意思。"扶植"的对象可以是人或抽象事物,还可以是植物;"扶助"的对象多是具体的人或处于成长阶段的集体,不可用于植物。

〈相关〉扶持 辅助

服从 顺从 听从

【服从】fúcóng 遵从;听从。例：～命令是军人的天职。

【顺从】shùncóng 依照别人的意思,不违背,不反抗。例：父命难违,她只得～。

【听从】tīngcóng 服从;照做。例：我们必须记住：一切行动要～指挥。

〈辨析〉都有依照、听从的意思。"服从"强调无条件地同意和遵从,往往带有强制性意味;"顺从"强调依顺别人的意志,含有温顺的意味;"听从"强调先接受、后照着去做这一过程。

〈相关〉依从 遵从

拂晓 黎明

【拂晓】fúxiǎo 天快亮的时候。例：部队将于明天～起程。

【黎明】límíng 天快亮的时候;天刚亮的时候。例：黑夜终将过去,～一定会到来。

〈辨析〉都有天快要亮的时候的意思。"拂晓"指天快亮的时候,时间段较短;"黎明"指天刚刚亮,时间段稍长,常具有象征意义,象征光明的到来。

〈相关〉凌晨 破晓

俯瞰　俯视

【俯瞰】fǔkàn　俯视。例：从飞机上～上海的夜景,灯火璀璨,美极了!

【俯视】fǔshì　从高处往下看。例：她站在阳台上,可以～公园的美景。

〈辨析〉都有从高处往下看的意思。"俯瞰"强调从很高处往下看,书面语色彩较浓;"俯视"则指由高往低看,没有高度的限制。

〈相关〉俯看　鸟瞰

腐败　腐朽

【腐败】fǔbài　① 腐烂败坏。例：不吃～的食物。② 比喻思想陈旧、行动堕落,制度、组织、机构等混乱黑暗。例：孙中山决心要推翻～无能的清政府。

【腐朽】fǔxiǔ　① 木头等由于长期的风吹雨打或微生物的侵害而朽烂。例：老房子年久失修,门窗都～了。② 比喻思想陈腐、生活堕落或制度败坏。例：～的封建迷信思想还在危害着当地的百姓。

〈辨析〉都有腐烂、变坏的意思。"腐败"还用于形容思想、行为、社会、政治、制度等抽象事物;"腐朽"还用于形容思想意识、生活方式、阶级、制度等,语意比"腐败"重。

〈相关〉腐化　腐烂

腐蚀　侵蚀

【腐蚀】fǔshí　① 通过化学作用,使东西受损变坏。例：许多化学试剂都有较强的～作用。② 人在坏的思想、行为、环境等因素影响下逐渐变质堕落。例：拒～永不沾是南京路上好八连的优秀传统。

【侵蚀】qīnshí 逐渐侵害使变坏。例：作为一名军人,我们要坚决抵制资产阶级思想的~。

〈辨析〉都有逐渐侵害使变坏的意思。"腐蚀"强调人或物先受侵蚀然后变质,用于人的思想时,着重指内部腐化变质,语意较重;"侵蚀"强调一点点地侵入人或物,慢慢地使其变坏,用于人的思想时,着重指由外至内的侵害。

〈相关〉腐化　侵害

富丽　华丽

【富丽】fùlì 宏伟,美丽。例：彩虹坊大饭店装饰得~堂皇。

【华丽】huálì 美丽而光彩。例：她向往~的服饰、精美的菜肴、灯红酒绿的生活。

〈辨析〉都有美丽、绚丽的意思。"富丽"强调宏伟、美丽,多形容建筑、陈设等;"华丽"强调色彩的绚丽,可形容具体或抽象事物。

〈相关〉瑰丽　绚丽

富饶　富裕

【富饶】fùráo 物产多;财富多。例：我的家乡是个~的地方,也是个风景秀丽的地方。

【富裕】fùyù 财物充足有余。例：她丈夫已经下岗,家中并不~,但她还是助养了一个贫困孩子。

〈辨析〉都有物质丰富的意思。"富饶"多形容国家、家乡等;"富裕"多形容家庭、生活等。

〈相关〉富有　富足

改变　　转变

【**改变**】gǎibiàn　事物发生显著的变化。例：经过讨论,原定的计划有所～。

【**转变**】zhuǎnbiàn　由一种情况变到另一种情况。例：知道了老人的身份后,她的态度有了一百八十度的～。

〈辨析〉都有变化、更动的意思。"改变"强调事物发生显著的变化、更动,可用于抽象事物和具体事物;"转变"强调由一种情况变到另一种情况,常用于抽象事物。

〈相关〉变动　变更

改动　　改换

【**改动**】gǎidòng　更改,变动。例：这篇文章写得很好,编辑只～了个别字句。

【**改换**】gǎihuàn　改掉原来的,换成另外的。例：他又一次～了门庭,成为华艺公司的签约歌手。

〈辨析〉都有更改、变动的意思。"改动"强调更改,常用于文字、项目、次序、内容等;"改换"强调换成另外的东西。

〈相关〉变换　更改

改进　　改善

【**改进**】gǎijìn　改变旧有情况,使有所进步。例：虽然这家商场规模大、货物全,但服务态度还需~。

【改善】gǎishàn 改变原有情况,使好一些。例:随着安居工作的推行开展,老百姓的住房条件有了很大的~。

〈辨析〉都有改变原有状况、使变得更好的意思。"改进"强调在原有基础上更改,使更进步一些,多用于抽象事物,对象可以是工作、作风、方法等;"改善"强调改变原有状况,使更完善一些,多用于具体事物,对象可以是条件、环境、状况等。

〈相关〉改革 改良

改正 纠正

【改正】gǎizhèng 把错误的改为正确的。例:人的习惯是从小养成的,所以一些坏习惯要在小的时候就~过来。

【纠正】jiūzhèng 矫正;改正。例:要引导学生虚心听取父母、师长、同学的劝告,发扬优点长处,~缺点短处。

〈辨析〉都有把错误的改为正确的意思。"改正"的对象多指一般性的缺点、错误等,使用的范围较广,语意较轻;"纠正"的对象除指一般的缺点、错误外,还常用于严重的方向性的错误、观点等,带有强制意味,语意较重。

〈相关〉更正 矫正

干脆 索性

【干脆】gāncuì ① 果断;爽快。例:他说话又快又~,十分爽快。② 直截了当。例:这个人不讲信用,~和他断绝来往。

【索性】suǒxìng 直截了当。例:既然已经做了,~就把它做完。

〈辨析〉都有直截了当的意思。"干脆"除用作副词外,还形容说话办事果断、爽快;"索性"只用作副词。

〈相关〉直接 爽快

干旱　干涸

【干旱】gānhàn　因降水不足而土壤、气候干燥。例：今年雨水很少,有些地区～非常严重。

【干涸】gānhé　河流、池塘等干枯无水。例：由于久旱不雨,村里的池塘和水井都～了。

〈辨析〉都有干燥无水的意思。"干旱"多形容土壤、气候等;"干涸"只形容河道或池塘等缺水见底。

〈相关〉干枯　枯竭

干枯　干燥

【干枯】gānkū　草木等衰老或缺乏养分、水分而失去生机;干涸。例：黄河断流,部分河道～,大自然向我们发出了严重警告。

【干燥】gānzào　没有水分或水分很少。例：入秋以来,气候十分～,需注意皮肤的保湿滋润。

〈辨析〉都有水分很少的意思。"干枯"使用范围较广,多形容植物、河道、池塘、头发等;"干燥"多形容皮肤、气候等。

〈相关〉干涸　枯槁

干净　清洁

【干净】gānjìng　① 没有尘土、污垢等脏东西。例：爷爷一早就起床了,把家里收拾得很～。② 说话简扼,做事利落。例：他做事一向～利落。③ 没有剩余的东西。例：这个月的奖金和工资都花～了,我只好向父亲借点钱。

【清洁】qīngjié　没有尘土、油垢等。例：这是个非常优美、～的校园。

〈辨析〉都含有没有尘土的意思。"干净"强调没有灰尘、杂质,多形容身体、环境、物品,也可形容说话、做事简洁利落,还可形容没有剩余的东西;"清洁"强调没有脏物、没有被污染,多形容环境。

〈相关〉洁净 明净

干扰 骚扰

【干扰】gānrǎo 搅扰,使别人不安定。例:老总正在开会,现在别去~他。

【骚扰】sāorǎo 扰乱,使不安宁。例:这伙流窜犯时时~附近的村民。

〈辨析〉都有打扰、使别人不安宁的意思。"干扰"侧重于妨碍,是中性词;"骚扰"侧重于使他人不安宁,有时指一种破坏社会正常秩序的行为,为贬义词,语意比"干扰"重。

〈相关〉打扰 妨碍 影响

干涉 干预

【干涉】gānshè 强行过问或阻止别人的事。例:她父母很开明,从不~她与朋友之间的正常交往。

【干预】gānyù 过问别人的事,施加影响。例:事态发展下去会难以控制,希望有关方面出面~一下。

〈辨析〉都有过问别人的事的意思。"干涉"侧重指不该管却硬要去管,含有强行、不尊重对方的意味,语意较重;"干预"强调过问、参与别人的事并加以影响,语意较轻。

〈相关〉干扰 过问

赶紧 赶快 赶忙

【赶紧】gǎnjǐn 抓紧时间做某事。例:他们~把摔倒在地的老人扶起来,然后拦下一辆出租车送往医院。

【赶快】gǎnkuài 抓住时机;加快速度。例:快到点了,你~走吧,不然要迟到了。

【赶忙】gǎnmáng 赶紧;连忙。例:看到她生气的样子,我~赔不是。

〈辨析〉都有抓紧做某事的意思。"赶紧"强调时间上抓紧,不拖延;"赶快"强调抓紧时机与加快速度,不拖拉;"赶忙"强调急忙去做,刻不容缓。

〈相关〉急忙 连忙

感动　激动

【感动】gǎndòng ① 受外界的影响内心产生同情、感激、崇敬等感情。例:听了他的英雄事迹,师生们~得流下了眼泪。② 使感动。例:这一番坦诚的话语,深深地~了现场的听众。

【激动】jīdòng ① 因受外界刺激而产生感情上的冲动。例:他说话时情绪非常~。② 使感情冲动。例:~人心的时刻到来了,神舟飞船与天宫号交会对接成功啦!

〈辨析〉都有受外界影响、感情起波动的意思。"感动"多由正面的、积极的外界事物引起的;"激动"可能是正面的、积极的外界事物引起的,也可能是反面的、消极的外界事物引起的。

〈相关〉触动 感染

感激　感谢

【感激】gǎnjī 得到别人的帮助而对他产生好感。例:对于组织上给予的关心和援助,他心存~。

【感谢】gǎnxiè 用言语行动表示谢意。例:当失主拿到丢失的钱包,激动得握住出租司机的手,一再表示~。

〈辨析〉都有对别人的好意和帮助表示谢意的意思。"感激"强调引起内心的激动而产生好感,多指感情上的、语言上的;"感谢"强调回敬给对方的酬谢、报答,多指言语、行动上的,也可指实物、情意方面的。

〈相关〉感恩　谢谢

感觉　感受

【感觉】gǎnjué　① 接触事物所产生的知觉。例:今天的考试,同学们的~很好。② 感到;觉得。例:母亲给了我一个强健的身体、一个勤劳的习惯,使我从来不~劳累。

【感受】gǎnshòu　① 受到影响;接受。例:~到的东西不一定能够理解,理解了的东西才能更好地感受。② 在实践中的感想和体会。例:同学们讲述了去革命圣地考察的见闻和~。

〈辨析〉都有接受外界事物所感到的意思。"感觉"的对象既可以是具体的,也可以是抽象的,多为直觉,使用范围广,人和动物都可以产生感觉;"感受"的对象大多为抽象的,多为内心的体会,使用范围窄,只适用于人。

〈相关〉感触　感想

感慨　感叹

【感慨】gǎnkǎi　内心有所触动而慨叹。例:短短几年,上海的变化竟如此之大,陈先生~不已。

【感叹】gǎntàn　内心有所触动而叹息。例:回想起过去不幸的遭遇,她对自己的身世颇有~。

〈辨析〉都有内心有所感触的意思。"感慨"强调内心的感触;"感叹"强调因内心有所感触而通过叹息表达出来。

〈相关〉感触　感悟

刚强　坚强　顽强

【刚强】gāngqiáng　坚强,不屈服。例:面对这么多好心人的帮助,这个～的汉子感动得流下眼泪。
- 【坚强】jiānqiáng 强劲有力,不可动摇。例:虽然受尽折磨和屈辱,他仍然～地活了下来。
- 【顽强】wánqiáng 强硬,有韧性。例:受伤的战士们互相搀扶着,～地向对岸前进。

〈辨析〉都有不怕困难、不屈服压力的意思。"刚强"常形容人的性格、意志,强调不怕困难、不屈服压力;"坚强"除了形容人的性格、意志外,还形容组织、集体、力量等,强调不可动摇、不能摧毁;"顽强"多形容人的意志、信念、态度、行为等,强调强硬、有韧性。

〈相关〉刚毅　强硬

高超　　高明

- 【高超】gāochāo 好得超过一般水平。例:张医生凭着敬业的精神和～的医术赢得病人的信赖和尊敬。
- 【高明】gāomíng 见解、技术超过一般水平;出色。例:他有些自负,相信自己的智慧和才能都比一般人～。

〈辨析〉都有水平高的意思。"高超"强调超出一般水平,语意比"高明"重;"高明"侧重指见解、技能等高人一筹。

〈相关〉高强　高深

高潮　　热潮

- 【高潮】gāocháo ① 在潮的一个涨落周期内,水面上升的最高潮位。例:每年8月黄浦江水位处于～。② 比喻事物高度发展的阶段。例:他的一曲高歌把晚会的气氛推向～。③ 小说、戏剧、电影情节中矛盾发展的顶点。例:这段描写使故事情节发展到～。
- 【热潮】rècháo 蓬勃发展、热火朝天的形势。例:去年的波西米亚~已渐渐退出流行舞台。

〈辨析〉都有事物蓬勃发展到很高阶段的意思。"高潮"着重指事物发展到最高阶段,还指小说、戏剧、电影情节中矛盾发展的顶点;"热潮"着重指事物蓬勃发展、热火朝天的形势。

〈相关〉顶峰　狂潮

高大　　高耸

【高大】gāodà　又高又大。例:此人身材异常~,那双手和硕大的头颅,使人望而生畏。

【高耸】gāosǒng　高高地耸立。例:~的大楼取代了低矮的平房。

〈辨析〉都有高的意思。"高大"不仅指从下向上距离大、离地面远,而且还指体积和面积超过一般的对象;"高耸"强调高高地直立。

〈相关〉高峻　耸立

高贵　　高尚

【高贵】gāoguì　① 达到高等道德水平的。例:雷锋的~品德值得大家好好学习。② 地位特殊,生活优越的。例:她出生于名门,自认为血统~,非一般平头百姓可以匹配。

【高尚】gāoshàng　① 道德水平高。例:在金钱物质利诱面前,他不为所动,体现了一个共产党员的~情操。② 有意义的,不是低级趣味的。例:这本来是一种~的游戏,但这些人却用于赌博了。

〈辨析〉都有道德水平高的意思。"高贵"多形容道德、品质、思想等,强调可贵,还形容社会地位特殊、生活享受优越;"高尚"多形容精神、行为、情操、品德等,强调值得崇尚,还形容志趣、娱乐、行为等品位较高,不是低级趣味的。

〈相关〉崇高　尊贵

高兴　　愉快

【**高兴**】gāoxìng　愉快而兴奋。例：看她的脸色,一定是碰到~的事啦。

【**愉快**】yúkuài　快意,舒畅。例：这些年她心情~,人也显得年轻了。

〈辨析〉都有心情舒畅的意思。"高兴"多形容人的情绪;"愉快"多形容人的心情和神情。

〈相关〉开心　快乐

告别　　告辞

【**告别**】gàobié　离别,分手;辞行。例：她怀着依依不舍的心情,向家乡的父老乡亲~。

【**告辞**】gàocí　向主人辞别。例：在府上打扰了多时,我该~了。

〈辨析〉都有离开前打个招呼,表明去意的意思。"告别"着重指离别、分手、辞行,对象可以是人,也可以是某地、某时段、人生、命运等,还含有跟死者诀别以示哀悼的意思,通用于口语和书面语;"告辞"着重指客人离别前与主人辞别,对象只能是人,一般用于书面语。

〈相关〉拜别　辞别　辞行

歌唱　　歌颂　　讴歌　　颂扬

【**歌唱**】gēchàng　用歌曲、诗歌等形式赞美。例：让我们为新时代的到来纵情~吧。

【**歌颂**】gēsòng　歌唱,颂扬。例：这篇报道热情~了南极考察队不平凡的英雄事迹。

【**讴歌**】ōugē　颂扬,赞美。例：这首民歌尽情~了祖国的美好山河。

【颂扬】sòngyáng 称颂;赞扬。例:这部电视连续剧~爱心与友情。

〈辨析〉都有赞美、赞颂的意思。"歌唱"一般只用歌曲、诗歌赞美;"歌颂"除用歌曲、诗歌外,还可用文章、言辞等赞美;"讴歌"既可用歌赞美,也可用语言、文字赞美;"颂扬"侧重指赞美、传扬,多用于赞颂人物不平凡的事迹。

〈相关〉赞美 赞颂

隔断　　隔绝

【隔断】géduàn 阻隔,使不相通。例:千山万水不能~两国人民的友谊。

【隔绝】géjué 阻隔,断绝。例:为了避免惹是生非,他一头扎进故纸堆,几乎与世~。

〈辨析〉都有断绝、不相通的意思。"隔断"语意较轻,指从中断开,把原来的一个整体割开来,多用于水流、道路、房屋等;"隔绝"语意较重,指两者之间没有任何联系或接触,多用于音信、关系、思想等。

〈相关〉隔开 阻隔

隔阂　　隔膜

【隔阂】géhé 彼此之间感情不融洽,思想有距离。例:一场小小的误会,使他俩产生了深深的~。

【隔膜】gémó 彼此之间有距离,不了解。例:虽然他们同在一家公司工作,但很少见面,因而彼此仍有~。

〈辨析〉都有思想感情上有距离的意思。"隔阂"强调有距离、有差别,使用范围广,除用于人与人之间,也可用于地方、民族、语言之间有障碍;"隔膜"强调不了解,使用范围较窄,多用于人与人之间。
〈相关〉隔离

个别　　各别

【**个别**】gèbié　单个;极少数的。例:她很有性格,出去旅游时总喜欢～行动。

【**各别**】gèbié　各不相同;有分别。例:学校为了适应学生～兴趣而设有跆拳道、手工组、航模组及文学组让学生选择。

〈辨析〉都有与总体相对的个体情况的意思。"个别"着重指单一、极少数的情况,强调单独性;"各别"着重指各不相同,有所分别、区别对待的意思,强调差异性。

〈相关〉个体　各异

根据　　依据

【**根据**】gēnjù　把某种事物作为论断的前提或言行的基础。例:～病情,他必须住院治疗。

【**依据**】yījù　以某种事物作为根据。例:我们必须～法律办事,不能知法犯法。

〈辨析〉都有以某一事物作为前提或基础的意思。"根据"强调论断有一定的根源,通用于口语和书面语;"依据"强调论断有一定的凭据,一般只用于书面语。

〈相关〉按照　依照

公道　　公平　　公正

【**公道**】gōngdào　公平,合理。例:我们相信:～自在人心。

【**公平**】gōngpíng　处理事情合情合理,不偏向任何一方。例:裁判不～的判罚是这场闹剧的导火线。

【**公正**】gōngzhèng　公平正直,没有偏私。例:作为一名法官,他办事～,不徇私情。

〈辨析〉都有处理事情没有偏见、没有私心的意思。"公道"强调公正无私、遵循公认的准则,常形容人的品德;"公平"强调合情合理,常形容人处事的原则;"公正"强调正直无私、不偏不倚,常形容人的品德与言行。

〈相关〉公允

公开　公然

【**公开**】gōngkāi　① 面对公众,不加隐蔽。例:这是个～的秘密。② 使秘密成为大家都知道的。例:他不顾个人安危,～了自己的身份。

【**公然**】gōngrán　公开的;毫无顾忌的。例:那家伙～在公共场所调戏妇女,被群众扭送到警局。

〈辨析〉都有面对公众、不加隐蔽的意思。"公开"多指人的具体行为,也指使秘密成为公开的,为中性词;"公然"着重指无所顾忌,想干什么就干什么,多指干坏事,为贬义词。

〈相关〉悍然　竟然

功绩　功劳　功勋

【**功绩**】gōngjī　功劳和成就。例:先烈们为无产阶级革命事业立下了不朽的～。

【**功劳**】gōngláo　对事业的贡献。例:上海日新月异的发展,有着外地民工的一份～。

【**功勋**】gōngxūn　对国家、人民作出的重大贡献。例:我们后来者,应当永远铭记那些铺路人、开拓者们的～。

〈辨析〉都可指在事业上作出的成绩和贡献。"功绩"多指较大的贡献和成就,用于比较重要的事情,语意较重;"功劳"多指一般事情上的贡献,使用范围广;"功勋"指对国家、人民有特殊的贡献,语气庄重,语意最重。
〈相关〉成绩　贡献

功能　功效　功用

【功能】gōngnéng　事物或方法所发挥的作用;效能。例:这种草药～显著,用了没几天,他的病情便有所好转。

【功效】gōngxiào　功能;效率。例:机器经过改进后,～比过去提高了一倍。

【功用】gōngyòng　功能;用途。例:我们要充分发挥现有教学设备的～。

〈辨析〉都可指事物或方法所发挥的作用。"功能"着重指发挥的有利作用;"功效"着重指达到的效率;"功用"着重指用途。

〈相关〉效能　效用

供给　供应

【供给】gōngjǐ　把生活中必需的物资、钱财、资料等给需要的人使用。例:这孩子父母早逝,上学的钱都是国家～的。

【供应】gōngyìng　给以物资满足需要。例:节日期间,菜市场的食品～相当充足。

〈辨析〉都有向他人提供所需要的东西的意思。"供给"着重指向他人提供钱财、物品、文字资料等,一般是主动提供;"供应"着重指向他人提供物资、原料、商品等,一般是应对方的要求而提供。

〈相关〉供需　提供

估计　估量

【估计】gūjì　对事物的性质、数量变化等作出大致的判断推测。例:你～一下,装修这套房间需要多少木材。

【估量】gūliáng　估计,衡量。例:地震灾害,给这所城市带来了不可~的损失。

〈辨析〉都有对事物作大致的计算和推断的意思。"估计"强调预计、算计,推断的准确程度比"估量"高,更多地用于具体数量、时间;"估量"强调衡量,常常是大致地估计,多用于对局势、情况、力量的比较衡量。

〈相关〉估摸　估算

孤单　　孤独

【孤单】gūdān　单身无靠,感到寂寞。例:女儿出国后,家里只剩下老人一人,挺~的。

【孤独】gūdú　独自一个人;孤单。例:虽然单身一人有些~,但那份自由自在是有家庭的人享受不到的。

〈辨析〉都有单独、无依靠的意思。"孤单"强调单身、无依无靠,含有寂寞的意思,还有力量单薄的意思;"孤独"强调独处、不能或不愿意与他人相处交流,常形容人的感受或性格,语意比"孤单"重。

〈相关〉孤寂　孤立

孤傲　　孤高

【孤傲】gūào　孤僻,高傲。例:他毅然转身离去,那~的背影似乎在对我说,他不需要怜悯。

【孤高】gūgāo　性情高傲,不合群或不随流俗。例:有些人目中无人,~自傲,时常表现出一副"唯我独尊"的样子。

〈辨析〉都含有清高不与尘世相合的意思。"孤傲"侧重指孤独、怪僻,性格高傲;"孤高"侧重指清高、不合群,鄙弃尘俗。

〈相关〉高傲　冷傲

鼓动　　鼓舞

【鼓动】gǔdòng　① 激发人们的情绪,使他们行动起来。例:工人们的情绪被~起来,他们决心用自己的双手和智慧创造奇迹,走出困境。②唆使。例:这些坏事是谁~你干的?

【鼓舞】gǔwǔ 使振作起来,有信心或勇气。例:《义勇军进行曲》永远~中国人民奋勇前进。

〈辨析〉都有使行动起来的意思。"鼓动"指用语言、文字、图片等形式激发、宣传,对象多为人,多用于褒义,有时也用于贬义,有"唆使"的意思;"鼓舞"指鼓动激发,使人有信心和勇气,用于褒义。

〈相关〉激励 煽动

鼓励　激励

【鼓励】gǔlì 激发,勉励。例:在老师的~下,小明的成绩有了明显的进步。

【激励】jīlì 激发,鼓励。例:在球迷们呼声的~下,前锋队员向对方的球门发起了猛攻。

〈辨析〉都有勉励人、使其努力向上的意思。"鼓励"强调使人精神振奋、积极向上;"激励"强调激发人的情感、斗志,使其受到鼓励,奋发向上。

〈相关〉鼓舞 勉励

固执　顽固

【固执】gù·zhi 坚持自己的意见,不肯改变。例:你不要太~了,应该听听别人的意见。

【顽固】wángù 思想保守,不愿接受新事物。例:父亲是个老~,要他接受新思想比登天还难。

〈辨析〉都有坚持某种信念或意见、不肯改变的意思。"固执"强调坚持自己的意见不肯改变,常形容人的性格、态度等,含贬义;"顽固"强调思想保守、拒绝接受新生事物,常形容人的主张、思想、态度等,含贬义。

〈相关〉古板　执拗

故乡　　家乡

【**故乡**】gùxiāng　出生或长期居住过的地方。例:月是～的明,人是～的亲。

【**家乡**】jiāxiāng　自己的家庭世代居住的地方。例:我的～是大运河旁边一座美丽的古镇。

〈辨析〉都指人们长期居住过的地方。"故乡"侧重于"故",指自己出生或长期居住的地方,但目前已不在那儿居住;"家乡"侧重于"家",指自己家庭祖祖辈辈居住的地方。

〈相关〉故里　老家

故意　　蓄意

【**故意**】gùyì　有意识地;存心。例:他在父母面前～装得很轻松,以免露出破绽。

【**蓄意**】xùyì　早就怀有某种不良的心思。例:这起事故是有人～破坏造成的,一定要彻底追查。

〈辨析〉都有存心要做某事的意思。"故意"着重指有意识地做某事,为中性词,通用于口语和书面语;"蓄意"着重指心中早有预谋做某事,语意较重,为贬义词,多用于书面语。

〈相关〉刻意　有意

顾忌　　顾虑

【**顾忌**】gùjì　说话做事怕对某人、某事不利而有顾虑。例:她毫无～,当着众人的面撒起泼来。

【**顾虑**】gùlǜ　① 怕造成不利的后果而不敢照本意说或做。例:这件事情你不必～,我可以帮你处理。② 因担心造成不利的后果而产生的顾忌和忧虑。例：我听了他的解释后，一切～和疑问都消失了。

〈辨析〉都有因怕不利而不敢随便说话或行动的意思。"顾忌"强调忌讳、畏惧，一般用于对别人而不对自己；"顾虑"强调考虑、担忧，不仅用于对别人，也可用于对自己。

〈相关〉忌惮　畏忌

关怀　关心

【关怀】guānhuái　关心；重视。例：虽然他不幸地失去了父母，但他又幸运地得到了张老师母亲般的～。

【关心】guānxīn　对人或事由于爱护、重视而经常放在心上。例：他只顾忙着赚钱，对家人一点也不～。

〈辨析〉都有放在心上、挂念和爱护的意思。"关怀"强调爱护，一般用于上级对下级、长辈对晚辈、组织对群众；"关心"强调放在心上，使用范围广，对象可以是人，也可以是事，还可用于自己。

〈相关〉关切　关注

关键　关头

【关键】guānjiàn　① 事物最关紧要的部分或对情况起决定作用的因素。例：抢在敌人的前面占领302高地，是我军战胜敌人的～。② 最关紧要的。例：在这～时刻，女足球队员连破两门，扳回了比分。

【关头】guāntóu　起决定作用的时机或转折点。例：在这万分紧急的～，董存瑞站在桥底中央，左手托起炸药包顶住桥底，右手猛地一拉导火索。

〈辨析〉都有起决定因素或时机的意思。"关键"指事情最紧要的部分或对情况起决定作用的因素外，还用作形容词，形容最关紧要的问题、时刻等;"关头"只用作名词,指极其重要的时刻或刻不容缓的时机。

〈相关〉关节　环节

观察　观看

【观察】guānchá　对事物或现象作全面仔细的察看和了解。例:他平时很善于～事物,所以对于一些细节也不会轻易放过。

【观看】guānkàn　特意看;参观,观察。例:前来～比赛的观众很多。

〈辨析〉都有特意看的意思。"观察"侧重指全面地察看、了解,对象可以是抽象事物,也可以是具体事物或人;"观看"侧重指专程去看、观赏,多用于具体事物。

〈相关〉察看　观望

观点　观念

【观点】guāndiǎn　① 观察或看待事物的立足点或采取的态度。例:一个人如果没有正确的立场,也就不可能有正确的～。② 专指政治观点。例:对人权的～,两国人民所持的态度是相同的。

【观念】guānniàn　① 思想意识。例:～的陈旧,技术的落后,使这家企业陷入了困境。② 客观事物在人脑里留下的概括形象。例:时代变了,人的～也应该随之改变。

〈辨析〉都指对事物的认识。"观点"着重指观察事物的立足点和由此得出的正式的、稳定的认识,有时专指政治观点;"观念"着重指思想意识,也指客观事物在人们头脑里留下的概括形象。

〈相关〉见解　看法

管理　　管制

【管理】guǎnlǐ　①负责某项工作使顺利进行。例:这家商店因为经营~不善,濒临歇业。②照管并约束。例:~精神病患者是一项艰难的任务。

【管制】guǎnzhì　强制性的管理。例:为了保证"马拉松"长跑的顺利进行,有关道路都实行了交通~。

〈辨析〉都有负责管理的意思。"管理"除负责某项工作使顺利进行外,还有照管并约束的意思;"管制"侧重于强制性的约束,含有监督管理的意思,语意较重。

〈相关〉管束　照管

贯穿　　贯通

【贯穿】guànchuān　①贯通、联结在一起。例:京沪铁路是~我国南北的一条大动脉。②从头到尾穿过一个或一系列事物。例:现实主义~中外文学艺术历史,这既是规律,也是事实。

【贯通】guàntōng　①连接;沟通。例:杨浦大桥~了浦江两岸的交通。②透彻理解。例:融会~的教学方法深受学生喜爱。

〈辨析〉都有连接相通的意思。"贯穿"强调从头到尾穿连在一起,有连贯性和一致性;"贯通"强调连接、连通,消除障碍,使原来独立的事物可以连成整体,还含有透彻理解的意思。

〈相关〉连接　连通

光滑　　光洁

【光滑】guānghuá　平滑,不粗糙。例:这块石头表面~,带有银色的晕圈,微微泛出淡青色。

【光洁】guāngjié　光亮而洁净。例:经过他的擦拭,半旧的自行车~如新。

〈辨析〉都有表面平整洁净的意思。"光滑"强调平滑,不粗糙;"光洁"强调洁净,没有杂质。

〈相关〉光润 平滑

光辉 光芒

【光辉】guānghuī ① 耀眼的光。例:太阳的~照得大地亮堂堂。② 光明;灿烂。例:雷锋的~形象,永远铭刻在我们的心中。

【光芒】guāngmáng 向四面放射的强烈的光线。例:雨过天晴,太阳放射出金色的~。

〈辨析〉都可指强烈耀眼的光。"光辉"着重指闪烁耀眼的光,还形容思想、形象、前途等光明、灿烂;"光芒"着重指向四面发射的光。

〈相关〉光彩 光泽

光临 莅临

【光临】guānglín 敬辞,称客人来到。例:即日起本店商品全场对折,欢迎各位~。

【莅临】lìlín 来到;来临。例:这是他出任集团董事长以来首度~上海分公司。

〈辨析〉都有宾客来到的意思。"光临"既可用于贵宾,也可用于一般的宾客,通用于口语和书面语;"莅临"多用于贵宾或上级领导等,具有庄重的色彩,只用于书面语。

〈相关〉惠临 驾临

光荣 荣耀

【光荣】guāngróng ① 做了有利于人民和正义的事被公众承

认和尊敬。例:他为了人民的利益~牺牲了。② 荣誉。例:~属于祖国和人民。

【荣耀】róngyào 光荣。例:冠军的~不只是某个队员的,更是集体的。

〈辨析〉都有光彩的意思。"光荣"通用于口语和书面语;"荣耀"一般用于书面语,语意比"光荣"重。

〈相关〉光彩 荣誉

广博　　渊博

【广博】guǎngbó 范围大,方面多。例:井冈山以她那秀美的青山、~的胸怀接纳了我们。

【渊博】yuānbó 精深而广博。例:一个成功者不仅应该具备~的知识,而且要有健康的身心素质和良好的道德修养。

〈辨析〉都有范围大、方面多的意思。"广博"强调学识、见闻、胸怀的宽广博大,使用范围较广,语意较轻;"渊博"强调学识精深而广博,使用范围较窄,语意较重。

〈相关〉博识 博学

广大　　宽大

【广大】guǎngdà ① 面积和空间宽阔。例:黄河中下游~流域旱情十分严重。② 人数众多。例:~群众对社会上的一些腐败现象极其反感。③ 范围和规模大。例:我国正在掀起~的爱国卫生热潮。

【宽大】kuāndà ① 面积或容积大。例:~的操场可以同时容纳两个班的学生上体育课。② 不苛求,不严厉,尤指对犯错误或犯罪的人从宽处理。例:你若自首,就可以得到~处理。

〈辨析〉都有面积宽阔的意思。"广大"除形容面积、空间宽阔外,还可形容人数众多、范围和规模巨大;"宽大"除形容面积宽阔外,还可形容对人不苛求、不严厉。
〈相关〉广阔　宽阔

广泛　普遍

【广泛】guǎngfàn　涉及的方面多、范围大。例:小王平时兴趣~,琴棋书画样样在行。

【普遍】pǔbiàn　广泛存在的,具有共同性的。例:经过一段时间的强化训练,学生的口语水平有了~提高。

〈辨析〉都有涉及方面多、范围广的意思。"广泛"强调范围广,但不一定全面;"普遍"强调涉及的方面全,具有共同性。

〈相关〉广博　普及

广阔　辽阔

【广阔】guǎngkuò　广大,辽阔。例:骏马奔驰在~的草原上。

【辽阔】liáokuò　辽远广阔;宽广空旷。例:我国领土幅员~,江山壮丽,人口众多,物产丰富。

〈辨析〉都有宽阔的意思。"广阔"强调宽广,既可形容具体事物,也可形容抽象事物;"辽阔"强调辽远,有一望无际的意思,比"广阔"的范围大,多形容具体事物。

〈相关〉空阔　宽阔

规划　计划

【规划】guīhuà　① 长远而全面的计划。例:我们又制定了五年发展~。② 拟订计划。例:学校运动场的建设要全面~了。

【计划】jìhuà　事前拟定的方案。例:我~今年春节去韩国滑雪。

〈辨析〉都有拟定方案的意思。"规划"侧重指内容比较全面周到的远景计划,一般时间比较长远,适用范围较窄;"计划"侧重指内容比较详细、具体的打算,时间可长可短,事情可大可小,适用范围较广。

〈相关〉筹划　计策

规矩　　规则

【规矩】guī·ju　指标准、规则、惯例等。例:校长坚持按～办事,坚决杜绝"开后门"的歪风。

【规则】guīzé　规定出来给大家共同遵守的制度或章程。例:遵守交通～是每个公民应尽的义务。

〈辨析〉都可指大家必须共同遵守的法则、规定等。"规矩"着重指长期延续下来的行为标准、习性、礼节等,常用于口语;"规则"着重指具体规定的办法、规章等,常形成条文,通用于口语和书面语。

〈相关〉法则　规定

诡辩　　狡辩

【诡辩】guǐbiàn　用无理的话狡猾地为自己争辩。例:他很善于～,没理也会争出三分理来。

【狡辩】jiǎobiàn　狡猾地强辩。例:真相已经大白了,他还在～。

〈辨析〉都有无理强辩的意思。"诡辩"指在理屈词穷时,用似是而非的手段和迷惑人的言辞达到自己为自己辩解的目的;"狡辩"指强词夺理,为自己的错误言行辩解。

〈相关〉强辩　申辩

贵重　　名贵

【贵重】guìzhòng　价值高,值得重视。例:这件首饰很～,你一定要保管好。

【名贵】míngguì 著名而珍贵。例：这种药材十分～,产于青藏高原。

〈辨析〉都强调珍贵。"贵重"指本身价值高;"名贵"侧重于著名而珍贵。

〈相关〉宝贵 珍贵

果断　果决　武断

【果断】guǒduàn 当机立断;不犹豫。例：他办事很～。

【果决】guǒjué 果敢,坚决。例：他专注的神情中透出一种坚强与～。

【武断】wǔduàn 只凭主观轻率地判断;凭权势妄断是非曲直。例：做学问最容易犯的因而也最需要警惕的毛病就是偏执和～。

〈辨析〉都有对事物迅速处理、做出决断的意思。"果断"侧重指经过调查研究和冷静分析产生的正确决断,含褒义;"果决"侧重指毫不犹豫地作出判断或决定,态度勇敢而决断,含褒义;"武断"侧重指考虑问题、处理事情不顾客观实际,不听他人意见,轻率地做决定、下结论,含贬义。

〈相关〉果敢 臆断

过程　进程

【过程】guòchéng 事情进行或发展的经过;事情的开始和结束。例：人们认识问题是需要一个～的。

【进程】jìnchéng 事物发展变化的过程。例：由于天气等诸多因素,工程的～曾一度停顿下来。

〈辨析〉都有事物进行或发展变化的经过的意思。"过程"侧重于事物发展变化的经过、程序,可以指过去,也可以指现在和将来;"进程"侧重于事情进行的情况,所指的范围比较小,指过去和现在。

〈相关〉经过 历程

过错　过失

【过错】guòcuò 过失,差错。例:我们不能因为有了点~就踌躇不前了。

【过失】guòshī 因疏忽而发生的错误。例:不要埋怨别人,这些~应由我们自己承担。

〈辨析〉都有发生错误的意思。"过错"侧重指犯下的错误,并不追究错误的原因,语意比"过失"稍重;"过失"侧重指因疏忽大意而造成的错误,语意较轻。

〈相关〉差错 错误

害怕　　惧怕

【害怕】hàipà　心中不安或发慌。例:晚上独自一人赶夜路,还真有点~。

【惧怕】jùpà　非常害怕、恐惧。例:面对困难,他一点也不~,有信心去战胜它。

〈辨析〉都有畏惧、不安的意思。"害怕"程度较轻,强调恐慌不安,常用于口语,有时还有顾虑、担心的意思;"惧怕"程度较重,强调恐惧、心理压力大,常用于书面语。

〈相关〉恐惧　畏惧

害臊　　害羞

【害臊】hàisào　害羞;感到羞耻。例:你竟说出这样的混账话,我真替你~。

【害羞】hàixiū　感到不好意思;难为情。例:她第一次当众演讲,有些~和紧张。

〈辨析〉都有不好意思、难为情的意思。"害臊"侧重指怕羞、难为情的心理状态或表情,常用于口语;"害羞"侧重指因胆怯、怕生或做错事怕人笑话而感到不安、难为情,通用于书面语和口语。

〈相关〉羞赧　羞怯

含糊　　含混

【含糊】hán·hu　不明确;不清晰。例:虽然他在生活上有些糊涂,但在学习上却一点儿不~。

【含混】hánhùn　模糊,不明确。例:老人讲话有点~不清,听不真切。

〈辨析〉都有不明确、不清晰的意思。"含糊"侧重指说话、写文章语言表达不清楚,也指处理事情态度不明朗、模棱两可;"含混"侧重指说话词句混淆,意思不清,使人无法听懂。

〈相关〉模糊

涵养　　教养　　修养

【涵养】hányǎng　指能控制情绪的功夫。例:他~功夫很好,别人说他的坏话,他从不动怒。

【教养】jiàoyǎng　指一般文化和道德的修养。例:优雅的谈吐举止显示了她良好的~。

【修养】xiūyǎng　指思想、知识、艺术等方面的一定水平。例:爷爷在古典文学上有着很高的~。

〈辨析〉都指在长期生活中锻炼出来的待人处世的功夫。"涵养"侧重指情绪和心理等的自我控制能力;"教养"侧重指文化和品德方面的修养;"修养"除指能控制情绪的功夫外,更强调经过长期的学习和锻炼,在理论、知识、艺术等方面具有一定的水平。

〈相关〉素养　素质

豪迈　　豪爽

【豪迈】háomài　气魄大,勇往直前。例:中国的航天事业正以~的步伐向着领先世界水平前进。

【豪爽】háoshuǎng　豪放,爽直。例:他性格~,为人仗义,所以有很多的朋友。
〈辨析〉都有豪放的意思。"豪迈"强调气魄很大、勇往直前;"豪爽"强调无拘无束、性格爽直。
〈相关〉豪放 爽快 爽直

豪华　奢华

【豪华】háohuá　生活奢侈,过分铺张;建筑、装饰等富丽堂皇,过分华丽。例:随着老百姓经济收入的提高,家庭住房装修也越来越～了。

【奢华】shēhuá　奢侈,浮华。例:她嫁了个富翁,过着～的生活。

〈辨析〉都有奢侈华丽、过分铺张的意思。"豪华"侧重指过分铺张、追求华丽的气派,多用于生活或建筑、设备、装饰等,还含有阵容强大的意思,使用范围较广,为中性词;"奢华"侧重指奢侈浪费、铺张阔绰,仅用于生活方面,为贬义词。

〈相关〉浮华 奢侈

号召　召唤

【号召】hàozhào　召唤群众共同去做某一件事。例:市政府～居民节约用水。

【召唤】zhàohuàn　把人们唤来。例:他听见有人～,赶紧开门出来。

〈辨析〉都有把人召唤来的意思。"号召"使用范围较窄,只指叫许多人共同做某件事;"召唤"使用范围较广,对象可以是个人,也可以是集体,还可以是抽象事物。

〈相关〉号令 呼唤 招呼

浩大　盛大

【浩大】hàodà　盛大;巨大;宏大。例:国产航空母舰是一项凝聚了无数科研人员心血的~工程。

【盛大】shèngdà 规模大；仪式隆重。例：这位球员于今年年底举办了~的结婚典礼。

〈辨析〉都有规模、气势很大的意思。"浩大"多指气势、工程的巨大；"盛大"多指集体活动的规模巨大、仪式隆重。

〈相关〉宏大　巨大

耗费　消耗

【耗费】hàofèi 消耗，花费。例：虽然~了大量的人力物力，可最终还是没能把埋于矿井下的工人解救出来。

【消耗】xiāohào 因使用或受损失而渐渐减少。例：我们的伤亡很大，我认为我们不要在原来的阵地战上白白地~兵力了，这样是毫无意义的。

〈辨析〉都有人力、物力、财力等因使用而减少的意思。"耗费"侧重指花费掉、使用掉，除用于人力、物力、财力之外，还可用于时间；"消耗"侧重指一点一点地减少或失去，可用于人力、物力、财力、兵力等。

〈相关〉花费　损耗

合适　适合

【合适】héshì 符合实际情况或客观要求。例：如果有~的岗位，我们会推荐你的。

【适合】shìhé 与实际情况或客观要求相合。例：这些游戏活动很~小朋友参加。

〈辨析〉都有与实际情况或客观要求相符合的意思。"合适"为形容词；"适合"为动词。

〈相关〉恰当　适当

合作　　协作

【合作】hézuò　一起工作;共同完成某项任务。例:经过双方的～努力,我们终于提前完成了项目。

【协作】xiézuò　若干人或若干单位互相配合来完成任务。例:我们厂和几个科研单位建立了技术～关系。

〈辨析〉都有共同完成某项任务的意思。"合作"强调共同完成某项任务,参与者没有主次之分;"协作"强调互相协同配合完成任务,参与者有主次之分。

〈相关〉配合　协同

和蔼　　和善

【和蔼】hé'ǎi　温和,亲切。例:老李夫妇是北方人,为人极其～可亲。

【和善】héshàn　温和,善良。例:江老师既是一位严厉的老师,又是一位～的长者。

〈辨析〉都有态度或性情温和的意思。"和蔼"强调性情温和,待人亲切,平易近人;"和善"强调态度温和,待人和气,心地善良。

〈相关〉和气　温和

和缓　　缓和

【和缓】héhuǎn　① 平和舒缓。例:老师用慈祥的目光注视着学生,用～的口吻引导学生学习。② 使平和舒缓。例:他讲了一个笑话,～了严肃的气氛。

【缓和】huǎnhé　① 事态、气氛等平和。例:自从儿子在中间当了和事佬,媳妇和婆婆的关系稍微～了一点。② 使平和。例:谈判～了两国的紧张局势。

〈辨析〉都有紧张的局势、情绪、气氛等变得不紧张的意思。"和缓"强调使平和舒缓,多用于强硬的口气或紧张的气氛、局势、心情、矛盾等;"缓和"强调趋向平和、不紧张,多用于局势、气氛等。
〈相关〉平缓 舒缓

和睦 和气

【和睦】hémù 相处融洽友爱;不争吵。例:虽然他俩性格迥异,但相处得很~。

【和气】héqì ① 态度温和。例:她待人~,脸上总是带着真诚的笑容。② 相处和睦。例:这是个~的大家庭。③ 人与人之间和睦的感情。例:有话好好说,不要伤了同事间的~。

〈辨析〉都有相处融洽的意思。"和睦"用作形容词,多形容朋友之间、邻里之间、邻国之间关系友好亲近;"和气"除用作形容词,形容态度温和、关系和睦外,还用作名词,指人与人之间和睦的感情。

〈相关〉和谐 融洽

和谐 协调

【和谐】héxié 配合得适当;匀称。例:远处是一幢幢造型古朴、色彩~的小屋,一条条小河宛如蓝色的缎带缠绕着一望无际的绿色田野,好一派美丽动人的田园风光!

【协调】xiétiáo 配合得适当。例:做体操、跳舞、打球,都强调动作~一致,姿势优美。

〈辨析〉都有配合得适当的意思。"和谐"强调不矛盾、彼此融洽、相互无不利影响,一般用于声音、情感、色调等;"协调"强调互相在步调、倾向或规模等方面取得一致、彼此相称,一般用于不同部门或不同工作者之间的工作关系、不同事物在发展中的相互关系等。

〈相关〉融合 调和

核心　中心

【核心】héxīn 中心;主导部分。例:中国共产党是我们事业的～力量,是领导全国各族人民为改革开放伟大事业共同奋斗的中坚。

【中心】zhōngxīn ① 跟四周的距离相等的位置。例:绿地的～有一个喷水池。② 事物的主要部分。例:这篇文章的～思想很明确。③ 在某一方面占重要地位的城市或地区。例:这里是这座城市的文化～。

〈辨析〉都指事物的主要部分或事物的关键。"核心"侧重指事物处于主导、骨干地位的部分,强调作为事物基础及对事物起决定作用的性质;"中心"侧重指处于主要地位的人、事或事物的主要部分,泛指跟四周距离大体相等的位置,强调主要性和支配作用。

〈相关〉重点 重心

宏伟　雄伟

【宏伟】hóngwěi 宏大雄伟。例:为了实现我们的～理想,我们要不懈地奋斗。

【雄伟】xióngwěi 雄壮而伟大。例:～壮观的南浦大桥横跨浦江两岸。

〈辨析〉都有雄壮伟大、有气势的意思。"宏伟"强调伟大,常形容规模宏大,还形容理想、目标、规划等抽象事物;"雄伟"强调雄壮,常形容建筑物、山峰、歌声等具体事物。

〈相关〉恢宏 雄壮

洪亮　嘹亮　响亮

【洪亮】hóngliàng 声音大而响亮。例:虽然他已年过七十,但仍然噪音～。

【嘹亮】liáoliàng 声音清晰、响亮。例：每天七点整,远处便传来～的号声。

【响亮】xiǎngliàng 声音宏大、清脆。例：～的锣鼓声传来,大家的精神为之一振。

〈辨析〉都有声音大的意思。"洪亮"多形容嗓音、钟声等宏大而响亮;"嘹亮"多形容歌声、号声等清亮、传得远;"响亮"使用范围较广,可形容各种声音大而清晰。

〈相关〉清脆 响彻

哄骗 欺骗 诈骗

【哄骗】hǒngpiàn 说假话、说动听的话或采取某些行动来使别人上当。例：他在～小孩子方面很有一手,刚才还在哭闹的孩子一到他手上,马上破涕为笑。

【欺骗】qīpiàn 说假话、做出使人相信的行为,借以骗人。例：在消费者的投诉中,房产商～业主的案例占有很大的比例。

【诈骗】zhàpiàn 用讹诈的手段进行骗取。例：现在是信息时代,网络～层出不穷,网民们千万要小心。

〈辨析〉都有用不同的手法对人进行骗取的意思。"哄骗"强调说假话或用甜言蜜语骗人,语意较轻;"欺骗"强调用某种手段骗人,语意较重;"诈骗"强调用讹诈的手段骗取,一般指触犯了法律的行为,语意最重。

〈相关〉蒙骗 欺诈

后辈 后代

【后辈】hòubèi 后代,指子孙。也指同行中年轻的或资历浅的人。例：环境再这样污染下去,我们怎么向～交代啊!

【后代】hòudài 后代的人。也指个人的子孙。例：为了子孙～，我们一定要做好环保工作。
〈辨析〉都有指后代的人的意思。"后辈"泛指子孙后代、后来的人,还指同行中年龄较轻或资历较浅的人,只用于人;"后代"指传代中下一代以至若干代的人,也指个人的子孙,除了用于人,还用于动植物。
〈相关〉后世　后裔

后盾　　后台

【后盾】hòudùn　在背后支持和援助的力量。例:中国人民解放军是社会主义经济建设的坚强～。
【后台】hòutái　① 剧场中舞台后面的部分。例:参加下一个节目演出的演员们正在～候场。② 比喻在背后操纵、支持的个人或集团。例:明眼人都看得出来,常副市长是这家公司的～。
〈辨析〉都有在背后操纵的意思。"后盾"多为集团、群体,一般不是个人,多用于正式场合,为褒义词;"后台"本义指剧场中舞台后面的部分,常用其比喻义,比喻在背后操纵或支持的个人或集团,为贬义词。
〈相关〉后援　靠山

呼喊　　呼唤

【呼喊】hūhǎn　喊;叫。例:游客们发现对面的山上有人在大声～。
【呼唤】hūhuàn　① 大声地叫喊。例:搜救人员在山谷里～失踪者的名字。② 召唤。例:餐厅包间里的顾客～服务员赶紧上菜。
〈辨析〉都有大声地叫的意思。"呼喊"多用于表现由于心情的激动而喊叫,表示受惊或赞叹;"呼唤"多用于具体的呼喊招呼,有明确的目的和具体的对象。
〈相关〉叫喊　召唤

忽略　忽视

【忽略】hūlüè　疏忽;没有注意到。例:电熨斗用后要切断电源,这一点不能～。

【忽视】hūshì　不注意;不重视。例:要注意安全教育,千万不能～。

〈辨析〉都有没有注意到的意思。"忽略"侧重指没有注意到、有所疏漏,是无意的;"忽视"侧重指不注意、不重视,是故意的。

〈相关〉大意　疏忽

忽然　突然

【忽然】hūrán　表示来得快而又出乎意料。例:天刚才还是艳阳高照,～便下起了倾盆大雨。

【突然】tūrán　在极短促的时间内发生;出乎意料。例:事情来得太～了,老王一下子无法接受这样的变故。

〈辨析〉都有来得迅速而又出乎意料的意思。"忽然"强调事情发生得非常迅速,是意想不到的。"突然"强调事情突如其来,时间非常短促,语意比"忽然"重。

〈相关〉陡然　猛然

华侨　华裔

【华侨】huáqiáo　侨居国外的中国人。例:这位老～最大的心愿就是能回到故乡看一看。

【华裔】huáyì　华侨在侨居国所生并取得该国国籍的子女。例:这位～画家最近要在上海举办个人画展。

〈辨析〉都指有中国血统的人。"华侨"指旅居国外的中国人;"华裔"指华侨在侨居国所生并取得该国国籍的子女。

〈相关〉华人

化妆　化装

【化妆】huàzhuāng　用脂粉等使容貌美丽。例：经过美容师的一番～,新娘子更加美艳动人了。

【化装】huàzhuāng　① 演员为适应扮演角色的形象而修饰容貌。例：演出快要开始了,演员们正在后台忙着～。② 改变装束;假扮。例：元旦学校将举行～舞会。

〈辨析〉都有修饰、打扮的意思。"化妆"强调人用脂粉等使容貌美丽,使变得更美丽;"化装"强调演员为适应角色需要对容貌进行修饰,也指假扮成另一种人,以掩饰身份。

〈相关〉打扮　装扮

怀念　纪念

【怀念】huáiniàn　思念。例：他常常～少年时代的朋友。

【纪念】jìniàn　用事物或行动对人或事表示怀念。例：二王庙是为了～李冰父子而修建的。

〈辨析〉都有对人或物等不能忘怀的意思。"怀念"指对人、物或往事不能忘怀;"纪念"指通过事物或行为来表示怀念。

〈相关〉挂念　思念

欢畅　欢快　欢乐

【欢畅】huānchàng　高兴,痛快。例：爷爷这几天心情～,成天乐呵呵的。

【欢快】huānkuài　欢乐,轻快。例：屋子里传出阵阵～的笑声。

【欢乐】huānlè　快乐。例：申花队击败了老对手,虹口足球场成为一片～的海洋。

〈辨析〉都有高兴、快乐的意思。"欢畅"侧重指心情舒畅;"欢快"侧重指心情轻松;"欢乐"侧重指心情快乐。

〈相关〉欢喜　欢欣

欢迎　　迎接

【欢迎】huānyíng　① 很高兴地接待。例：我代表中国人民真诚地～你们到中国去参观。② 乐意接受。例：～你加入我们的研发团队。

【迎接】yíngjiē　到某个地点去陪同客人一起来。例：大家都等候在机场，～胜利归来的英雄。

〈辨析〉都有接待的意思。"欢迎"侧重于接待对方时的心情、态度等，还有乐意接受的意思，感情色彩较重；"迎接"侧重于迎接对方这一具体行为，语意比"欢迎"轻。

〈相关〉接待　招待

环抱　　环绕

【环抱】huánbào　围绕。例：四周群山～，小山村安谧而秀丽。

【环绕】huánrào　围着转动；围在周围。例：1961年4月12日，苏联宇航员加加林首次乘飞船～地球飞行获得成功。

〈辨析〉都有围着转动、围在周围的意思。"环抱"侧重于"抱"，多用于自然景物；"环绕"侧重于"绕"，即围着绕一圈。

〈相关〉盘绕　围绕

幻灭　　破灭

【幻灭】huànmiè　像幻境一样地消失。例：他所有的理想因投资失败而～了。

【破灭】pòmiè　落空；消失。例：一次次希望～，使他对治疗这种病已没有了信心。

〈辨析〉都指希望、愿望等落空。"幻灭"强调像幻想一样地消失，一般仅用于希望、理想、愿望等方面；"破灭"强调幻想或希望无情地被毁,语意比"幻灭"重。
〈相关〉毁灭　落空

幻想　空想

【**幻想**】huànxiǎng　① 以社会或个人的理想和愿望为依据,对还没有实现的事物有所想象。例:她经常～白马王子会出现在她的生活中。② 幻想出的情景。例:孩子们的心中有许多美妙的～。

【**空想**】kōngxiǎng　① 凭空设想。例:有一种人只会～,有一种人只会死做,这两种人都不会得到进步的。② 不切实际的想法。例:希望你能脚踏实地地干,千万别在～中蹉跎一生。

〈辨析〉都有对事物不切实际地主观想象的意思。"幻想"侧重指想入非非、不可能实现的,也可以是以一定现实为基础、经过努力可能实现的,有时也指积极浪漫的想象或想法;"空想"侧重指脱离实际、凭空而来的,是不可能实现的,也指不切实际的想法。

〈相关〉妄想　遐想

涣散　松散

【**涣散**】huànsàn　松懈,散漫。例:这种士气～的队伍,如果能拿军训第一名,除非奇迹出现。

【**松散**】sōngsàn　结构不紧密,精神不集中。例:我校的摄影小组是个～的组织,没有固定的活动时间。

〈辨析〉都有松懈、不集中的意思。"涣散"强调意志松懈、没有约束,含贬义,多用于集体、纪律等;"松散"强调不能紧密地团结或不紧张、不集中,还含有结构不紧密的意思,为中性词。

〈相关〉散漫　松懈

荒诞　荒谬　荒唐

【荒诞】huāngdàn　极不真实;极不近情理。例:这部小说情节相当简单,内容极其～。

【荒谬】huāngmiù　极端错误;非常不合情理。例:如果用世俗的眼光来看,这些言论几乎是～绝伦。

【荒唐】huāngtáng　① 错误到使人觉得奇怪的程度。例:他提的问题很～,没人搭理他。② 放荡而没有节制。例:他下定决心,要结束这一年多的～生活。

〈辨析〉都有不合情理的意思。"荒诞"强调虚妄、不符合道德和实际,语意较重;"荒谬"强调背离正常的逻辑,一般形容思想、观点、理论等,语意最重;"荒唐"除形容思想、言行等错误致使人觉得奇怪的程度外,还可形容行为放荡不羁等,语意较轻。

〈相关〉乖张　怪诞

慌乱　慌忙　慌张

【慌乱】huāngluàn　慌张,混乱。例:他做事情很有条理,任何情况下都不～。

【慌忙】huāngmáng　急忙,不从容。例:看到有人进来,他～掐灭烟头。

【慌张】huāngzhāng　心里不沉着,动作忙乱。例:保安曾见过一个神色～的男青年走出大楼。

〈辨析〉都有紧张、不沉着、动作忙乱的意思。"慌乱"强调不沉着、手忙脚乱,也可形容气氛紧张、混乱;"慌忙"强调匆忙、不从容,常形容人的动作行为;"慌张"强调不沉着、忙乱,常形容人的神色状态。

〈相关〉惊慌　恐慌

晃荡　晃动

【晃荡】huàngdàng ① 朝两边摆动。例:他坐在桌子上,两腿不停地～。② 无所事事,四处闲逛。例:他是个破落的富家弟子,把祖宗留下的一点家业全败光了,于是整日在小镇上～。

【晃动】huàngdòng　摇晃,摆动。例:黑暗中,一束白光在前面不远处～。

〈辨析〉都有摇晃的意思。"晃荡"除指向两边摆动外,还有无所事事、四处闲逛的意思;"晃动"指摇晃、摆动,可以是左右的,也可以是上下的。

〈相关〉晃悠　摇晃

回想　回忆

【回想】huíxiǎng　想过去的事。例:～起学校里的一些趣事,我不禁思念起老同学来。

【回忆】huíyì　回想过去的事。例:童年时期那段乡村生活给我留下了美好的～。

〈辨析〉都有回想过去的事的意思。"回想"侧重于不经意地想起过去的事情,语意较轻;"回忆"侧重于有意识地去想过去的事情,语意较重。

〈相关〉回顾　回首

悔过　悔悟

【悔过】huǐguò　承认并追悔自己的过错。例:如果你能积极～,我们仍然欢迎你回来。

【悔悟】huǐwù　认识到自己所犯的过错;悔恨而醒悟。例:她对自己当初不听父母、朋友的劝告而一意孤行的做法,有所～。

〈辨析〉都有悔恨并认识到自己的过错的意思。"悔过"强调承认自己的过错并感到懊悔;"悔悟"强调认识到自己的过错有所悔恨和醒悟。

〈相关〉悔恨　醒悟

毁坏　破坏

【毁坏】huǐhuài　损坏;破坏。例:好端端的一个花瓶被他～了。

【破坏】pòhuài　损坏;损害。例:地震海啸～了建筑、道路和许多设施。

〈辨析〉都有损坏的意思。"毁坏"常用于具体的器物,也可用于抽象事物,如人的名誉等,强调结果;"破坏"适用的范围比较广,可用于事物,也可用于制度、规章、条例等,更强调主观因素。

〈相关〉损害　损坏

毁灭　消灭

【毁灭】huǐmiè　摧毁,消灭。例:追求享受与奢侈是使人类走向～的毒药。

【消灭】xiāomiè　① 消失,灭亡。例:只有～私有制,才可能消除阶级分化。② 除掉敌对的或有害的人或事物。例:古往今来,战斗的最终目的无非是～对手,赢取胜利。

〈辨析〉都有使消失而不存在的意思。"毁灭"着重指摧毁,对象一般是范围大的具体事物和抽象事物,语意比"消灭"重;"消灭"除指使消失、灭亡外,还有除掉敌对的或有害的人或事物的意思。

〈相关〉灭亡　消失

汇合　会合

【汇合】huìhé　聚集,会合。例:世界人民要求和平反对战争的呼声,~成一股不可抗拒的历史潮流。

【会合】huìhé 聚集到一起。例:一小时后,他们在南广场的钟楼下~。

〈辨析〉都有从不同地方聚到一起的意思。"汇合"常用于水流的聚集、会合,较少用于人,可带宾语;"会合"既可用于水流,也可用于人,多指人或水流从几个方向集中或汇拢到一定地点,一般不带宾语。

〈相关〉汇集 汇聚

会见　　会晤

【会见】huìjiàn 见面。例:国务院总理~了澳门特别行政区行政长官。

【会晤】huìwù 见面。例:两国领导人将在上海~。

〈辨析〉都可指跟对方见面。"会见"强调双方相约见面,比较客气,态度较庄重,讲求礼仪,多用于面见地位、辈分较低或相当的人;"会晤"强调与对方相会,含有面谈的意思,态度郑重,多用于面见客人或地位相当的人,一般用于书面语。

〈相关〉会谈 见面 接见

会心　　会意

【会心】huìxīn 领悟别人没有明白说出的意思。例:两人交换了一个~的眼色,彼此就心领神会了。

【会意】huìyì 领会别人没有明说的意思。例:借古讽今是它们常用的伎俩,这样做既可增加影片的现实意义,又可令观众~一笑,岂不一举两得?

〈辨析〉都有领会别人没有明白表示的意思。"会心"侧重指领会别人的心思、用心,强调因内心相通而领悟,含有心心相印的意味;"会意"侧重指领会别人的意图、愿望,不含有感情因素。
〈相关〉领会 体会

昏暗　阴暗

【昏暗】hūn'àn 光线不足;暗。例:不要在～的光线下看书,那样会损害视力。

【阴暗】yīn'àn 阴沉;昏暗。例:那些搞阴谋诡计的人,是见不得阳光、只能躲在～角落里的。

〈辨析〉都有光线暗的意思。"昏暗"形容光线不足、可见度低;"阴暗"形容天色、脸色暗淡或阳光难以照到,也可形容人的心理、思想或事物的消极面。

〈相关〉黑暗 幽暗

混乱　杂乱

【混乱】hùnluàn 没有条理;没有秩序。例:这篇文章逻辑～。

【杂乱】záluàn 没条理;多且乱。例:他的屋子里堆满了书,书桌上下都有,床头上也有,看上去～无章。

〈辨析〉都有无条理、无秩序的意思。"混乱"强调不同的东西混杂在一起,没有条理,没有秩序,多用于思想、局面、状态等较抽象的事物;"杂乱"强调东西混杂在一起,显得多而乱,多用于具体事物,也可用于抽象事物。

〈相关〉混杂 凌乱

混浊　污浊

【混浊】hùnzhuó 含有杂质,不洁净,不新鲜。例:房间里的空气太～,打开窗户,让空气流通一下。

【污浊】wūzhuó ① 不干净。例:文章对那些旧社会留下来的～思想进行了彻底的批判。② 脏东西。例:清洁工人正在冲洗广场上的～。

〈辨析〉都有不干净的意思。"混浊"强调混有杂质、不纯粹、不纯净,多形容水、空气等,也可比喻社会环境的阴暗、肮脏;"污浊"强调污秽、肮脏、污染严重,除形容空气、水外,还可形容思想、制度方面,还可用作名词,指脏东西。

〈相关〉肮脏　污秽

活泼　　活跃

【活泼】huópō　生动自然;不呆板。例:他是个天真～的孩子,很招人喜爱。

【活跃】huóyuè　① 活泼而积极;蓬勃而热烈。例:陈老师的讲课非常生动,课堂气氛十分～。② 使活泼而积极地行动。例:他们一直都～在舞台上,坚持演出。

〈辨析〉都有生动、不呆板的意思。"活泼"强调具有活力,可形容人的性格、举止,也可形容形式、气氛等;"活跃"强调积极热烈,可形容行动、气氛等,还可用作动词。

〈相关〉灵活　生动

伙伴　　同伴

【伙伴】huǒbàn　共同参加某种组织、从事某种活动的人。例:她是我从小玩到大的～,想不到几年不见,已经是两个孩子的妈妈了。

【同伴】tóngbàn　在一起工作或生活的人。例:这两张电影票正好给你和你的～一起去看。

〈辨析〉都有共同从事某种活动的人的意思。"伙伴"指同一事情上或同一组织中合作的双方或多方,往往较熟悉、密切,有共同的目标和利害关系,还可指国家、地区间的朋友关系;"同伴"泛指在一起相处或一起从事某项活动的人,原来可能熟悉,也可能不熟悉。

〈相关〉朋友　友人

获得　　取得

【获得】huòdé　得到;取得。例:他在这次青年歌手大奖赛上~二等奖。

【取得】qǔdé　得到。例:他们决心继续干下去,不~胜利决不罢休。

〈辨析〉都有得到的意思。"获得"强调有收获、有所得,别人给予的和自己努力获得的两种情况都有;"取得"强调得到的过程与结果,多为经过自己的努力获得。

〈相关〉得到　获取

祸害　　祸患

【祸害】huòhài　① 祸事。例:如果不注意防火就会酿成~。② 引起灾祸的人或事物。例:他凶狠霸道,已经成为班里的一大~。③ 毁坏。例:这个~乡里的恶魔已被逮捕。

【祸患】huòhuàn　祸事;灾祸。例:我们一定要加强防备,消除~。

〈辨析〉都有指祸事或会带来灾难的人或事物的意思。"祸害"还用作动词,意为毁坏、损害,多用于口语;"祸患"着重指引发灾祸的潜在根源,多用于书面语。

〈相关〉灾祸　灾殃

讥讽　　讥笑

【讥讽】 jīfěng　用挖苦和嘲笑来指责对方或嘲笑对方的缺点、错误或某种表现。例：听话听音,他话里含有的～意味我一听就明白了。

【讥笑】 jīxiào　讥讽和嘲笑。例：不要～别人,每个人都会有犯错的时候。

〈辨析〉都有用言辞讽刺、嘲笑对方的意思。"讥讽"强调讽刺,指用尖刻的话含沙射影地讥刺对方;"讥笑"强调嘲笑,指用尖刻的话嘲笑对方。

〈相关〉嘲讽　嘲笑

机会　　机遇　　时机

【机会】 jīhuì　指有时间性的有利情况;时机。例：如果有～的话,我一定要好好报答他。

【机遇】 jīyù　好的境遇;机会。例：～并不能完全决定一个人的命运。

【时机】 shíjī　指有时间性的客观条件;机会。例：他在等待最有利的～将手中的股票抛出。

〈辨析〉都可指有利的、恰好的时刻和境遇。"机会"侧重指恰好遇到的有利情况,一般具有特定性,通用于口语和书面语;"机遇"多指好的境遇,不一定有明确的时间、情景要求,多用于书面语;"时机"侧重指有时间性的有利条件,多强调客观因素上的,常用于书面语。

〈相关〉机缘　境遇

机警　机灵

【机警】jījǐng　对情况的变化觉察很快;机智敏锐。例:听到外面有动静,他立刻~地躲到门后。

【机灵】jī·ling　脑筋灵活,应变能力强。例:小家伙聪明~,问什么问题都难不倒他。

〈辨析〉都有灵活、能迅速适应情况变化的意思。"机警"侧重于"警",强调警觉性高,对情况的变化觉察快;"机灵"侧重于"灵"强调灵活,善于应变。

〈相关〉机敏　机智

积聚　积累

【积聚】jījù　逐渐聚集。例:短短的几年工夫,他利用职权,~了一大笔财富。

【积累】jīlěi　逐渐聚集;积少成多。例:他在长年的工作实践中~了丰富的经验。

〈辨析〉都有逐渐聚集的意思。"积聚"侧重于"聚",强调将分散的事物聚合、集中到一起;"积累"侧重于"累",指一点一点地积存下来。

〈相关〉积存　积攒

机密　秘密

【机密】jīmì　① 重要而秘密。例:这些~文件你一定要保管好。② 重要而秘密的事。例:因为商业~被窃取,公司的经济损失非常大。

【秘密】mìmì ① 隐蔽的,不让公开的。例:这些~技术应该加以保护。② 不让公开的事情。例:他答应我,一定会保守~的。

〈辨析〉都指必须保密、不让人知道的事情。"机密"侧重指重要而必须保密的事情,使用范围较窄,多用于与国家或组织有关的事情;"秘密"侧重指不能公开的事情,使用范围较广,可用于有关国家、集体等方面的事,也可用于个人方面的事。

〈相关〉绝秘 隐秘

激烈 剧烈

【激烈】jīliè 急剧猛烈。例:商场中的竞争非常~,下海前要做好心理准备。

【剧烈】jùliè 急剧,厉害。例:他突然感到胸口一阵~的疼痛,脸色也随之变得煞白。

〈辨析〉都有急剧猛烈的意思。"激烈"多形容有斗争性或对抗性的言论、行动等;"剧烈"多形容肉体或精神上的痛苦、运动强度、社会变革以及物体的强烈震动等。

〈相关〉猛烈 强烈

汲取 吸取

【汲取】jíqǔ 吸收;摄取。例:他如饥似渴地从书中~知识。

【吸取】xīqǔ 吸收;采取。例:我们应当~前人的经验教训,避免再犯错误。

〈辨析〉都有吸收的意思。"汲取"强调吸收、摄取,多用于知识、力量等,常用于书面语;"吸取"强调采纳、采取,常用于经验、教训、精华等。

〈相关〉采纳 吸收

极力　　竭力

【极力】jílì　尽最大力量。例：在我最困难的时候,他~帮助我。

【竭力】jiélì　用尽全部的力量。例：她~控制住自己悲伤的情绪,不让眼泪流下来。

〈辨析〉都有使出最大的力量的意思。"极力"强调用最大的力量;"竭力"强调用尽全力,语意比"极力"更重。

〈相关〉全力　尽力

急切　　迫切

【急切】jíqiè　迫切;仓促。例：她怀着~的心情等待着与老友的久别重逢。

【迫切】pòqiè　十分急切;需要到难以等待的程度。例：当地居民对改善住房的要求越来越~了。

〈辨析〉都有非常着急、不能等待的意思。"急切"强调心情着急,多形容个人的要求、希望等,也可形容时间仓促;"迫切"强调事情或情况紧急,要求或愿望强烈,还常形容心情十分急切,到了难以等待的程度。

〈相关〉急迫　紧迫　着急

急躁　　焦躁

【急躁】jízào　① 不冷静,情绪容易激动。例：她表面上很文静,实际脾气很~。② 为了达到目的而仓促行动。例：时间充裕得很,你没有必要如此~动身。

【焦躁】jiāozào　着急而烦躁。例：她~地在房间里来回走着,想不出对付的办法来。

〈辨析〉都有烦躁的意思。"急躁"侧重指性子急,形容人的情绪、脾气、性格等,还指为了达到目的而仓促行动,多用于贬义;"焦躁"侧重指焦虑,心情不平静。

〈相关〉烦躁　浮躁

疾苦　困苦

【疾苦】jíkǔ　痛苦;艰苦。例:他是一个好官,非常关心百姓的～。

【困苦】kùnkǔ　贫困,艰苦。例:能在艰难～中闯出一番事业的人才是真英雄。

〈辨析〉都指遭受的艰难痛苦。"疾苦"侧重指人民群众生活中的艰难困苦,只能作名词;"困苦"侧重指生活环境的艰难痛苦,一般作形容词。

〈相关〉贫困　穷苦

计策　计谋

【计策】jìcè　预先安排的方法或策略。例:这条～只好愚弄蒋干,曹操虽被瞒过一时,事后也必然会省悟的。

【计谋】jìmóu　计策;谋略。例:我发现他不但勇敢,而且善用～,是个非常狡猾的人物。

〈辨析〉都指事先考虑好的方法或手段。"计策"侧重指妥善或巧妙的办法,讲究策略;"计谋"侧重指深思熟虑的打算或谋划,语意比"计策"重。

〈相关〉策略　谋略

计算　运算

【计算】jìsuàn　① 根据已知数用数学方法求未知数。例:随着电子技术的发展,智能手机的体积越来越小,～速度越来越快。② 考虑;筹划。例:经过再三～,她决定报考师范院校,将来做一名教师。③ 暗中谋划损害他人。例：他俩表面上称兄道弟，暗地里却相互~。

【运算】yùnsuàn 用数学方法求出算题或算式的结果。例：他们正在用算盘进行~。

〈辨析〉都有求出结果的意思。"计算"除指根据已知数用数学方法求未知数外，还有考虑、筹划及暗中谋划损害别人的意思；"运算"只指依照数学法则求出算题或算式的结果。

〈相关〉核算　盘算

记录　记载

【记录】jìlù ① 把说的话或发生的事情记下来。例：秘书把会议内容~得非常详细。② 记录下来的材料。例：这份会议~请转交档案室保存。③ 做记录的人。例：她是本次会议的~。

【记载】jìzǎi ① 把事情记下来；记下过去发生的事。例：这些古书中~了不少鲜为人知的历史事件。② 记载事情的文章。例：关于唐山地震民间有许多~。

〈辨析〉都可指把发生的事记下来。"记录"侧重指记下现在发生的事，可以用文字，也可以用其他手段，事情可大可小；"记载"侧重指记下过去发生的事，常用于一些重大的或比较有价值的事情。

〈相关〉纪录　记实

技能　技巧

【技能】jìnéng 掌握和运用技术的才能。例：我们学校是职业技术学校，所以更注重对学生~的培养。

【技巧】jìqiǎo 巧妙的技能。例：在做杂技表演时，演员必须掌握一定的~。

〈辨析〉都可指专门的方法和本领。"技能"侧重指掌握和运用专业技术的能力,适用于生产劳动力方面;"技巧"侧重指方法和能力的巧妙,多用于文艺、体育、工艺等方面。

〈相关〉技术　技艺

季节　时节

【**季节**】jìjié　一年里按气候、农事等划分的某个有特点的时期。例:现在正是秋冬~,要注意防寒保暖。

【**时节**】shíjié　节令,季节;时候。例:清明~,各家各户忙着祭典亲人的亡魂。

〈辨析〉都可指一年里具有某个特点的时期。"季节"适用范围较窄,一般指某个具有自然特征的季候和节气;"时节"适用范围较广,除指节令、季节外,还泛指时期。

〈相关〉节令　时候

加强　增强

【**加强**】jiāqiáng　使变得更坚强更有效。例:面对困难,我们更需要~团结,齐心合力地去战胜它。

【**增强**】zēngqiáng　增进,加强。例:为~人民体质,本市正大力推行全民健身活动。

〈辨析〉都有使更强更好的意思。"加强"侧重于加大力度,多用于抽象事物;"增强"侧重于增进、促进,既可用于抽象事物,也可用于具体事物。

〈相关〉增加　增进

枷锁　桎梏

【**枷锁**】jiāsuǒ　木枷和锁链。比喻所受的压迫和束缚。例:为了摆脱封建~的束缚,高中毕业后,他脱离家庭,远走高飞。

【**桎梏**】zhìgù　脚镣和手铐。比喻束缚人或事物的东西。例:

多年来他只是吃着一身正气的老本,有一天终于倦了,因此,他自己跳出了～,改变了戏路。

〈辨析〉原来都是刑具,现都比喻所受的束缚。"枷锁"通用于口语和书面语;"桎梏"一般用于书面语。

〈相关〉镣铐　束缚

假装　　伪装

【假装】jiǎzhuāng　故意做出某种动作或姿态,以掩盖真相。例:他看见老师走了过来,赶紧捧起课本～读书的样子。

【伪装】wěizhuāng　假装;假的装扮。例:为了骗取大伙的信任,他～老实,并很勤快地工作。

〈辨析〉都有用假象来掩饰真实面目的意思。"假装"侧重指在某种特定场合,故意做出某种行为来掩盖真实的情况;"伪装"侧重指有目的有计划地装扮自己,以假乱真,欺骗对方,语意比"假装"重。

〈相关〉假冒　佯装

价格　　价钱

【价格】jiàgé　商品价值的货币表现。例:一些名牌手提包的～高得离谱。

【价钱】jiàqián　价格。例:他卖的菜,～便宜,分量又足。

〈辨析〉都指商品所值的钱数。"价格"强调价值的高低;"价钱"强调付出去的钱数。

〈相关〉价款　价值

驾驶　　驾驭

【驾驶】jiàshǐ　控制、操纵船只、车辆或飞机等行驶或飞行。例:他爸爸会～飞机。

【驾驭】jiàyù ① 驱使车、马等行进。例：这匹烈马很难～。② 使服从自己的意志而行动。例：与古代相比,人们在一定程度上已经有了～自然的能力。
〈辨析〉都有操纵使其行进的意思。"驾驶"使用范围较窄,多用于对车、船等运输工具或生产工具的操纵和掌握;"驾驭"使用范围较宽,不仅用于具体事物,还可用于对人、动物和抽象事物的操纵掌握。
〈相关〉操纵　控制

尖刻　尖酸

【尖刻】jiānkè 为人过分苛求;刻薄。例：妻子～的话语一下子就穿透了他的心。
【尖酸】jiānsuān 说话带刺、刁钻苛刻,使人难受。例：她太～刻薄了,没有人愿意和她成为朋友。
〈辨析〉都有刻薄的意思。"尖刻"强调为人过分苛求或说话带刺;"尖酸"强调为人刁钻、苛刻,令人难受、反感。
〈相关〉刻薄　苛刻

歼灭　消灭

【歼灭】jiānmiè 消灭敌人。例：乌龙山的土匪全部被～了。
【消灭】xiāomiè ① 消失,灭亡;除掉。例：只有～私有制,才可能消除阶级分化。② 除掉敌对的或有害的人或事物。例：守城的敌人被～了大半,其余的都狼狈地逃跑了。
〈辨析〉都有消灭敌人的意思。"歼灭"使用范围窄,只适用于消灭全部或大部分敌人;"消灭"使用范围较广,除了敌人外,一切有害的人或事物都可以是消灭的对象。
〈相关〉除掉　灭亡　消失

坚定　　坚决

【坚定】jiāndìng　坚强,不动摇。例:作为一名共产党员,他的立场非常～。

【坚决】jiānjué　确定不移;不犹豫。例:我们要～打击疯狂的盗版行为。

〈辨析〉都有下定决心、毫不动摇的意思。"坚定"强调稳定坚强,常形容立场、信念、意志、志向等;"坚决"强调认准目标、毫不犹豫,常形容态度、主张或行为等。

〈相关〉坚强　坚毅

坚固　　牢固

【坚固】jiāngù　结实紧密,不易被破坏。例:重新修筑的堤坝十分～,可以抵御洪水的侵袭。

【牢固】láogù　结实;坚固。例:我们两国人民之间的～友谊是坚不可摧的。

〈辨析〉都有结实、不易破坏的意思。"坚固"强调坚韧、不易破坏,多用于具体事物;"牢固"强调结实、稳固,不易动摇和破坏,既可用于具体事物,也可用于抽象事物。

〈相关〉坚固　结实

坚忍　　坚韧

【坚忍】jiānrěn　坚持而不动摇。例:事业常成于～,只要不放弃,就会有成功的那一天。

【坚韧】jiānrèn　坚固而有韧性。例:他凭着～的性格,带病修完了所有的学科。

〈辨析〉都有坚强而不动摇的意思。"坚忍"侧重于"忍",强调忍耐、坚持而不动摇;"坚韧"侧重于"韧",强调坚强、有韧性,除形容人的性格、意志等外,还可形容事物。
〈相关〉坚强　坚毅

艰苦　艰辛

【艰苦】jiānkǔ　艰难,困苦。例:他是在~的环境中磨炼成长的。

【艰辛】jiānxīn　艰难,辛苦。例:她历尽~,终于把一双儿女拉大成人。

〈辨析〉都有艰难的意思。"艰苦"侧重于"苦",指困难多、条件差,常形容工作、生活、条件、环境等;"艰辛"侧重于"辛",指辛苦,常形容学习、工作、创业等的艰难辛苦。

〈相关〉艰巨　艰难

监督　监视

【监督】jiāndū　察看并督促。例:政府机关部门也应该接受群众的~。

【监视】jiānshì　监察并严密注视。例:一连几天,警方人员严密~着疑犯的一举一动。

〈辨析〉都有监察对方的意思。"监督"侧着于"督",强调督促,一般是公开进行的;"监视"侧重于"视",强调从旁察看,严密注视对象的活动和行踪,一般是秘密进行的。

〈相关〉督促　监察

俭朴　简朴

【俭朴】jiǎnpǔ　俭省,朴素。例:父亲仍然保持着工人本色,生活相当~。

【简朴】jiǎnpǔ　简单,朴素。例:这篇散文语言~,没有华丽的辞藻。

〈辨析〉都有朴素的意思。"俭朴"强调节俭,指使用财物时很节省、有节制,只用来形容生活习惯和作风;"简朴"强调简单,使用范围广,除形容生活习惯和作风外,还可形容语言、文笔等。
〈相关〉朴实　朴素

检查　　检讨

【检查】jiǎnchá　① 查找缺点错误并加以反省。例:他～得很不深刻,还需要继续反省。② 仔细查找。例:老师正在～学生作业。③ 用口头或书面形式所作的检讨。例:犯了错误后他写了一份非常深刻的～。

【检讨】jiǎntǎo　① 找出缺点和错误并作自我批评。例:他主动～了自己没有做好消防工作的错误。② 总结分析;研究。例:医生正在～这个病例。

〈辨析〉都有找出缺点和错误并加以反省的意思。"检查"还指仔细查找,还可用作名词,指用口头或书面形式所作的检讨,语意较轻;"检讨"除侧重反省外,还有总结分析、研究的意思,语意较重。
〈相关〉反思　反省

减轻　　减弱　　减少

【减轻】jiǎnqīng　减少数量、重量或程度。例:用激光动手术,可以减少流血,防止感染,～病人的痛苦。

【减弱】jiǎnruò　① 变弱。例:动物进入冬眠,体温下降,以适应周围的气温,其他的生理机能也一同～。② 使变弱。例:一场暴雨～了高温的威势。

【减少】jiǎnshǎo　减去一部分。例:我们应当尽量～那些不必要的牺牲。

〈辨析〉都有减去一些的意思。"减轻"侧重于"轻",指使程度或重量减轻;"减弱"侧重于"弱",指使原有的变弱;"减少"侧重于"少",指在原有数量中去掉一部分。

〈相关〉减除　减缓

简便　　简易

【简便】jiǎnbiàn　简单,方便。例:这种操作方法很～,同学们一学就会。

【简易】jiǎnyì　① 简单容易的。例:这套拳操非常～,一学就会。② 设施不完备的。例:设计师在书房装修上的设计非常～,但装修完工后的效果出奇地好。

〈辨析〉都有简单的意思。"简便"侧重于"便",常形容方法、操作程序等简单方便;"简易"侧重于"易",常形容方法、过程、结构等简单而容易。

〈相关〉简单　简陋

简洁　　简明

【简洁】jiǎnjié　简明扼要,没有多余的话。例:～、准确是调查报告语言的主要特点。

【简明】jiǎnmíng　简单,明白。例:这篇报道写得～扼要,切中问题的要害。

〈辨析〉都有简单明白的意思。"简洁"强调扼要简单,多形容说话、行文的内容没有废话,不拖泥带水;"简明"强调简单明白,多形容说话、行文的内容不复杂、不深奥,使人容易理解。

〈相关〉简练　简要

简练　　精练

【简练】jiǎnliàn　语言简洁、精练。例:他写信从来就十分～。

【精练】jīngliàn 语言简要,没有多余的词句。例:这篇文章文字~,具有极强的说服力。
〈辨析〉都形容语言简洁。"简练"强调语言简洁,不啰唆,语意较轻;"精练"强调语言精纯简洁,还含有扼要、深刻的意思,语意较重。
〈相关〉简明 凝练 洗练

见地 见解

【见地】jiàndì 见识;见解。例:这位房产专家对明年房产经济走势的分析很有~。
【见解】jiànjiě 对事物的认识和看法。例:周瑜是个风流人物,是个儒将,既有风采,又有高明的~。
〈辨析〉都有对事物的看法的意思。"见地"一般表示比较正确的、高水平的、新颖的看法;"见解"表示对客观事物的认识和看法,可以是正确的、高水平的、新颖的,也可能是错误的、低水平的、守旧的。
〈相关〉见识 看法

见识 见闻

【见识】jiànshí ① 接触事物,扩大见闻。例:大学生暑期考察,旨在~社会生活。② 指知识、阅历。例:虽然在银行才实习了一个月,我却增长了不少~。
【见闻】jiànwén 见到和听到的事。例:她把这几年在旅途中的~记录下来,编成一本书出版。
〈辨析〉都可指所见所闻的事。"见识"着重指在与外界接触中所得到的见闻和知识;"见闻"泛指见到和听到的事。
〈相关〉见解 阅历

建设　　建造

【**建设**】jiànshè　创建新事业;增加新设施;充实新精神。例:我们要为祖国的～添砖加瓦。

【**建造**】jiànzào　建筑;修建制造。例:上海这几年～了不少轨道交通线。

〈辨析〉都有兴建、营造的意思。"建设"使用范围较广,既可指各种具体工程、设施的兴建,又可指新事业、思想、组织的创立,还可指完善某一方面的工作;"建造"使用范围较窄,多用于具体工程的建筑或修建,还含有制造的意思。

〈相关〉兴建　制造

建议　　提议

【**建议**】jiànyì　提出意见;表达主张。例:年底快到了,有员工～公司安排一次旅游活动。

【**提议**】tíyì　提出主张请大家讨论。例:酒会结束前,老总～为合作成功干杯!

〈辨析〉都有提出主张的意思。"建议"侧重于提出自己的意见或主张,供大家参考,语气较和缓、客气;"提议"侧重于提出意见,供大家检查讨论并采用,多与会议、商讨等活动相联系,语气有时较郑重。

〈相关〉倡议　提倡

健壮　　强壮

【**健壮**】jiànzhuàng　身体强健、结实。例:他经常去健身房锻炼,因此他的身体非常～。

【**强壮**】qiángzhuàng　身体结实,有力气。例:新入选的队员个个身体～,充满朝气。

〈辨析〉都有身体结实的意思。"健壮"强调身体健康壮实;"强壮"强调身体结实有力气。
〈相关〉结实　壮实

践踏　蹂躏

【践踏】jiàntà　用脚乱踩。比喻摧残。例:人民的合法权益决不容许肆意~和侵犯。

【蹂躏】róulìn　践踏;踩。比喻用暴力欺侮、侵害、摧残他人。例:南京市民永远忘不了日本侵略者对南京的~。

〈辨析〉都有用脚踩、比喻用暴力摧毁破坏的意思。"践踏"比喻用暴力摧残、损害,通用于口语和书面语;"蹂躏"除比喻摧残、侵害他人外,还含有侮辱人的意思,多用于书面语。

〈相关〉踩踏　糟蹋

交错　交织

【交错】jiāocuò　交叉;错杂。例:虽然这是一座小城市,但交通路线纵横~,四通八达。

【交织】jiāozhī　① 错综复杂地组合在一起。例:面对高考的失败,失望、烦躁、悔恨一时~在小周的心头。② 用不同品种或不同颜色的经纬线织。例:这匹布是棉麻~的。

〈辨析〉都有事物错杂相交的意思。"交错"侧重指事物或线条的交叉、错杂;"交织"侧重指各种不同事物错综复杂地结合在一起,既可用于具体事物,也可用于抽象的思想感情,还指用不同品种或不同颜色的经纬线织。

〈相关〉错杂　交杂

交换　交流

【交换】jiāohuàn　双方各拿出自己的东西给对方。例:分手时,他俩~了名片。

【**交流**】jiāoliú ① 交错地流淌。例:小溪在田间~。② 双方把各自有的提供给对方。例:中美两国的文化~增进了两国人民的相互了解。

〈辨析〉都有把自己的东西给对方的意思。"交换"强调互换,指双方各拿出自己的东西交给对方,多用于具体事物;"交流"强调彼此提供,多用于思想、文化等精神层面。

〈相关〉对换　互换

交际　交往

【**交际**】jiāojì 社交;人与人之间往来接触。例:语言是人们~的工具。

【**交往**】jiāowǎng 互相往来。例:她平时不怎么喜欢同别人~。

〈辨析〉都有接触、往来的意思。"交际"强调结交,语意较重,比较郑重,多用作书面语;"交往"侧重往来,语意较轻,指一般性的往来,通用于口语和书面语。

〈相关〉社交　往来

交融　融合

【**交融**】jiāoróng 融合在一起。例:这首诗把在黄鹤楼上所见的景物与作者的思乡之情结合起来写,景中有情,情中有景,情景~。

【**融合**】rónghé 几种不同的事物合成一体。例:共同的目标使他们的思想很快地~在一起。

〈辨析〉都有合在一起的意思。"交融"侧重指交织、掺和在一起,多用于具体事物和思想感情等;"融合"侧重指彼此失去互相区别的特点而合二为一,多用于思想感情、愿望、心灵等。

〈相关〉混合　融会

交谈　　攀谈

【**交谈**】jiāotán　相互谈话。例：这是一个可以与人～的机器人。

【**攀谈**】pāntán　相互谈话;交流。例：在旅途上尽量少与不相识的人～,这样可以保证旅途的安全。

〈辨析〉都有相互谈话的意思。"交谈"侧重指相互谈话,内容可以是准备好的,也可以是随意的,谈话的对象可以是初次见面的、也可以是熟悉的,适用范围较广;"攀谈"侧重指一方找另一方谈话,话题随意,一般用于非正式场合,谈话的对象是初次见面的人。

〈相关〉交流　谈话

骄傲　　自豪

【**骄傲**】jiāo'ào　① 自豪。例：我为自己是中国人而感到～。② 值得自豪的人或事。例：四大发明是中华民族的～。③ 自以为了不起而看不起别人。例：～使人落后。

【**自豪**】zìháo　为自己或者与自己有关的集体或个人具有优良品质或取得伟大成就而感到光荣。例：今天中午在电视上看到了我国长征五号重型运载火箭发射成功的画面,作为一名中国人,我感到无比～。

〈辨析〉都有为自己或与自己有关的集体或个人具有优秀品质或取得好成绩、好成就而感到光荣的意思。"骄傲"强调品质、成绩、荣誉等十分突出,令人感到自豪,还可指值得自豪的人或事物,有时还含有自以为了不起的意思;"自豪"强调为自己或与自己相关的成就感到荣耀时所体现的豪迈情怀。

〈相关〉自傲　自得

焦急　　焦虑　　焦灼

【焦急】jiāojí　焦躁;着急。例:等不到他的电话,看不到他的人,婷婷～万分。

【焦虑】jiāolǜ　焦急,忧虑。例:妈妈为哥哥的病情～不安。

【焦灼】jiāozhuó　非常着急。例:他感到～不安,他没有料到事情会变成这种样子。

〈辨析〉都形容着急。"焦急"强调因担心而着急,语意较轻;"焦虑"强调因担心而发愁、忧虑,语意较重;"焦灼"强调极度不安,语意最重,多用于书面语。

〈相关〉焦躁　着急

狡猾　　狡黠　　狡诈

【狡猾】jiǎohuá　诡计多端,不可相信。例:盗车贼是非常～的,我们要采取有效的措施防范他们。

【狡黠】jiǎoxiá　狡猾;狡诈。例:他因笑而微眯的眼眸透着清亮,带有聪智～的眼神闪烁着。

【狡诈】jiǎozhà　狡猾,奸诈。例:～的歹徒被抓后不断寻找借口伺机逃脱。

〈辨析〉都有诡计多端、不可轻信的意思。"狡猾"侧重指诡计多端、不可信任,多用于态度、行为、手段等方面,为贬义词;"狡黠"侧重指耍弄小聪明或施诡计,一般用于书面语,为中性词;"狡诈"侧重指狡猾奸诈的性格,为贬义词。

〈相关〉奸滑　奸诈

脚印　　足迹

【脚印】jiǎoyìn　脚踏后留下的痕迹。例:雪地上,那几个深深的～特别明显。

【足迹】zújì 脚印。例：无数人正踏着先辈们的～奋勇前进,开创更加美好的未来。
〈辨析〉都有脚踏后留下的痕迹的意思。"脚印"强调印痕,多用于踏出的明显痕迹,可与数量词搭配使用;"足迹"强调留下的痕迹,可用于踏出的明显或隐约的痕迹,也可指抽象意义上的痕迹,一般不与数量词搭配。
〈相关〉踏痕　足印

叫喊　呐喊

【叫喊】jiàohǎn 大声呼叫。例：听到妈妈的～,我连忙跑过去。
【呐喊】nàhǎn 大声喊叫助威。例：那一声"中国人民不死,中国永不会亡"的～,曾唤起千千万万人的觉醒。
〈辨析〉都有大声喊叫的意思。"叫喊"只指大声叫喊,通用于口语和书面语;"呐喊"常用于表示助威壮胆,一般只用于书面语。
〈相关〉喊叫　呼喊

教导　教诲

【教导】jiàodǎo 教育,指导。例：老师～我们,要争做一名有志青年。
【教诲】jiàohuì 教训;教导。例：老师的谆谆～,我们将牢记在心。
〈辨析〉都有教育、开导的意思。"教导"强调启发、指导,常用于位尊者对位低者;"教诲"强调教育、训导,常用于长辈对小辈、师长对学生。
〈相关〉教育　指导

教师　老师

【教师】jiàoshī 担任教学工作的专业人员。例：女儿希望将来当一名人民～。

【**老师**】 lǎoshī 传授文化、技艺的人；在某方面值得学习的人。例：节日里，我们相约一起去看望中学时的～。

〈辨析〉都指传授学问的人。"教师"是一种职业，指专门从事教育工作的人，一般用于书面语；"老师"是一种称呼，尊称传授文化、技术的人，也泛指在某方面值得学习的人，多用于口语。

〈相关〉导师　师长

教唆　唆使

【**教唆**】 jiàosuō 怂恿；指使他人做坏事。例：他不务正业，还经常～弟弟和他一起干坏事。

【**唆使**】 suōshǐ 指使或挑动别人去做坏事。例：他～女友将她所在单位的钥匙盗出后私自配制，然后盗窃现金、手机等财物价值3万余元。

〈辨析〉都有指使他人做坏事的意思。"教唆"侧重指引诱，常与犯罪相联系，往往指年龄较大的人对年龄较小的人怂恿、唆使，适用范围较窄，语意较重；"唆使"侧重指鼓动，既可用于犯法的事，也可用于一般的不好的事，对象不受年龄限制，适用范围较广，语意较轻。

〈相关〉怂恿　指使

接待　款待　招待

【**接待**】 jiēdài 迎接，招待。例：在公司的茶话会上，由我负责～来宾。

【**款待**】 kuǎndài 亲切优厚地招待。例：每次有客来访，他总是热情～。

【**招待**】 zhāodài 对宾客给予应有的待遇。例：这几天他休假，在家里～远方来的客人。

〈辨析〉都有对宾客表示欢迎并给予应有的礼遇的意思。"接待"侧重指一般的迎来送往,不必有过多、过高的礼节;"款待"侧重指热情、优厚地招待客人;"招待"侧重指对宾客讲求礼节,并在生活、饮食等方面给予安排。

〈相关〉迎接　招呼

接收　　接受

【**接收**】jiēshōu　收受、接管、接纳,根据法令把机构、财产拿过来。例:老张退休后仍在传达室工作,负责～信件。

【**接受**】jiēshòu　对事物领受、容纳而不拒绝。例:灾情发生后,受灾地区～了来自各方的支援。

〈辨析〉都有容纳、收受的意思。"接收"侧重指收受、吸收,还表示按法律、规定把财务、机构等接管过来,对象可以是人,也可以是具体或抽象事物;"接受"侧重指承受、领受、容纳而不拒绝,对象可以是人,也可以是具体或抽象事物。

〈相关〉接纳　容纳

揭发　　揭露

【**揭发**】jiēfā　揭露;披露。例:他贪污受贿的情况,已受到群众的检举～。

【**揭露**】jiēlù　使隐蔽的事物显露出来。例:这篇短篇小说～了军阀混战时人民的惨痛生活。

〈辨析〉都有使隐藏的事物显露出来的意思。"揭发"着重指把他人掩盖的错误或罪行公开,对象多是坏人坏事;"揭露"着重使隐蔽的事物显露出来,使用范围广,可以是坏人坏事,也可以是一般事物。

〈相关〉揭穿　披露

节俭　　节约

【节俭】jiéjiǎn　节省;用钱等有节制。例:他生活～,经过多年的积蓄,存下了不小的一笔钱。

【节约】jiéyuē　把可能耗费的东西不耗费或少耗费。例:我国水资源并不丰富,所以我们每个人都要注意～用水。

〈辨析〉都有节省、不浪费的意思。"节俭"强调俭朴节省、花钱有节制;"节约"强调不浪费、减少不必要的耗费,使用范围广。

〈相关〉节减　节省

截止　　截至

【截止】jiézhǐ　到一定期限停止。例:大学英语四、六级考试报名日期于明天～。

【截至】jiézhì　截止到某个时候。例:～2021年,我国人均GDP已经突破了8万元。

〈辨析〉都表示到期停止的意思。"截止"强调到某一期限停止,后面不能带宾语;"截至"强调到某个时候停止,后面必须带宾语。

〈相关〉结束　停止

解除　　免除

【解除】jiěchú　去掉;消除。例:台风警报已经～。

【免除】miǎnchú　免去;除掉。例:这样做可以～不必要的麻烦。

〈辨析〉都有去除的意思。"解除"表示去掉、消除;"免除"表示免去、除掉。

〈相关〉除掉　免去

界限　　界线

【界限】jièxiàn　① 不同事物的分界。例:在互联网上所建立的虚拟社区,突破~,容许不同文化、种族及肤色的人互相沟通。②尽头;限度。例:侵略者的野心是没有~的。

【**界线**】jièxiàn ① 两个地方的分界线。例:那条小河是这两个村子的~。② 不同事物的分界。例:新旧观念的~犹如鸿沟。③ 某些事物的边缘。例:他们用白漆标出了网球场的~。

〈辨析〉都指事物的分界。"界限"侧重指两种事物性质上的区别,多用于抽象事物,还含有尽头、限度的意思;"界线"侧重指区分不同范围的标志,多用于具体事物,也具有比喻色彩,把较抽象的事物比作具体的事物。

〈相关〉边界 分界

紧急　危急

【**紧急**】jǐnjí 紧迫;急迫。例:遇到了~情况,战士们立刻集合出发。

【**危急**】wēijí 危险,急迫。例:在这~时刻,作为一名共产党员应该挺身而出。

〈辨析〉都有情况急迫、需要马上行动的意思。"紧急"强调情况紧迫;"危急"强调情况不但急迫,而且危险,语意比"紧急"重。

〈相关〉急迫 紧迫

尽力　努力

【**尽力**】jìnlì 用一切力量。例:医生已~抢救这位病人,但最终还是无力回天。

【**努力**】nǔlì 把力量使出来。例:经过一番~,刘莉终于考上了大学。

〈辨析〉都有把力量全使出来的意思。"尽力"强调毫无保留地用尽一切力量,语意比"努力"重;"努力"强调尽量使出力量。

〈相关〉极力　竭力

禁止　　制止

【**禁止**】jìnzhǐ　不准；不许可。例：公共场所～吸烟,大家应该自觉遵守。

【**制止**】zhìzhǐ　强迫使停止；不允许继续下去。例：一场流血事件被及时赶来的警方人员～了。

〈辨析〉都有不许做某事的意思。"禁止"强调不允许、不准做,语意较重,多用于各种规章制度、政策法令等；"制止"强调采取行动措施,用强力干涉、阻止某些行为的发生。

〈相关〉遏止　阻止

经过　　通过

【**经过**】jīngguò　① 通过处所、时间、动作等。例：～一年多的相处,他俩的关系越来越密切了。② 过程。例：你可以谈谈事情的～吗?

【**通过**】tōngguò　① 从一端或一侧到另一端或另一侧；穿过。例：从这里往东走要～一片沼泽地。② 经相关组织或人员的同意或核准。例：这项议案已在全体教师代表会议上～。

〈辨析〉都有穿过某个空间距离或经历某个过程的意思。"经过"使用范围较广,既可指空间距离,也可指时间距离,还含有过程、经历的意思；"通过"只可用于空间距离,还有经过相关组织或人员同意或核准的意思。

〈辨析〉经历　经由

惊慌　　惊恐

【**惊慌**】jīnghuāng　惊吓,慌张。例：听见有人敲门,小偷～地从阳台上跳下后逃走了。

【惊恐】jīngkǒng 惊慌,恐惧。例:看到一条黑影闪过,小敏~地叫了起来。
〈辨析〉都有因害怕而精神紧张的意思。"惊慌"着重指因惊吓而慌张,语意较轻;"惊恐"着重指因惊吓而内心十分恐惧,语意较重。
〈相关〉惊惶 恐慌

精美 精致

【精美】jīngměi 精致,美好。例:小李搬新家了,办公室的同事送了她一件~的水晶工艺品。
【精致】jīngzhì 精巧,细致。例:奶奶有件手工制作的旗袍,上面的花纹绣得非常~。
〈辨析〉都有精巧美好的意思。"精美"着重指精致美好,一般形容事物外观美丽、质地精良;"精致"着重指事物的制作工艺十分精巧细致,强调别致、新奇。
〈相关〉精巧 精细

精密 精细

【精密】jīngmì 精确,细密。例:厂里又引进了几台~仪器。
【精细】jīngxì 精密,细致。例:这座象牙雕像雕刻工艺十分~。
〈辨析〉都有精确、细致的意思。"精密"强调精确、细密,常形容仪器、研究、测量、计策等;"精细"强调精密、细致,常形容工艺、手艺等,也形容办事特别细心。
〈相关〉细密 细致

精辟 透辟

【精辟】jīngpì 深刻,透彻。例:新上任的董事长对公司的发展作了十分～的分析,采取的措施也很得力。

【透辟】tòupì 透彻,精辟。例:这篇文章对中国经济形势的论述非常～。

〈辨析〉都有分析得深刻、透彻的意思。"精辟"强调精当、深刻,往往有独到的见解;"透辟"强调透彻、深入,往往有细致的分析。

〈相关〉精当　透彻

精确　正确　准确

【精确】jīngquè 非常准确;非常正确。例:辩论会上,我班辩友论点～,语言明快,表现非常出色。

【正确】zhèngquè 符合事实、道理或公认的标准。例:我们在党的～方针指引下,取得了经济上的飞速发展。

【准确】zhǔnquè 行动的结果完全符合实际或预期。例:情况如此复杂,要作出～的判断绝非易事。

〈辨析〉都有与某种标准、要求相符合的意思。"精确"强调丝毫没有差错、非常准确,语意比"正确""准确"重;"正确"强调没有差错,符合事实、道理或公认的标准;"准确"强调没有偏差、符合实际。

〈相关〉精准　确切

警觉　警惕

【警觉】jǐngjué 对危险或情况变化的敏锐感觉。例:他睡觉很～,一有声响就会醒来。

【警惕】jǐngtì 对可能发生的危险等保持警觉。例:冬天我们要特别～煤气"杀手",注意使用燃气安全。

〈辨析〉都有对可能发生的危险或事变引起注意的意思。"警觉"着重指从某些情况变化中敏锐地推断并能迅速地作出反应;"警惕"着重指在思想上或心理上高度戒备,小心防范。
〈相关〉警备 警戒

劲敌 顽敌

【劲敌】jìngdí 强劲的对手或敌人。例:韩国足球队一直是中国足球队的～。

【顽敌】wándí 顽固或顽抗的敌人。例:经过激烈的战斗,～被全部歼灭。

〈辨析〉都指强有力的对手。"劲敌"指强劲有力的对手,除用于敌人外,还可用于竞赛对手;"顽敌"强调顽固强悍,只适用敌我双方。

〈相关〉对手 宿敌

敬佩 钦佩

【敬佩】jìngpèi 敬重,佩服。例:他一直很～当运动员的哥哥。

【钦佩】qīnpèi 敬慕,佩服。例:雷锋同志为人民服务的思想令人～,值得颂扬。

〈辨析〉都有敬重、佩服的意思。"敬佩"强调由尊敬而佩服,语意较轻;"钦佩"强调佩服到了极点,语意较重。

〈相关〉敬重 佩服

敬仰 敬重

【敬仰】jìngyǎng 尊敬,仰慕。例:这些鲜花表达了全国人民对战斗在抗洪第一线解放军战士的～之情。

【敬重】jìngzhòng 恭敬,尊重。例:他是一个典型的孝子,也是一个令人～的好丈夫、好兄弟、好父亲。

〈辨析〉都有尊敬、佩服的意思。"敬仰"强调崇敬、仰慕,对象可以是人,也可以是有特殊意义的场所;"敬重"强调恭敬、推崇,对象一般是人。
〈相关〉仰慕　尊敬

就义　捐躯

【就义】jiùyì　为正义事业而被杀害。例：1927年4月28日，中国最早的马克思主义者、中国共产党的创始人之一李大钊在北京英勇～。

【捐躯】juānqū　为国家、正义事业而牺牲生命。例：陈列馆内展示的是为国～的烈士的遗像和事迹。

〈辨析〉都有为了正义事业而献出生命的意思。"就义"侧重指为正义事业而惨遭敌人杀害，多指死于刑场；"捐躯"侧重指为国家、为民族大业而献出生命，多指死于战场。

〈相关〉舍身　牺牲

拘谨　拘束

【拘谨】jūjǐn　过分的谨慎小心；拘束。例：他生性～，不善言辞，大家就别难为他了。

【拘束】jūshù　①过分约束自己，显得不自然。例：大家彼此熟悉后，～的感觉也就消失了。②对他人的言行加以限制。例：大人不能对孩子的正当行为加以～。

〈辨析〉都有因过分谨慎而放不开的意思。"拘谨"强调因过分小心谨慎而言语、行为显得不自然，多用于书面语；"拘束"强调因自我过分约束而放不开，通用于口语和书面语，还指对他人的言行加以限制。

〈相关〉拘泥　约束

局面　局势

【局面】júmiàn　事情在某段时间内的状态。例：他上任才一个月,~还没有打开。

【局势】 júshì 政治、军事等在一个时期内的发展情况。例:当前的~十分紧张,战争一触即发。

〈辨析〉都可指事物在一段时期内的状况。"局面"着重指事情的存在状态,使用范围较广,可用于政治、经济、文化、教育、生活等方面;"局势"着重指事情的发展势态,一般只用于军事、政治方面。

〈相关〉态势 形势

举措　举动

【举措】 jǔcuò 举动,措施。例:市政府今年将再推出新的二十条便民~,为广大市民提供更好的服务。

【举动】 jǔdòng 动作,行为。例:她一系列反常的~,引起了大家的怀疑。

〈辨析〉都有动作、行为的意思。"举措"着重指采取的措施,一般用于书面语;"举动"着重指动作、行为,一般通用于口语和书面语。

〈相关〉动作 行为

巨大　庞大

【巨大】 jùdà 规模、数量等很大。例:改革开放后,我国的经济形势发生了~的变化。

【庞大】 pángdà 指形体、数量、机构等大或过大。例:这家公司人员众多,开支~,营运没多久就负债累累。

〈辨析〉都有很大的意思。"巨大"着重指规模、数量等非常大,使用范围广,可用于具体事物,也可用于抽象事物;"庞大"除指很大外,还含有过大或大而无当的意思,多用于形容具体事物。

〈相关〉广大　宏大

拒绝　谢绝

【拒绝】jùjué　不接受。例：在金钱利诱面前，他毫不所动，断然～。

【谢绝】xièjué　婉言拒绝。例：他还未脱离危险，所有来访者一律～。

〈辨析〉都有不接受的意思。"拒绝"着重指坚决不接受，使用范围广；"谢绝"着重指用委婉的言辞拒绝，多用于书面语。

〈相关〉回绝　谢却

决然　毅然

【决然】juérán　① 坚决，果断。例：在人生的十字路口，他没有徘徊，～作出选择。② 必然，必定。例：他听不进任何意见，独断专行，是～要失败的。

【毅然】yìrán　坚决地；果断地；毫不犹豫地。例：她～放下如日中天的事业，前往美国学习进修。

〈辨析〉都有坚决、果断、毫不犹豫的意思。"决然"除表示坚决外，还含有必然、必定的意思；"毅然"强调毫不犹豫，多与正义的行为相联系。

〈相关〉果断　坚决

抉择　选择

【抉择】juézé　挑选；选择。例：不少迷惘者在职业生涯的"十字路口"欲走还留，难以～。

【选择】xuǎnzé　挑选。例：我们要在众多流行风潮中～适合自己的，千万不能盲目跟从。

〈辨析〉都有挑选的意思。"抉择"的对象一般是重大的、抽象的事物,具有庄重色彩;"选择"的对象既可以是人或物,也可以是抽象事物,使用范围较广。
〈相关〉挑拣 挑选

觉悟　　觉醒

【觉悟】juéwù ① 醒悟;由糊涂到清楚。例:在大家的帮助下,他终于~了。② 一定的政治认识。例:经过教育和学习,服刑人员的~提高了。

【觉醒】juéxǐng 醒悟;觉悟。例:冬眠的股票市场已经~,发出了红色的买进信号!

〈辨析〉都有从不明白到明白、由不清醒到清醒的意思。"觉悟"强调理解了某种道理、提高了思想认识,还可用作名词,指一定的政治认识;"觉醒"强调人的认识由糊涂到清楚、由错误到正确。

〈相关〉明白 清醒 醒悟

绝望　　失望

【绝望】juéwàng 希望断绝,毫无希望。例:生意失败后,他在~中企图结束自己的生命。

【失望】shīwàng ① 感到没有希望;失去信心。例:化学实验又未成功,同学们都很~。② 因希望未实现而不愉快。例:对于落选国家队,大刘非常~。

〈辨析〉都有失去信心、没有希望的意思。"绝望"强调断了希望的念头,毫无希望,语意较重;"失望"除强调因希望落空而丧失信心外,还指希望未实现而不愉快,语意较轻。

〈相关〉灰心 无望

开采　　开发

【开采】 kāicǎi　挖掘。例:村民们在山里~出不少黄金。

【开发】 kāifā　① 开发资源加以利用。例:我们希望有更多的有为青年投入~西部的建设中去。② 开拓,发展。例:这两家公司合作~了一种新产品。

〈辨析〉都有开掘某种资源的意思。"开采"只用于挖掘矿产资源,使用范围窄;"开发"指发掘原始的自然资源,使用范围较广,还含有开拓、发展的意思。

〈相关〉发掘　挖掘

开创　　首创

【开创】 kāichuàng　开始创立。例:我们要全面建成小康社会,~中国特色社会主义新局面。

【首创】 shǒuchuàng　最先创立。例:造纸、火药、指南针、活字印刷都是我国~的。

〈辨析〉都有最先创造、建立的意思。"开创"常指抽象事物,多与伟大事业联系在一起;"首创"可指抽象事物,也可指具体事物,多与创造发明联系在一起。

〈相关〉创建　创立　创始

开导　　劝导

【开导】 kāidǎo　启发,劝导。例:教育孩子要耐心~,不能急躁,更不能动粗。

【劝导】quàndǎo 规劝,开导。例:她听了我的～,决心和父母好好地谈一谈。

〈辨析〉都有启发、引导的意思。"开导"侧重指启发、劝告,使人听从,多用于老师对学生、长辈对晚辈等;"劝导"侧重指规劝、引导、说服别人,多用于矛盾、争执、犯错误、有过失的场合,既可用于上下之间,也可用于平辈之间。

〈相关〉规劝　劝说

开端　开始

【开端】kāiduān 开头;开始。例:良好的～是成功的一半。

【开始】kāishǐ ① 从头起;从某一点起。例:当我们赶到球场时,比赛已～了十分钟。② 着手进行;开始做。例:这本书的纸张已经送到印刷厂,明天～印刷。③ 开始的阶段。例:新项目刚上马,～总会遇到一些问题。

〈辨析〉都有初始的意思。"开端"强调事情起头的那一点,时间短,不能用作动词;"开始"强调事情起头的那一段,时间长些,可用作动词,表示事情正着手进行,还可用作名词。

〈相关〉开头　起头

开朗　爽朗

【开朗】kāilǎng 思想、性格等乐观、爽快。例:她性格～活泼,整天无忧无虑的。

【爽朗】shuǎnglǎng ① 直爽,开朗。例:老人～的笑声感染了大伙。② 天气晴朗使人感到畅快。例:深秋的天空特别～。

〈辨析〉都有乐观、直爽的意思。"开朗"着重形容思想、性格、心胸乐观豁达;"爽朗"着重形容言谈、性情、笑声等爽直明快,还形容天气晴朗使人感到畅快。

〈相关〉爽快　直爽

开明　　开通

【开明】kāimíng　思想开通,不顽固保守。例:他提出的建议得到了一些～人士的赞成。

【开通】kāi·tong　① 思想不守旧,不固执保守。例:妈妈可不是死脑筋,她可是个～的人。② 使开通。例:你应该多带她出去走走看看,～～思想。

〈辨析〉都可指思想不保守、不顽固的意思。"开明"着重指思想豁达,不僵化保守,能接受新生事物;"开通"着重指思想不守旧、不固执,能通达事理。

〈相关〉豁达　通达

开辟　　开拓

【开辟】kāipì　① 打开通道。例:黄金周即将来临,旅行社又～了多条新的旅游路线。② 开拓发展。例:销售人员的职责就是～市场。

【开拓】kāituò　开辟;扩展。例:计算机网络为人们的学习、工作和生活～了新的天地。

〈辨析〉都有开创、扩展的意思。"开辟"强调从无到有地创造发展,可用于抽象事物,也可用于具体事物;"开拓"强调创新、扩展,多用于抽象事物。

〈相关〉开创　拓展

开展　　展开

【开展】kāizhǎn　① 使工作、活动等从小向大发展、扩展。例:大力～群众性的体育运动,提高全民身体素质。② 展览会开始展出。例:上海书展 8 月 15 日～。

【展开】zhǎnkāi ① 张开;铺开。例:老槐树向四周～了茂密的枝叶。② 大规模地进行。例:最近,报纸杂志就这个问题～了讨论。

〈辨析〉都有从小到大地做某事的意思。"开展"强调开始并由小到大地发展,多用于抽象事物,另外还指展览会开始展出;"展开"强调全面铺开,指事情大力或大规模地进行,可用于抽象事物,也可用于具体事物,另外还有张开、铺开的意思。

〈相关〉发展　扩展

坎坷　崎岖

【坎坷】kǎnkě 道路或地面坑坑洼洼、不平坦;比喻不顺利、不得志。例:他在人生路上虽历经～,但仍未放弃自己的追求。

【崎岖】qíqū 道路高低不平;比喻处境困难。例:他推着小车,在～不平的山路上行走着。

〈辨析〉都可指道路不平坦。"坎坷"强调道路坑坑洼洼,常比喻事业发展不顺利,生活上遭受挫折;"崎岖"强调道路或地势高低不平,也可比喻历经险阻、处境困难。

〈相关〉曲折　周折

考查　考察

【考查】kǎochá 通过考核和检查,了解事物的某些情况。例:～学生的学业成绩是教学工作的一个重要环节。

【考察】kǎochá 调查;观察;研究。例:他明天将随同中国南极～队一起去南极考察。

〈辨析〉都有对事物进行调查、观察的意思。"考查"强调用一定的标准去检查衡量,目的是考核评定;"考察"强调实地调查研究,目的是弄清事实、探求本质。

〈相关〉调查　观察

考虑　　思考　　思索

【考虑】 kǎolǜ　仔细地想问题以便作出决定。例：经过再三～，她决定还是放弃出国的机会。

【思考】 sīkǎo　比较深刻、周到地想。例：教师应该培养学生独立～问题的能力。

【思索】 sīsuǒ　认真地想并探求。例：她拿起笔，不假～地就在合同上签了字。

〈辨析〉都有认真细致地想问题的意思。"考虑"着重指仔细、慎重地思索，以便作出决定，使用范围广，通用于口语和书面语；"思考"着重指进行比较深刻的思维活动，多用于书面语；"思索"着重指认真地探索并多方寻求，多用于书面语。

〈相关〉思量　思虑

靠近　　靠拢

【靠近】 kàojìn　向一定目标运动，使彼此间的距离缩小。例：小船慢慢地～大榕树。

【靠拢】 kàolǒng　挨近；靠近。例：他一点一点地向目标～。

〈辨析〉都有向某一目标接近的意思。"靠近"指向一定目标运动，使彼此间的距离近或距离缩小；"靠拢"强调"拢"，程度比"靠近"深。

〈相关〉挨近　接近

苛刻　　刻薄

【苛刻】 kēkè　过于严厉、刻薄。例：因对方提出的条件太～，谈判最终破裂。

【刻薄】 kèbó　过分苛求；待人说话冷酷无情。例：她讲话尖酸～，在同事中很不受欢迎。

〈辨析〉都有过分苛求的意思。"苛刻"常用来形容要求、条件等过于严厉;"刻薄"常用来形容待人、说话等过于冷酷,不近人情。

〈相关〉尖刻　苛求

可靠　牢靠

【可靠】kěkào　① 可以信赖、依靠。例:他想找一个～的人管理财务。② 真实可信。例:据～消息,我们的设计方案已经通过评审。

【牢靠】láokào　① 稳妥;可靠。例:让徐常山调查这起案子比较～。② 坚固;稳固。例:这张桌子的四条腿不够～,要整修一下。

〈辨析〉都有可以信赖、依靠的意思。"可靠"强调可以信赖依靠,使用范围广,可用于个人、组织,也可用于做某事情,另外还有真实、可信的意思;"牢靠"强调稳妥,多用于做某事情,另外还有坚固、稳固的意思。

〈相关〉靠谱

可惜　惋惜

【可惜】kěxī　值得惋惜。例:这些珍贵的书籍被火烧掉真是～。

【惋惜】wǎnxī　表示可惜、同情。例:这里的风景很美,但我们只能住上一天就走,为此,我们深感～。

〈辨析〉都有同情、怜惜的意思。"可惜"通常表达一种感叹之情,指人或事物本应该有好的发展或结果,却事与愿违,通用于口语和书面语;"惋惜"通常表达一种深深的感慨、感叹之情,强调个人情感,多用于书面语,语意比"可惜"重。

〈相关〉怜惜　痛惜

渴望　盼望

【渴望】kěwàng　迫切地希望。例：经过几十年的等待,他多么～能与亲人团聚啊。

【盼望】pànwàng　殷切地期望。例：海峡两岸的人民都～祖国能早日和平统一。

〈辨析〉都有期望的意思。"渴望"强调如饥似渴地希望,语意较重;"盼望"强调殷切地期望,语意稍轻。

〈相关〉期盼　期望　希望

克制　抑制

【克制】kèzhì　用力量约束、控制。例：她努力～住自己悲伤的心情,不让眼泪流下来。

【抑制】yìzhì　控制自己的思想或冲动的感情,尽量不表现出来。例：他再也～不住满腔怒火,端起机枪向敌人扫射。

〈辨析〉都有控制住某种情绪的意思。"克制"强调约束、控制感情或欲望;"抑制"强调控制或压住过于激动、兴奋、愤怒的情绪。

〈相关〉控制　压制

刻板　死板

【刻板】kèbǎn　比喻呆板、机械,缺乏变化。例：除了学习外,他们的业余生活十分～单调。

【死板】sǐbǎn　①不生动,不活泼。例：这幅牡丹花画得太～。②办事不灵活。例：他做事太～,为人又一本正经,很难打交道。

〈辨析〉都有不灵活、缺少变化的意思。"刻板"侧重指缺乏变化、不会变通,多形容工作方式、学习、经验等方面;"死板"侧重指不灵活、不活泼,既可形容人的表情、动作,也可形容思想方法、动作行为等。
〈相关〉呆板　古板

恳切　　殷切

【恳切】kěnqiè　诚恳,殷切。例:海峡两岸的教育家～呼吁青年学子应该多阅读些文化经典书籍。

【殷切】yīnqiè　深厚,急切。例:广大市民～希望政府能多为老百姓办些实事。

〈辨析〉都有诚恳、深切的意思。"恳切"侧重形容态度、言辞、要求等诚恳热切,使用范围较广;"殷切"侧重形容感情诚挚、心情急切,多用于上对下、长对幼、组织对个人。

〈相关〉诚恳　诚挚

恳求　　请求

【恳求】kěnqiú　诚恳地请求。例:在他的一再～下,老徐终于答应再次出山。

【请求】qǐngqiú　① 提出要求,希望得到满足。例:弟弟做错了事,正在～父母原谅。② 所提出的要求。例:教练答应了他的出战～,明天他就可以上场比赛了。

〈辨析〉都有诚恳地请求的意思。"恳求"强调态度诚恳而郑重,语意较重;"请求"泛指一般地要求,语意较轻,还用作名词,指所提出的要求。

〈相关〉恳请　央求

空洞　　空虚

【空洞】kōngdòng　没有内容或内容不切实。例:这篇文章,通篇是一些脱离实际的～理论,怎么能得奖呢?

【空虚】kōngxū 里面没有实在的东西;不充实。例:下岗后,他整天待在家中,无所事事,精神十分~。
〈辨析〉都有没有实际内容、不充实的意思。"空洞"侧重形容说话、写文章缺少实际具体的内容;"空虚"侧重形容精神无所寄托或生活不充实。
〈相关〉空泛 贫乏

恐怖 恐惧

【恐怖】kǒngbù 由于受到威胁而引起的紧张害怕。例:这部电影里有不少~的镜头。
【恐惧】kǒngjù 惧怕;害怕。例:不知看到了什么,她的眼中流露出深深的~。
〈辨析〉都有非常害怕的意思。"恐怖"侧重指紧张害怕到了极点,多形容人的心理、手段等,语意比"恐惧"重;"恐惧"泛指怕,多形容人的心理和神情,语意较轻。
〈相关〉惊恐 恐慌

恐吓 威吓

【恐吓】kǒnghè 威胁人,使害怕。例:他这样做只能~胆小的人。
【威吓】wēihè 用威势来吓唬。例:面对敌人的~,她毫无惧色。
〈辨析〉都有用权势、武力来威胁人的意思。"恐吓"侧重指以要挟的话或手段威胁人,使之害怕;"威吓"侧重指用威势来胁迫人,使之屈服。
〈相关〉恫吓 威胁

空闲 闲暇

【空闲】kòngxián 空着的时间;做正事以外的时间。例:近来他正忙着装修新房,一点儿～都没有。

【**闲暇**】xiánxiá 闲空;闲适。例:在～的时候,他喜欢到茶馆坐坐,与人聊聊天。

〈辨析〉都可指没有事情可做、闲着着的时候。"空闲"侧重指学习、工作以外的业余时间,通用于口语和书面语;"闲暇"侧重指无事可做、清闲舒适的休闲时间,多用于书面语。

〈相关〉清闲　闲适

控制　掌握

【**控制**】kòngzhì 掌握,操纵。例:比赛下半场,主队又进了一球,场面很快被他们～住了。

【**掌握**】zhǎngwò 熟知并能充分地运用。例:要～自己的命运,做生活的强者。

〈辨析〉都有操纵、支配人或事物的意思。"控制"强调通过强大的力量对人或事物进行约束和管制;"掌握"强调支配、运用并控制,对象常常是理论、政策、技术等,语意比"控制"轻。

〈相关〉操纵　支配

口气　口吻

【**口气**】kǒuqì 说话时流露的感情色彩。例:听他的～,这件事肯定办不成。

【**口吻**】kǒuwěn 口气;腔调。例:小王官衔不大,却老爱用领导的～说话。

〈辨析〉都指说话时的语气。"口气"着重指说话时表现出来的感情色彩,还含有说话的气势之意;"口吻"着重指说话时流露出来的感情、态度和说话方式,多用于书面语。

〈相关〉语调　语气

酷爱　　热爱

【**酷爱**】kù'ài　非常爱好。例：小女孩～动画片,《海底总动员》她已看了好几遍。

【**热爱**】rè'ài　热烈地爱。例：他是一个～生命和自然的人,即使工作再忙,他每年也要外出旅行,放松身心。

〈辨析〉都有非常喜爱的意思。"酷爱"侧重指兴趣爱好方面的程度深,对象一般是事物;"热爱"侧重指感情真挚深厚,对象一般是人或事物。

〈相关〉深爱　喜爱

酷热　　炎热

【**酷热**】kùrè　天气极热。例：这几天连续37℃高温,挤在没有空调的巴士里真是～难当。

【**炎热**】yánrè　天气很热。例：～的夏天正是锻炼意志的好时机。

〈辨析〉都形容天气很热。"酷热"强调天气极热,热到让人承受不了;"炎热"指天气很热,语意比"酷热"轻。

〈相关〉火热　闷热

夸大　　夸张

【**夸大**】kuādà　把事情说得超过了实际程度。例：老李好大喜功,总是～自己的成绩。

【**夸张**】kuāzhāng　夸大;言过其实。例：说到吃皮带,这个小同志显然是加上自己的想象,把听来的故事～了。

〈辨析〉都有言过其实、不符合实际的意思。"夸大"侧重指不实事求是地反映真实情况,有时指故意歪曲事实,为贬义词;"夸张"侧重指以事实为基础,为了增强表达力而有意把话说得过分些,为中性词。
〈相关〉浮夸　夸饰

夸耀　炫耀

【**夸耀**】kuāyào　向别人显示自己。例:她总喜欢在别人面前～自己的儿子。

【**炫耀**】xuànyào　夸耀。例:宴席间,魏王当众～学问,以博得朝臣们的好感。

〈辨析〉都有执意向别人显示自己的意思。"夸耀"侧重指用言语吹嘘自己有本领、有功劳、有势力等;"炫耀"侧重指突出自己的优势,向人显示个人或集团的巨大力量。

〈相关〉夸奖　显摆

快活　快乐

【**快活**】kuàihuó　愉快;快乐。例:搬了新居后,老两口的日子过得挺～。

【**快乐**】kuàilè　感到幸福或满意。例:她整天无忧无虑,～得像只小鸟。

〈辨析〉都有愉快、满意的意思。"快活"强调愉快舒畅,多用于口语;"快乐"强调幸福满意,通用于口语和书面语。

〈相关〉高兴　愉快

宽敞　宽阔

【**宽敞**】kuānchǎng　面积大;空间大。例:动迁后,张奶奶一家搬进了～的新居。

【**宽阔**】kuānkuò　宽广;广阔。例:汽车在～的公路上奔驰。

〈辨析〉都有面积大、开阔的意思。"宽敞"强调空间宽广、敞亮,常形容场所;"宽阔"强调面积大、不狭窄,使用范围较广,常形容道路、河流或人的胸襟等。
〈相关〉广阔　宽广

宽恕　　饶恕

【宽恕】kuānshù　宽容,饶恕。例:鉴于他是初次犯错误,就～他吧。

【饶恕】ráoshù　免于责罚。例:对那些为非作歹的家伙,决不能～。

〈辨析〉都有宽容、不追究的意思。"宽恕"强调宽容,有不计较别人的过错、原谅别人的意思,语意较轻;"饶恕"强调放过某人、不追究责任,语意较重。

〈相关〉包容　宽容

魁伟　　魁梧

【魁伟】kuíwěi　高大,奇伟。例:人群中他那～的身材十分引人注目。

【魁梧】kuíwǔ　身体强壮、高大。例:他哥哥长得英俊～,一表人才。

〈辨析〉都有高大、强壮的意思。"魁伟"强调高大、奇伟,除形容人外,还可以形容树木;"魁梧"强调身体高大、强壮,只能用来形容人。

〈相关〉高大　伟岸

匮乏　　贫乏

【匮乏】kuìfá　物资缺乏;贫乏。例:由于食物～,灾区人民的生活极度困难。

【贫乏】pínfá　① 贫穷。例:改革开放使～的乡村富裕起来。
② 缺少,不丰富。例:他是刚入行的新手,所以经验～也不

奇怪。

〈辨析〉都有缺少、不丰富的意思。"匮乏"一般只用来形容物资缺乏;"贫乏"使用范围广,既可形容物资、资源等具体事物,也可形容语言、知识、思想等抽象事物。

〈相关〉缺乏　缺少

扩充　扩大

【扩充】kuòchōng　扩大,充实。例:盲目～人员或大幅裁减人员对企业的发展都是不利的。

【扩大】kuòdà　放大;加大范围。例:房子翻建后,使用面积～了许多。

〈辨析〉都可指在原有基础上壮大、增多。"扩充"强调内部数量的增多或内容的充实,多用于人或具体事物;"扩大"强调面积、范围或规模的增大,可用于具体事物,也可用于抽象事物。

〈相关〉扩展　扩张

阔绰　阔气

【阔绰】kuòchuò　排场大;生活奢侈。例:来这儿购物的女士,大多出手～,很少有讨价还价的。

【阔气】kuòqì　经济富裕;豪华奢侈。例:几年不见,他比以前～多了,看来在生意场上混得不错。

〈辨析〉都有讲究排场、生活奢侈的意思。"阔绰"着重指讲究排场、生活奢侈,多用于书面语;"阔气"着重指豪华气派、奢侈浪费,多用于口语。

〈相关〉奢侈　奢华

L l

拉拢　　笼络

【拉拢】lālǒng　为了某种目的,用手段使别人靠拢到自己这方面来。例:在公司内部,他~了一帮人,结成了小集团。

【笼络】lǒngluò　用手段拉拢人。例:老马很善于~人心,经常给手下人一些小恩小惠。

〈辨析〉都有用不正当的手段使别人靠拢自己的意思。"拉拢"强调用不正当手段把别人拉过来为自己做事;"笼络"强调通过给以物质上的一些好处对别人进行感情上的拉拢,以便控制、利用别人。

〈相关〉联络　收买

来源　　起源

【来源】láiyuán　① 事物所来的地方。例:父亲患病后,他家几乎没有经济~。② 发生,起源。例:成功~于勤奋。

【起源】qǐyuán　① 事物发生的根源。例:这堂课主要讲生物的~。② 开始发生。例:世界上一切知识无不~于劳动。

〈辨析〉都可指事物发生的根源。"来源"侧重指事物的由来;"起源"侧重指事物的开始。

〈相关〉本源　根源

浪费　　糟蹋

【浪费】làngfèi　使用不当或不加节制。例:~粮食是极大的犯罪。

- 【糟蹋】zāotà 浪费或损坏。例：这样大手大脚的,你们～了多少国家财产啊!

〈辨析〉都有使用不当的意思。"浪费"指不适当或没有节制地使用人力、物力、时间等,语意较轻;"糟蹋"指白白浪费或损坏,语意较重。

〈相关〉糟害 糟践

劳动　劳作

- 【劳动】láodòng ① 人类创造物质或精神财富的活动。例：幸福的生活靠～创造。② 进行体力劳动。例：经常～有利于身体健康。
- 【劳作】láozuò 多指体力劳动。例：旧社会,农民终年～也难求温饱。

〈辨析〉都可指从事活动或工作。"劳动"使用范围较广,可用于创造物质财富,也可指创造精神财富的活动,有时还专指体力劳动;"劳作"则专指体力劳动。

〈相关〉工作 作工

劳苦　劳累

- 【劳苦】láokǔ 劳累,辛苦。例：为了负担两个弟弟的学费,她终年～,一天也不敢休息。
- 【劳累】láolèi 由于过度的劳动而感到疲倦。例：最～的是后勤人员,大家都休息了,他们还在忙。

〈辨析〉都有因过度劳动而感到疲劳的意思。"劳苦"指因疲劳而感到痛苦,语意较重;"劳累"指因劳动过度而感到疲劳,语意较轻。

〈相关〉劳顿 疲倦 疲劳

牢记　　铭记

【**牢记**】láojì　牢牢地记住。例：这几年台风造成的惨痛教训一定要～。

【**铭记**】míngjì　深深地记在心里。例：他把辅导员的教诲～在心里。

〈辨析〉都有记在心里的意思。"牢记"强调牢牢地记住,较口语化;"铭记"强调深深地记住,多用于庄重的场合,作书面语。

〈相关〉谨记　切记

乐趣　　情趣

【**乐趣**】lèqù　快乐美好的情趣。例：入冬以来的第一场大雪,不仅把哈尔滨打扮得银装素裹,还给人们带来了冬的～。

【**情趣**】qíngqù　① 情调,趣味。例：她是个懂得生活、很有～的人,平时一有时间,就会自己动手做一些喜欢的小东西。② 性情,志趣。例：我们两人是～相投的好朋友。

〈辨析〉都有情调、趣味的意思。"乐趣"侧重指给人带来快乐的情调、趣味,可由各种事物引起,使用范围较广;"情趣"侧重指能使人产生愉快心情的情调、趣味,还含有性情志趣的意思。

〈相关〉趣味　兴趣

类似　　相似

【**类似**】lèisì　大致相像。例：要找出犯错误的原因,避免再犯～的错误。

【**相似**】xiāngsì　彼此有相同点和共同点。例：尽管正牌货和冒牌货十分～,可是价格还是有天壤之别的。

〈辨析〉都有事物之间存在着某些共同之处的意思。"类似"侧重指事物之间的性质、形态等大致相像;"相似"侧重指事物之间存在着共同点,语意比"类似"重。
〈相关〉相仿　相像

冷淡　　冷漠

【冷淡】lěngdàn　① 不热情;不亲近。例:我以为他生性~,直到亲眼看到他对她嘘寒问暖才改变看法。② 不热闹;不兴盛。例:受疫情影响,店里生意~。③ 使受到冷淡的待遇。例:他强打着精神说话,生怕~了朋友。

【冷漠】lěngmò　对人对事漠不关心。例:他对待父母那种~的态度真让人心寒。

〈辨析〉都有不热情、不关心的意思。"冷淡"除形容对人对事不热情、不热心、不亲密外,还形容场面、生意等不热闹、不兴盛,还用作动词,指使人受到冷淡的待遇;"冷漠"形容对人对事漠不关心、缺乏同情心。

〈相关〉淡漠　冷落

礼让　　谦让

【礼让】lǐràng　有礼貌地谦让。例:在公共场合,大家要~,特别要照顾老弱病残者。

【谦让】qiānràng　谦虚推让,不肯接受或不肯占先。例:他们俩~了一会儿,才携手并肩一起走上领奖台。

〈辨析〉都有推让的意思。"礼让"强调极有礼貌;"谦让"强调态度谦逊。

〈相关〉辞让　推让

理解　　了解

【理解】lǐjiě　懂得;知道。例:这几篇文章难度不大,很容易~。

【了解】liǎojiě 知道得更清楚。例：事先她并不~公司的情况,工作了一个月后,发现公司的财务管理一片混乱。

〈辨析〉都有懂得、知道的意思。"理解"侧重于通过思考、领会而对事物取得理性的认识,语意较重;"了解"侧重于对事物在感觉上知道得很清楚,不强调判断推理,语意较轻。

〈相关〉领会 知道

利弊　利害

【利弊】lìbì 好处和害处。例：任何一种教学手段都有~,就看怎么去利用它、使用它。

【利害】lìhài 利益和损害。例：这是一件与人民生活~攸关的大事。

〈辨析〉都可指事物的所得和所失。"利弊"侧重指好处和坏处,使用范围较窄,一般用于比较具体的事情;"利害"侧重指利益和损失,使用范围较广,可用于个人或具体的事情,也可用于较大较抽象的事情,语意比"利弊"重。

〈相关〉得失 好坏

利落　利索

【利落】lì·luo ① 灵活,敏捷。例：他说话办事~,从不拖沓。② 整齐有条理。例：橱柜里的物品摆放得很~。③ 妥当;完毕。例：您放心吧,事情已经办~。

【利索】lì·suo 麻利;有条理。例：妈妈一早起来,~地把房间收拾得干干净净。

〈辨析〉都有敏捷、有条理的意思。"利落"侧重灵活、整齐、有条理,常形容语言、动作;"利索"侧重干脆、不拖沓,多形容动作,不形容语言。

〈相关〉麻利 敏捷

利益　　收益

【**利益**】lìyì　好处。例:个人～服从集体利益,集体利益服从国家利益。

【**收益**】shōuyì　商业或生产方面的收入。例:高新技术给公司带来巨大的～。

〈辨析〉都指得到的好处。"利益"指具体的好处,适用范围较广;"收益"指生产等方面的收入,适用范围狭小。

〈相关〉裨益　好处

联络　　联系

【**联络**】liánluò　连接;接上关系。例:虽然她去北京工作了,但我们还常常保持～。

【**联系**】liánxì　彼此接上关系。例:由于发报机被炸坏了,连队和指挥部失去了～。

〈辨析〉都有彼此接上关系的意思。"联络"强调彼此接触沟通后,接上关系,多用于具体的人或事;"联系"强调相互连接后接上关系,使用范围比"联络"广,既可用于具体的人或事,也可用于抽象事物。

〈相关〉接洽　接头

凉快　　凉爽

【**凉快**】liángkuài　① 清凉,爽快。例:午后下了一阵雨,天气～多了。② 使身体清凉、爽快。例:外面太热,大家到屋子里～一下。

【**凉爽**】liángshuǎng　清凉,舒畅。例:秋天的早晨格外～。

〈辨析〉都有清凉、爽快的意思。"凉快"强调清凉、爽快,还用作动词,指使身体清凉、爽快,多用于口语;"凉爽"强调清爽、舒适,通用于口语和书面语。
〈相关〉清凉　爽快

粮食　食粮

【粮食】liáng·shi　供食用的谷物、豆类和薯类的统称。例：河南省的～产量居全国首位。

【食粮】shíliáng　人吃的粮食。例：由于连接三年自然灾害,～供应很紧张。

〈辨析〉都指食物。"粮食"除供食用的谷物、豆类和薯类等外,还用于农业生产,如"今年粮食大丰收",多用于口语和书面语;"食粮"除指人吃的粮食外,可用于比喻,如"钢铁是工业的食粮",主要用于书面语。

〈相关〉食品　食物

谅解　体谅

【谅解】liàngjiě　了解实情后原谅或消除意见。例：他把情况的原委说明后,得到了家人的～。

【体谅】tǐliàng　设身处地为人着想,体察其情给予谅解。例：他因为工作太忙,很少回家,作为妻子的她很能～丈夫的难处。

〈辨析〉都有对别人宽容、原谅的意思。"谅解"侧重指了解事实真相后给予原谅或消除误会;"体谅"侧重指设身处地为他人着想并给予谅解,含有充分考虑他人难处、不提过分要求的意思。

〈相关〉见谅　原谅

瞭望　眺望

【瞭望】liàowàng　登高远远地看。例：为了保卫祖国的海防战线,战士们时刻～着广阔的海面。

【眺望】tiàowàng 从高处往远处看。例:一眼望去,有一个美丽的女孩正在临窗向外~。
〈辨析〉都有往远处看的意思。"瞭望"侧重指目光专注地观察或监视,对象往往是敌情;"眺望"侧重指从高处往远处看,看的往往是景色,随意性较强。
〈相关〉遥望 远望

列举　　罗列

【列举】lièjǔ 逐个举出;逐项举出。例:把骗子的劣迹~出来,让其无处藏身。
【罗列】luóliè ① 列出;举出。例:书中~了许多怀抱理想热情的老师、家长及学生所撰写的精辟短文。② 分布,排列。例:交易会上展品~。
〈辨析〉都有一个一个举出来的意思。"列举"侧重指逐一举出事例或现象,为中性词;"罗列"侧重指把分散的、联系不紧密的事物排列出来,还含有分布、排列的意思,有时含贬义色彩,指机械地举出一些无内在联系的、支离分散的事物现象。
〈相关〉陈列 排列

邻近　　临近

【邻近】línjìn ① 位置靠近、接近。例:她新买的房子~轨道交通,出行十分方便。② 附近。例:他家~有一个很大的公园。
【临近】línjìn 靠近,接近。例:新春佳节~,全国各地都洋溢着喜庆气氛。
〈辨析〉都有靠近、接近的意思。"邻近"一般只指空间位置上的距离较近,不能用于时间方面,还可用作名词,指附近;"临近"除指时间上的接近外,还可用于空间位置方面。
〈相关〉接近 靠近

临时　　暂时

【临时】 línshí ① 短时间的,非正式的。例:今天张老师请假,由小王老师～代课。② 临到事情发生的时候。例:～抱佛脚。

【暂时】 zànshí　短时间之内。例:王军同志牺牲的消息～不要告诉他的老父亲。

〈辨析〉都有短时间的意思。"临时"指非正式的、短时间的,还指临到事情发生的时候;"暂时"只指时间短,使用范围比"临时"小。

〈相关〉姑且　暂且

吝啬　　小气

【吝啬】 lìnsè　过分爱惜自己的钱财,该用的舍不得用。例:他对别人很慷慨,对自己却很～。

【小气】 xiǎoqì ① 不大方;吝啬。例:大家都说他太～,像个铁公鸡,一毛不拔。② 气量小。例:为这点小事就翻脸,你这个人也太～了。

〈辨析〉都有过分爱惜自己的财物、不舍得用的意思。"吝啬"侧重指不慷慨、舍不得用自己的财物,多用于书面语;"小气"侧重指不大方、气量小、为人处事斤斤计较,通用于口语和书面语。

〈相关〉吝惜　悭吝

灵活　　灵敏

【灵活】 línghuó　敏捷;不呆板。例:他脑筋～,经常为我策划的广告方案出些好主意。

【灵敏】 língmǐn　反应快;敏捷。例:狗的嗅觉很～,一有陌生人来就会吠叫。

〈辨析〉都有反应敏捷的意思。"灵活"侧重指机灵敏捷、不呆板,多形容人的脑筋和身体;"灵敏"侧重指反应迅速,多形容人或动物的感觉和动作。

〈相关〉机敏　敏捷

领会　　领悟

【**领会**】 lǐnghuì　领略事物而有所体会。例:我这一番话的意思,希望你能好好～。

【**领悟**】 lǐngwù　了解事物而有所觉悟。例:经过老师的一番点拨,我终于～了其中的道理。

〈辨析〉都有对事物有所了解、有所认识的意思。"领会"侧重指体会内在的含义,多用于对他人的意图的理解;"领悟"侧重指理解并从不明白到弄明白,多用于性质、观点、道理等的了解,语意比"领会"重。

〈相关〉领略　体会

留恋　　流连

【**留恋**】 liúliàn　不忍舍弃或离开。例:四年的大学生活实在让人～不舍。

【**流连**】 liúlián　留恋不止;舍不得离开。例:三亚的迷人风光使我～忘返。

〈辨析〉都有舍不得离开的意思。"留恋"强调恋恋不舍,一般指地方、生活,也可指人或物;"流连"强调不忍离去,多指名胜风景区或其他场所,使用范围较窄。

〈相关〉怀恋　眷恋

留神　　留意

【**留神**】 liúshén　注意;小心。例:雨天路滑,开车时要多～。

【留意】liúyì 留心;注意。例:大家都没~到墙角处还睡着一个小女孩。
〈辨析〉都有特别注意的意思。"留神"侧重指特别小心,以防备发生危险或错误;"留意"侧重指特别留心在意,以防备意料之外的事或新情况的发生。
〈相关〉留心 注意

流畅 流利

【流畅】liúchàng 流利;通畅。例:这首歌旋律~,很有动感。
【流利】liúlì ① 语言文字明快通畅顺口,不晦涩。例:经过三个月的培训,她的英语说写都非常~。② 灵活,不凝滞。例:这套拳操动作他做得非常~。
〈辨析〉都可指文章连贯通顺的意思。"流畅"形容文章写得连贯通畅,也可形容音乐、绘画等生动活泼;"流利"除形容文章通顺、言语明快外,还形容动作等灵活、不凝滞。
〈相关〉通畅 通顺

流失 流逝

【流失】liúshī 指有用的物质自己散失或被水、风力带走;也指河水等白白地流掉。例:对国有资产~比较严重的单位,要按有关规定追究责任。
【流逝】liúshì 像流水一样迅速消逝。例:时间在一分一秒地~,抢救工作却在有条不紊地进行着。
〈辨析〉都指有价值的东西在数量上流散消失。"流失"泛指有用的东西流散失去,如自然界的矿石、土壤、河水等,也可指社会中的资产、资金、人才等;"流逝"比喻时间像流水一样消失,使用范围较窄。
〈相关〉散失 消逝

流亡　　逃亡

【**流亡**】liúwáng　因灾害或政治原因而被迫离开家乡或祖国。例：抗战时期,许多学生从东北～到了云南。

【**逃亡**】táowáng　逃走而流浪在外。例：解放前这个村的二十九户人家,有的沦为乞丐,有的～他乡。

〈辨析〉都指因逃避危险而流落在外。"流亡"一般特指因灾害或政治因素而背井离乡,时间是长期的,甚至终身流亡在外;"逃亡"强调遇到危险而逃,有暂时避开危险的可能。

〈相关〉流浪　流落

旅行　　旅游

【**旅行**】lǚxíng　为了办事或游览等从一地到另一地。例：暑假,他们一起去欧洲～。

【**旅游**】lǚyóu　旅行;游览。例：中外游客都喜欢去湖南张家界～。

〈辨析〉都有行走、观看的意思。"旅行"的目的多种多样,可以是去办事、谋生,也可以是去考察、游览;"旅游"的目的就是进行游玩。

〈相关〉游览　游历

履行　　执行

【**履行**】lǚxíng　按事先约定或规定实行。例：依法纳税是每一个公民应该～的义务。

【**执行**】zhíxíng　依照法令、政策等实行。例：商家要严格～物价政策,不得随意涨价。

〈辨析〉都有实行的意思。"履行"侧重指按约定或规定实行,一般指带有约束性的或双方商定的事情;"执行"侧重指按法令、政策等实行,有一定的约束性、强制性。
〈相关〉施行　实行

掠夺　　掠取

【掠夺】lüèduó　抢劫;夺取。例：征服者～了他们的财富,烧毁了他们的城市。

【掠取】lüèqǔ　以不正当的手段谋取。例：这个犯罪团伙通过放高利贷等手段～了大量非法高额利润。

〈辨析〉都有抢夺、夺取钱财的意思。"掠夺"侧重指凭借武力、权势抢夺,含有凶恶野蛮的意味;"掠取"侧重指以不正当的手段夺取、谋取。

〈相关〉抢夺　抢劫

略微　　稍微

【略微】lüèwēi　稍微。例：天气还是那么热,只是风比刚才～大了一些。

【稍微】shāowēi　表示数量不多或程度不深。例：他在牛奶里～放了点糖。

〈辨析〉都表示数量少。"略微"侧重指数量少,多用于口语;"稍微"指程度不深,通用于书面语和口语。

〈相关〉稍许

轮番　　轮流

【轮番】lúnfān　轮流做某事。例：敌人在我军炮火的～进攻下,溃不成军。

【轮流】lúnliú　依次一个接替一个;来回轮换。例：这个星期由我们小组的同学～值日。

〈辨析〉都有依照次序一个接一个的意思。"轮番"用作副词,表示连续不断地做某件事情;"轮流"用作动词,指一个接一个、一遍接一遍地进行,常用于日常性的工作。

〈相关〉轮次 依次

落后 落伍

【**落后**】luòhòu ① 在行进中落在同行者后面。例:他虽然远远地~了,但仍然坚持跑完全程。② 工作进度迟缓,落在原定计划后面。例:受疫情影响,这项工程比原计划~三个月。③ 发展水平较低。例:我们要尽快改变西部地区~面貌。

【**落伍**】luòwǔ 掉队;比喻人或事物跟不上时代。例:你太~了,要快点赶上时代步伐。

〈辨析〉都有跟不上发展、落在后面的意思。"落后"侧重指停滞不前、落在客观形势要求的后面,既可用于抽象事物,也可用于具体的事物;"落伍"本义指行进中落在队伍后面,比喻人或事情不能跟时代同步前进。

〈相关〉掉队 滞后

妈妈　母亲

【妈妈】mā·ma　母亲。例：他的爸爸和～都是中学教师。

【母亲】mǔqīn　子女对双亲中的女性称母亲。例：她的～喜欢唱歌。

〈辨析〉都是子女对双亲中的女性的称呼。"妈妈"带有亲切、随便的色彩,可用于当面称呼,也可用于不当面称呼,多用于口语;"母亲"带有敬重的色彩,多用于对别人叙述,一般不用于当面称呼,多用于书面语。

〈相关〉姆妈　娘亲

麻痹　麻木

【麻痹】mábì　① 身体某一部分知觉能力丧失。例：惊恐完全慑服了她,使他几乎～。② 疏忽大意,失去警惕性。例：我们不能～大意,要提高警惕,严防敌人偷袭入侵。

【麻木】mámù　① 身体某部分发麻以致丧失感觉。例：坐了一下午的火车,我的脚都有些～了。② 反应迟钝,不敏锐。例：他对同志不是满腔热情,而是漠不关心,～不仁。

〈辨析〉都有对外界刺激反应迟钝的意思。"麻痹"指神经系统的病变,着重于机能的丧失,还形容失去警惕、疏忽大意;"麻木"除形容肢体某部分受到刺激而发麻外,还形容反应迟钝、不敏锐。

〈相关〉麻醉

满意　中意

【满意】mǎnyì　满足自己的愿望;符合自己的心意。例：看了军军的成绩单,妈妈~地笑了。

【中意】zhòngyì　合意。例：张阿姨对我替她挑选的那套衣服很~。

〈辨析〉都有符合自己的心意的意思。"满意"侧重指符合自己的心愿,使自己的愿望满足,比较常用;"中意"侧重指合乎自己的标准,含有喜欢的意思。

〈相关〉如意　合意

谩骂　辱骂　咒骂

【谩骂】mànmà　用轻蔑、嘲笑的态度辱骂。例：她对老人的肆意~激起了众怒。

【辱骂】rǔmà　侮辱,谩骂。例：中国球员对于平白无故地被人~非常气愤。

【咒骂】zhòumà　用恶毒的话骂人。例：在车上其他乘客的指责下,他终于停止了~。

〈辨析〉都有用粗野或恶意的话骂人的意思。"谩骂"侧重指用轻蔑、嘲笑的态度骂人;"辱骂"侧重指用话语羞辱、侮辱别人,使对方的人格和名誉受到损害;"咒骂"侧重指用恶毒的话语骂人。

〈相关〉詈骂　唾骂

漫步　散步

【漫步】mànbù　没有目的而悠闲地走。例：早晨在沙滩上~,碧绿的海水令人心旷神怡。

【散步】sànbù　比较随便地走走。例：饭后~不仅对健康有益,还能减肥。

〈辨析〉都有随便走走的意思。"漫步"是漫无目的地随便走走,多用于书面语;"散步"是一种轻松的休息方式,通用于口语和书面语。

〈相关〉溜达　闲逛

漫长　　漫漫

【漫长】màncháng　长得看不到尽头。例:她在等待中度过了～的岁月。

【漫漫】mànmàn　长而没有边际。例:长夜～,何时才是尽头?

〈辨析〉都可指长得没有边际。"漫长"多形容时间、道路等长得看不到尽头;"漫漫"多形容时间久远或空间广远的样子。

〈相关〉绵长　悠长

茂密　　茂盛　　旺盛

【茂密】màomì　草木长得茂盛繁密。例:近处是小桥流水,远处是～的防护林带。

【茂盛】màoshèng　植物生长得又多又壮实。例:今年的庄稼长得很～,一定又是个丰收年。

【旺盛】wàngshèng　生命力强;向上发展的气势猛烈。例:年轻的浮士德骄傲而且精力～。

〈辨析〉都有草木生长兴旺、生命力强的意思。"茂密"形容植物生长得繁多而密集;"茂盛"形容植物生长得繁盛而茁壮,生命力强;"旺盛"使用范围较广,除形容植物外,还可形容精力、力气、斗志等。

〈相关〉繁密　繁盛

眉目　　头绪

【眉目】méimù　①眉毛和眼睛,泛指容貌。例:这姑娘～清秀,很招人喜爱。②头绪;条理。例:这部小说虽然人物众多,情节复杂,但～还是很清楚的。

【头绪】tóuxù 事情的条理或人的心思情绪。例:经过大家的共同努力,令人头痛的财务账目终于理出点～来。

〈辨析〉都可指事情的条理。"眉目"还指人的容貌;"头绪"还指人的心思情绪。

〈相关〉端倪 条理

美好 美妙

【美好】měihǎo 很好。例:他相信,明天会更～。

【美妙】měimiào 美好,奇妙。例:她～的歌声令人难以忘怀。

〈辨析〉都有很好的意思。"美好"强调完美,多形容生活、理想、前程等抽象事物,语意较轻;"美妙"强调给人的感觉美好奇妙,可形容具体事物,也可形容抽象事物,语意较重。

〈相关〉奇妙

美丽 漂亮

【美丽】měilì 好看的;使人看了产生快感的。例:春天来了,漫山遍野开满了～的映山红。

【漂亮】piào·liang ①好看;美观。例:今晚她要去参加同学的婚礼,所以打扮得非常～。②出色。例:这件事情他办得很～。

〈辨析〉都有好看的意思。"美丽"侧重指美好、好看,除形容女子的姿态、容貌外,还可形容风光、景物等,多用于书面语;"漂亮"侧重指外表好看,多形容人的容貌、风景、建筑物等,一般用于口语,还含有出色的意思。

〈相关〉标致 好看

美满　　圆满

【美满】měimǎn　美好,完满。例:她是个幸福的女人,婚姻非常～。

【圆满】yuánmǎn　使人满意,没有欠缺。例:经过多方努力,会议终于～结束。

〈辨析〉都有美好、使人满意的意思。"美满"形容生活、家庭和婚姻等美好圆满,没有缺憾;"圆满"形容结局、活动、答案等令人满意,没有欠缺。

〈相关〉完满　完美

迷惑　　疑惑

【迷惑】míhuò　辨不清是非;摸不着头脑。例:他用花言巧语～了不少人。

【疑惑】yíhuò　心里不明白;困惑。例:她手里拿着一封信,脸上露出一副～不解的神情。

〈辨析〉都有搞不清楚、弄不明白的意思。"迷惑"侧重指糊涂、辨不清楚是非,理不清思路;"疑惑"侧重指怀疑、不相信,困惑不解。

〈相关〉困惑　困扰

迷茫　　迷惘

【迷茫】mímáng　① 广阔而看不清的样子。例:雨下得很大,视野一片～。② 迷惑,茫然。例:今后的人生路该如何走,他感到有些～。

【迷惘】míwǎng　分辨不清;不知所措。例:看着远方,她的眼中露出～的神情。

〈辨析〉都有迷惑、不知所措的意思。"迷茫"侧重指神情恍惚、迷惑茫然,还含有模糊不清的意思;"迷惘"侧重指难以辨清、不知所措,常用于形容困惑的神情和心情。
〈相关〉茫然　惘然

面对　　面临

【**面对**】 miànduì　面前正对着。例:刘胡兰~敌人的铡刀,视死如归,大义凛然。

【**面临**】 miànlín　面前遇到。例:他正~着高考的关口,学习非常紧张。

〈辨析〉都有遇到的意思。"面对"侧重于对象的方位,指面前正对着的人或事物,可用于书面语或口语;"面临"侧重于对象的趋势,指即将到来的问题、局面等,对象只能是事情或事物。
〈相关〉遇到　遇见

面貌　　面目

【**面貌**】 miànmào　① 脸的形状;相貌。例:房间里的光线很暗,看不清那人的~。② 事物所呈现的状态。例:改革开放使农村的~发生了根本的变化。

【**面目**】 miànmù　① 面容;相貌。例:距离太远没有看清那人的~。② 事物所呈现的状态。例:这篇文章已经被修改得~全非。③ 面子;脸面。例:如此不孝不忠之徒,有何~苟活于世?

〈辨析〉都可指面容、相貌及事物所呈现的状态。"面貌"为中性词;"面目"还指个人的面子、脸面,可用于贬义。
〈相关〉面容　相貌

描绘　　描述　　描写

【**描绘**】 miáohuì　描摹;描画。例:每个孩子都喜欢在心里~自己的将来。

【描述】miáoshù 描写,叙述。例:他把当时的情景～得十分生动。

【描写】miáoxiě 用语言文字等把事物的形象表现出来。例:这篇课文的心理～生动细致。

〈辨析〉都有用语言文字等表现事物形象的意思。"描绘"侧重于"绘",指把事物的特征多姿多彩地表现出来,多用于书面语;"描述"侧重于"述",指叙述事件、情景、活动等,使用范围较窄;"描写"侧重于"写",指把事物的形象、发展过程细致地表现出来。

〈相关〉描画　描摹

渺小　微小

【渺小】miǎoxiǎo 微小。例:我个人犹如大海中的一滴水,～得很。

【微小】wēixiǎo 极小。例:枸杞被制成～颗粒状的药丸。

〈辨析〉都有极小的意思。"渺小"多形容精神、思想、力量等抽象事物;"微小"既可形容形体、数量等具体事物,也可形容作用、价值、影响等抽象事物。

〈相关〉细小　纤小

藐视　蔑视

【藐视】miǎoshì 轻视;小看。例:在战略上要～敌人,在战术上要重视敌人。

【蔑视】mièshì 轻视;瞧不起。例:刘胡兰～地看了敌人一眼,又把头高高昂起。

〈辨析〉都有轻视、看不起的意思。"藐视"强调小看,有居高临下的意思;"蔑视"强调看不起,有不重视、不认真对待的意思,语意比"藐视"重。

〈相关〉漠视　轻视

敏感　　敏锐

【敏感】 mǐngǎn　感觉灵敏;对事物反应很快。例:这是个～的问题,大家谁都不敢先提。

【敏锐】 mǐnruì　感觉灵敏;眼光尖锐。例:作为一名记者,首先要有～的洞察力。

〈辨析〉都有感觉灵敏的意思。"敏感"侧重指心理上或生理上对外界事物反应很快;"敏锐"侧重指对外界事物的反应灵敏迅速,对事物的观察深刻、尖锐。

〈相关〉机敏　灵敏

敏捷　　迅捷

【敏捷】 mǐnjié　灵敏,快捷。例:小猴子～地爬到树梢上。

【迅捷】 xùnjié　迅速,灵敏。例:队员们～地做好了比赛的准备工作。

〈辨析〉都有速度快的意思。"敏捷"形容思维或动作灵敏、迅速;"迅捷"形容动作迅速,反应很快。

〈相关〉灵敏　迅速

名气　　名声

【名气】 míngqì　名声。例:这部电视剧的制片人在影视界～很响。

【名声】 míngshēng　在社会上流传的评价。例:他在广告圈的～很差。

〈辨析〉都可指外界给予的评价。"名气"除指外部评价外,还有知名度的意思,多用于口语;"名声"可指好的评价,也可指坏的评价,通用于口语和书面语。

〈相关〉名望　名誉

明白　　清楚

【明白】míngbái　① 清楚,明确;容易使人了解。例:把事情弄～后,你再下结论。② 聪明,懂道理。例:她是个～人,不用说太多。③ 知道,了解。例:你～这件事情发生的起因吗?

【清楚】qīngchǔ　① 事物容易让人了解。例:他朗读起来口齿～。② 对事物了解很透彻。例:他头脑～,这件事情交给你大可放心。③ 了解。例:领导干部应该～基层情况。

〈辨析〉都有使人容易了解的意思。"明白"还有聪明、懂事的意思,还可作动词,意为知道、了解;"清楚"还有对事物了解得很透彻的意思,也可用作动词,意为了解。

〈相关〉明确　了解

明了　　明确

【明了】míngliǎo　① 清晰;明白。例:陈老师的讲解简单～,通俗易懂。② 清楚地知道或懂得。例:我～他的想法,所以对他的做法完全赞同。

【明确】míngquè　① 清楚明白而确定不移。例:他对这件事的表态很～:坚决支持! ② 使清楚明白而确定不移。例:会议～了各小组下半年度的工作任务。

〈辨析〉都有清楚、明白的意思。"明了"还表示清楚地知道或懂得;"明确"还表示使清楚明白而确定不移。

〈相关〉明白　明晰

明显　　显著

【明显】míngxiǎn　清楚地显露出来,使人容易感觉到。例:在哥哥的辅导下,弟弟的学习成绩有了～的进步。

【显著】xiǎnzhù　非常明显。例:改革开放后,我国的经济有了~的增长。

〈辨析〉都有清楚地显露出来的意思。"明显"强调显露得很清楚,语意较轻;"显著"强调鲜明而又突出地显露出来,语意较重。

〈相关〉明确　鲜明

摸索　探索

【摸索】mōsuǒ　① 试探着行进。例:这条乡间小路上没有路灯,大家只能借着微弱的手电光~着前行。② 寻找方向、经验等。例:在幼儿教育上,林老师~出的一套教学方法很值得推广。

【探索】tànsuǒ　为解决疑问多方寻求答案。例:考察小组由此地出发,去一河流的源头。

〈辨析〉都有寻找、探求的意思。"摸索"着重指在经验缺乏、情况不明的情况下,逐步地寻求;"探索"着重指为解决疑难问题多方寻求答案,并试图发现其内在的规律和道理。

〈相关〉探求　寻找

模仿　模拟

【模仿】mófǎng　照着样子做。例:孩子的~能力与他的生长发育和认知能力有很大关系。

【模拟】mónǐ　模仿;仿效。例:东海舰队某潜艇支队海上~训练正在如火如荼地进行。

〈辨析〉都有照着某种样子去做的意思。"模仿"侧重指照着现成的样子做,缺乏独创性,通用于口语和书面语;"模拟"侧重指与所仿照的样子一样,以求做得惟妙惟肖,多用于书面语。

〈相关〉仿效　仿照

陌生　生疏

【陌生】mòshēng　不认识;不熟悉。例:初来乍到,他对这里的一切都很～。

【生疏】 shēngshū 疏远,不亲近。例:多年不见,两位老同学竟有些～客气起来。

〈辨析〉都有不熟悉的意思。"陌生"强调没有接触过、不熟悉的人或事;"生疏"强调不熟悉、不亲近,可指从未接触过而不熟悉的,也可指接触过而疏远的人或事。

〈相关〉生分 疏远

谋害 谋杀

【谋害】 móuhài 谋划杀害或陷害。例:罪犯供认,大多数被害人通常是在与他第一次见面时就被～的。

【谋杀】 móushā 阴谋杀害。例:范思哲是在迈阿密海滩他的家门外被～身亡的。

〈辨析〉都指有预谋地杀害。"谋害"侧重指有预谋的杀害,使用范围较广,还含有陷害的意思;"谋杀"侧重指阴谋杀害,使用范围较窄。

〈相关〉杀害 陷害

目标 目的

【目标】 mùbiāo ① 射击、攻击或寻求的对象。例:经过搜寻,警方终于发现了追捕的～。② 想要达到的境地或标准。例:考上清华、北大是他的奋斗～。

【目的】 mùdì 要想达到的境地或地点。例:他怀着不可告人的～,混进了革命队伍。

〈辨析〉都可指想要达到的某种境地。"目标"侧重指行为的方向和标准,也指射击、攻击或寻求的对象;"目的"侧重指行为的意图和追求的结果。

〈相关〉标的 宗旨

耐烦　　耐心

【耐烦】nàifán　不急躁;不怕麻烦;不厌烦。例:她看不惯小李,对他的态度也十分不～。

【耐心】nàixīn　心里不急躁、不厌烦。例:我很～地教奶奶上网。

〈辨析〉都有不厌烦、不急躁的意思。"耐烦"强调不厌烦、不怕麻烦;"耐心"强调内心沉稳、不急躁。

〈相关〉耐力　耐性

难过　　难受

【难过】nánguò　心里不舒服;不好受。例:听到父亲病重的消息,他心里很～。

【难受】nánshòu　心里不痛快;身体不舒服。例:他刚挨了一顿批评,心里很～。

〈辨析〉都有心里不舒服的意思。"难过"侧重心里不舒服,含有痛苦悲伤的意味;"难受"侧重难以忍受,可以是心里不痛快,也可以是身体不舒服。

〈相关〉伤心　痛苦

恼火　　恼怒

【恼火】nǎohuǒ　生气,不愉快。例:得知明明又闯祸了,爸爸非常～。

【恼怒】nǎonù 生气;发脾气。例:小保姆收拾房间时,不留神将博古架上一个价值上千的名贵花瓶打碎了,主人万分～,要她赔偿。

〈辨析〉都有生气发怒的意思。"恼火"侧重于"火",因心里不快而生气、发火,语意较轻;"恼怒"侧重于"怒",指发怒、发脾气,语意较重。

〈相关〉发火　生气

内幕　内情

【内幕】nèimù 外界不知晓的内部情况。例:记者揭露了"黑哨"事件的～。

【内情】nèiqíng 内部的情况。例:"狗仔队"千方百计想挖掘娱乐圈里的各种～。

〈辨析〉都可指内部不为人们所知的情况。"内幕"侧重指具有秘密性的内部情况,一般指不可告人的事情,含贬义;"内情"泛指内部的情况,使用范围较广,既可用于不好的事情,也可用于好的事情。

〈相关〉底细　黑幕

年纪　年龄

【年纪】niánjì 年龄;岁数。例:老大爷问:"小姑娘,你有多大～了?"

【年龄】niánlíng 人或动植物已经生存的年数。例:再过一年,他的儿子就到入学的～了。

〈辨析〉都可指已经生存的年数。"年纪"只指人的岁数,通用于口语和书面语;"年龄"可指人的岁数,也可指动植物的年数,多用于书面语。

〈相关〉年岁　岁数

年青　　年轻

【年青】niánqīng　指处在青少年时期。例：他还正当～,一定会在这个领域里大有作为。

【年轻】niánqīng　① 年纪不大。例：张老师虽然～,但教学经验很丰富。② 年纪比相比较的对象小。例：虽然已步入中年,可小明父亲看上去还很～。

〈辨析〉都有年纪不大的意思。"年青"侧重指处在青少年时期的人;"年轻"除年纪不大外,还有与别人相比岁数小一些或看上去比实际年龄要小一些的意思。

〈相关〉年少　年幼

凝固　　凝结

【凝固】nínggù　① 由液体变成固体。例：听到这个消息,他惊呆了,他感到全身的血液仿佛～了。② 比喻固定不变、停滞不动。例：他注视着前方,目光仿佛～了。

【凝结】níngjié　① 由气体变成液体或由液体变成固体。例：摄氏零度以下水会～成冰。② 聚集。例：这块金牌来之不易,是他多年的汗水～而成的。

〈辨析〉都有变成固体的意思。"凝固"强调固定,指液体变成固体,也可比喻固定不变、停滞不动;"凝结"强调结合在一起,常比喻人的思想、感情、心血和汗水等。

〈相关〉固结　凝聚

凝视　　注视

【凝视】níngshì　聚精会神地看。例：他拿着照片,～了许久,最后终于认出来了。

【注视】zhùshì 注意地看。例:我们会密切～事态的发展动向,随时向你汇报。

〈辨析〉都有专心地看的意思。"凝视"强调聚精会神长时间地看一处,对象一般是具体的事物;"注视"强调很注意地看,看的时间可长可短,对象可以是静止的,也可以是活动的,可以是具体的,也可以是抽象的。

〈相关〉凝眸 凝望

宁静　恬静

【宁静】níngjìng 没有声响;没有吵闹和喧哗。例:在这～的夜晚,她越发思念远方的亲人。

【恬静】tiánjìng 闲适,安静。例:小女孩站在门前,手里捧着一束花,～地笑着。

〈辨析〉都有安静的意思。"宁静"强调没有骚扰、不嘈杂,常形容环境,也可形容人的心情;"恬静"着重指内心感到安静,常形容人,多用于书面语。

〈相关〉安静 幽静

浓厚　浓重

【浓厚】nónghuò ① 烟雾、云层等很浓;色彩、意识、气氛重。例:这些礼品的包装具有～的民俗色彩。② 兴趣大。例:她对弹钢琴有着十分～的兴趣。

【浓重】nóngzhòng 烟雾、气味、色彩等很浓很重。例:清晨的山顶云雾很～。

〈辨析〉都有很浓的意思。"浓厚"强调浓得多而厚,除形容烟雾、云层、色彩等外,有时还可形容兴趣、作风、感情、意识等,使用范围较广;"浓重"强调浓的程度高,除形容烟雾、云层、色彩等外,有时还用于形容口音等,使用范围较窄。

〈相关〉浓烈　浓郁

怒吼　　咆哮

【怒吼】nùhǒu　猛兽发威吼叫;比喻发出雄壮的声音。例:～的黄河水一泻千里,日夜不停地从小学校园旁流过。

【咆哮】páoxiào　猛兽怒吼;形容水流的奔腾轰鸣或人的暴怒喊叫。例:听到这些话,范蠢的心里就像被刀剜了一下,他忍受不住地大声～起来。

〈辨析〉都有猛兽发威吼叫的意思,都可比喻人、水、风等发出的雄壮宏大声音的意思。"怒吼"侧重形容愤怒或气势雄壮的声音;"咆哮"侧重形容奔腾轰鸣或暴怒的声音。

〈相关〉狂吼　怒号

怒容　　怒色

【怒容】nùróng　愤怒的面容。例:她满面～,一转身就走了出去。

【怒色】nùsè　愤怒的表情。例:张教授面带～,走进会议室。

〈辨析〉都指愤怒的表情。"怒容"侧重于"容",指愤怒的面容;"怒色"侧重于"色",指愤怒的神色。

〈相关〉怒气　愠色

暖和　　温暖

【暖和】nuǎn·huo　① 气候、环境等不冷也不太热。例:屋子里开着暖气,很～。② 使暖和。例:外面太冷,快进屋来～～。

【温暖】wēnnuǎn　① 暖和。例:～的阳光洒满了田野。② 使感到温暖。例:老师和同学们的关怀～了小霞破碎的心。

〈辨析〉都可形容气候、环境等冷热适中。"暖和"还可用作动词,指使气候、环境、身体等暖和;"温暖"还可用作动词,指使人在感情上感到温存和体贴。
〈相关〉和煦　温和

虐待　　迫害

【**虐待**】nüèdài　用残暴狠毒的手段待人。例：在现实生活中确实存在着精神～的现象。

【**迫害**】pòhài　压迫使受害。例：他父亲在"文化大革命"时受到～,精神上受到很大的刺激。

〈辨析〉都有压迫、加害的意思。"虐待"多指用暴虐狠毒的手段使人受害,主要指肉体上的,有时也可指精神上的；"迫害"多指用政治性的压迫使人受害,使用范围较广,既可以是精神上的,也可以是肉体上的。

〈相关〉残害　伤害

诺言　　誓言

【**诺言**】nuòyán　应允别人的话。例：男子汉要说到做到,小郭决心要用行动实现自己的～。

【**誓言**】shìyán　宣誓时说的话。例：她一直坚守着几年前所立下的～,直到生命的最后时刻。

〈辨析〉都有作出承诺的意思。"诺言"侧重指应允别人的话,内容可大可小,适用范围较广；"誓言"侧重指宣誓时所说的话,含有庄重的色彩,语意比"诺言"重。

〈相关〉承诺　誓词

偶尔　　偶然

【**偶尔**】ǒu'ěr　间或;有时候。例:工作之余,他~也去健身房锻炼锻炼。

【**偶然**】ǒurán　不经常;不是必然的。例:发生这种情况是~的,我们就不必追究了。

〈辨析〉都可有不经常的意思。"偶尔"强调次数很少;"偶然"强调意外发生的,并含有并非必然的意思。

〈相关〉间或　偶或

排斥　排挤

【**排斥**】páichì　使别的人或事物离开自己。例：刚到公司,因为只有他一个外地人,大家有些～他。

【**排挤**】páijǐ　凭借势力或手段使不利于自己的人失去地位或利益。例：他为人正直,不愿同流合污,因而遭到一些别有用心的人的～。

〈辨析〉都有排除、迫使离开的意思。"排斥"侧重指使对方不能加入或离开,对象可以是内部的人或事,也可以是外部的;"排挤"侧重指把不利于自己的人挤出去,对象多是内部的人或事。

〈相关〉摒除　排除

排除　消除

【**排除**】páichú　除掉;除去。例：医生向病人家属强调不能～手术失败的可能性。

【**消除**】xiāochú　除去,使不存在。例：经过严格的安全生产检查,～了事故隐患。

〈辨析〉都有除去的意思。"排除"侧重于"排",指用力除去,另外还有排泄的意思;"消除"侧重于"消",指设法使不存在。

〈相关〉解除　清除

徘徊　　彷徨

【徘徊】 páihuái　在一个地方来回地行走;比喻犹豫不决、迟疑不定。例:他在门口～了好久,不敢贸然进去。

【彷徨】 pánghuáng　走来走去,不知往哪个方向去,比喻犹疑不决。例:在他～失意的时候,周围的同事并没有冷落他、疏远他。

〈辨析〉都有在一个地方走来走去的意思,也都可比喻犹豫不决的意思。"徘徊"侧重指在一个地方来回走,比喻内心犹豫不决,所指的心情不一定不好;"彷徨"侧重指走来走去、不知所向,比喻内心犹疑、茫然,心神不定。

〈相关〉犹豫　　徜徉

派别　　派系

【派别】 pàibié　因观点、主张不同而形成的分支。例:禅宗是佛教的一个～。

【派系】 pàixì　指某些集团或政党内部的派别。例:一个小团体里还分成好几个～。

〈辨析〉都有分支、小团体的意思。"派别"指因主张、见解和特点不同而形成的分支或小团体,使用范围广,多用于学术、宗教、文学艺术等方面;"派系"指某些政党或集团内部的派别,使用范围较窄,只用于政党、集团的内部。

〈相关〉流派　　宗派

判定　　判断

【判定】 pàndìng　分辨,断定;认定。例:经过调查研究,有关部门已经～事故的性质了。

【判断】 pànduàn　下结论。例:根据技术图表可以～近日股指走势。

〈辨析〉都有分析后下结论的意思。"判定"是根据对已知情况的分析作出结论,结果只有一种;"判断"是对事物进行估计和推测,结果可能是对的,也可能是错的。
〈相关〉判别　断定

叛变　叛乱

【叛变】pànbiàn　背叛自己的一方,投向敌对的一方去。例:甫志高～了革命,叛变了党。

【叛乱】pànluàn　武装叛变。例:面对诸侯～,汉景帝决心用武力对付。

〈辨析〉都有背叛的意思。"叛变"为中性词,可指从正义方转向非正义方,也可指从非正义方转向正义方;"叛乱"一般指针对现政权的集团暴力活动,为贬义词。
〈相关〉背叛　背弃

抛弃　遗弃

【抛弃】pāoqì　扔掉不要的东西。例:进城后不久,他便～了乡下的妻儿。

【遗弃】yíqì　① 抛弃;扔掉。例:老屋里还存放着几件被～的旧家具。② 对自己应该赡养或抚养的亲属抛弃不管。例:这个狠心的母亲竟然～自己亲生的孩子。

〈辨析〉都有扔掉不要的意思。"抛弃"强调全部扔掉不要,可用于人和事物;"遗弃"多用于具体事物,除扔掉不要的意思外,还特指对自己应该赡养或抚养的亲属抛弃不管。
〈相关〉摈弃　丢弃

培养　培育

【培养】péiyǎng　① 用适宜的条件加以繁殖。例:老师正在辅导学生做细菌～实验。② 按照一定的目的进行教育和训练。例：～学生的自学能力,对一名教师来说尤为重要。

【培育】péiyù ① 培养幼小的生物,使其发育成长。例：这些树苗在园艺师的精心～下茁壮成长。② 培养教育。例：教师肩负着为祖国～一代新人的责任。

〈辨析〉都有使生物或人发育成长的意思。"培养"着重指按照一定的目的进行长期的训练指导,使其成长；"培育"着重指培养幼小的生物,使其很好地发育成长,也可用于少年儿童的教育成长。

〈相关〉教育　培植

批判　批评

【批判】pīpàn ① 对错误的思想、言论或行为进行系统的分析,并加以否定。例：这种"女子无才便是德"的封建思想应该受到严厉的～。② 分析判别；评判好坏。例：读书要用～的眼光,要取其精华,去其糟粕。

【批评】pīpíng ① 对缺点和错误提出意见。例：面对大家的～,他表示虚心接受。② 指出优点和缺点；评论好坏。例：文艺～是文艺创作的一面镜子。

〈辨析〉都有对缺点、错误分析、评论的意思。"批判"侧重指对错误思想、反动言论等作出分析,并加以否定、驳斥,语意较重；"批评"侧重指对缺点和错误提出意见,强调促使人改正,语意较轻。

〈相关〉批驳　指摘

疲惫　疲倦

【疲惫】píbèi 非常劳累。例：运动会结束后,同学们～不堪地坐在地上。

【疲倦】píjuàn 疲乏,困倦。例：连续几天的加班使大家都感到极度的～。
〈辨析〉都有非常劳累的意思。"疲惫"强调疲劳的程度很深,语意较重;"疲倦"着重指因劳累而感到乏力困倦,语意较轻。
〈相关〉困倦 疲乏 疲劳

僻静　　幽静

【僻静】pìjìng 偏僻,清静。例：那条路很～。
【幽静】yōujìng 幽雅,寂静。例：～的青城山不知吸引了多少中外游客。
〈辨析〉都有安静的意思。"僻静"多形容某地偏僻而无声息;"幽静"多形容环境和景色幽雅而安静。
〈相关〉安静 偏僻 清静

偏僻　　偏远

【偏僻】piānpì 离中心区或城市较远,交通不便。例：这位民歌演员来自～的山村。
【偏远】piānyuǎn 偏僻;远离中心。例：市政府决定在这些～地区建几所希望小学。
〈辨析〉都有远离中心区的意思。"偏僻"侧重于"偏",指远离城市中心、人员来往较少而带来各种不便;"偏远"侧重于"远",因地理位置遥远而造成交通、信息的不畅通。
〈相关〉荒僻 冷僻

片段　　片断

【片段】piànduàn 整体当中的一段。例：这本日记记录伟人少年时代的生活～。

【片断】piànduàn ① 片段。例：初中生活中那些美好的～将永存于我的记忆中。② 零碎,不完整。例：你不能依据～经验就去肯定这一事物。
〈辨析〉都有整体中的一段的意思。"片段"指文章、小说、戏剧、生活、经历等中的一段;"片断"除有片段意思外,还可指零碎、不完整。
〈相关〉一段

漂泊　漂流

【漂泊】piāobó ① 随水流漂荡。例：一条小船在湖面上～。② 比喻职业和生活不安定,到处奔走。例：从十六岁起,他就一直在异国他乡过着～的生活。
【漂流】piāoliú ① 漂浮。例：皮筏艇沿着溪水～而下。② 漂泊;流浪。例：离开家后,他四处～,不知道终点在哪里。
〈辨析〉都有随水流漂动的意思,也都可比喻为流浪的意思。"漂泊"多比喻人的工作、生活等不安定;"漂流"比喻人的生活等不安宁,四处流浪。
〈相关〉飘荡　漂浮

贫困　穷困

【贫困】pínkùn 贫穷;生活困难。例：有些偏远山区的人民还生活在～线下。
【穷困】qióngkùn 生活贫穷,经济困难。例：由于好吃懒做,他一直过着～潦倒的生活。
〈辨析〉都有生活贫穷、困难的意思。"贫困"侧重指收入微薄,经济困难;"穷困"侧重指生活相当贫穷,经济上很困难,语意比"贫困"重。
〈相关〉困苦　贫穷

品格　　品质

【**品格**】pǐngé　品性;品行。例:他是个~高尚的人,大家都很尊敬他。

【**品质**】pǐnzhì　① 指行为、作风上所表现的思想、认识、品性等的本质。例:他思想~不高,同事们都不爱搭理他。② 物品的质量。例:这饼白茶~极佳。

〈辨析〉都可指人的行为、作风所表现的精神面貌的本质特点。"品格"侧重指人的品性和风格;"品质"侧重指人在行为、作风所表现的思想、认识、品性等方面的本质,还可指物品的质量。

〈相关〉品德　品行

品尝　　品味

【**品尝**】pǐncháng　用嘴尝试来辨别味道与好坏。例:经过努力和拼搏,今年申花队终于再一次~到了冠军的滋味。

【**品味**】pǐnwèi　① 用嘴尝试来辨别味道与好坏。例:他拿出珍藏多年的普洱茶请同事们~。② 琢磨体味。例:希望你也能加入到我们这个行列中来,用你独到的见解点评世事沧桑,~人生百态。③ 格调和趣味。例:他一直把品茶看成是一件有~的雅事。

〈辨析〉都有用嘴尝试来辨别味道与好坏的意思。"品尝"强调尝试,一般只限于用嘴来试试滋味,不能用于其他方面;"品味"既可用于用嘴来辨别味道,也可用于其他方面,还含有琢磨回味的意思,还可指格调和趣味的意思。

〈相关〉品赏　玩味

平常　　平凡

【**平常**】píngcháng　① 普遍,不特别。例:他虽是首长,却和~

人一样骑车上下班。② 平时。例:他～没事喜欢到处走走。

【平凡】píngfán 平常,不稀奇。例:他在平凡的工作岗位上做出了不～的成绩。

〈辨析〉都有普通的、不突出的意思。"平常"强调普遍、不特别,使用范围较广,既可形容人,也可形容事物,还用作名词,意为平时;"平凡"强调不稀奇、不突出,一般只形容人、事业等。

〈相关〉普通　寻常

平淡　平庸

【平淡】píngdàn 平常,不生动;没有曲折。例:谁说草原～无奇,当你真去亲近它时,它将对你展开全部的奥秘。

【平庸】píngyōng 平凡寻常,不出色。例:他才能～,却靠溜须拍马的功夫,混了个一官半职。

〈辨析〉都有平凡寻常、不突出的意思。"平淡"强调不生动、没有出奇的地方,还含有质朴恬淡的意思,既可形容事物,也可形容人,为中性词;"平庸"强调平常普通、不出色,多形容人、作品等,含贬义色彩。

〈相关〉平常　寻常

平衡　平均

【平衡】pínghéng 对立的各个方面在数量或质量上相等或相抵。例:为了保持城市的生态～,这块土地上不能再建高楼了。

【平均】píngjūn 将总数按份均匀计算,没有轻重或多少的分别。例:每个班级～有48名学生。

〈辨析〉都有相等、均匀的意思。"平衡"侧重指事物各个方面的数量或质量相等、相抵,从而互相制约;"平均"侧重指分配均匀,强调事物在数目、分量上的均等,没有轻重或多少的分别。
〈相关〉均衡　均匀

评估　　评价

【评估】pínggū　评议,估计。例:这些作品谁优谁劣还有待～。

【评价】píngjià　①评定价值的高低。例:我们要用唯物主义观点～历史人物。②评定的价值。例:对这部有争议的作品,评委会给出了一个客观的～。

〈辨析〉都有评定、估计的意思。"评估"一般指对几个人或几件事的评定;"评价"强调评定人或事物价值的高低,多指对一个人或一件事的评定,还用作名词,指评定的价值。

〈相关〉估价　评定

破败　　破落

【破败】pòbài　残破,衰败。例:山里那座～的庙宇已修葺一新。

【破落】pòluò　家境由盛而衰;破败。例:她出生于一个～的地主家庭。

〈辨析〉都有残破、衰败的意思。"破败"常用来形容园林、建筑、古迹等;"破落"多形容家庭、事业等。

〈相关〉残破　衰败

破裂　　破碎

【破裂】pòliè　①完整的东西出现了裂缝。例:这一带地层～是由地震造成的。②双方的感情、关系等出现分裂。例:这对夫妻的感情已经～。

【破碎】pòsuì　完整的东西破成了零块。例:这幅扇面画虽已～,但很有研究价值。

〈辨析〉都有完整的东西变得不完整的意思。"破裂"侧重于"裂",程度较轻;"破碎"侧重于"碎",程度较重,还指双方感情、关系等出现分裂。

〈相关〉破残　破损

朴实　朴素

【朴实】pǔshí　① 俭朴。例:她穿得干净而～。② 踏实,不浮夸。例:他为人～而又热心,大伙有什么事都爱找他帮忙。

【朴素】pǔsù　① 不浮夸。例:作为一名艺术家,他非常向往一种～和大气的境界。② 节约,不奢侈。例:部队崇尚艰苦～的作风。

〈辨析〉都有不浮夸、不加修饰的意思。"朴实"侧重指真实而不造作,多形容品质、作风、艺术、衣饰等;"朴素"侧重指不奢华、生活节俭,多形容环境、衣饰、作风等。

〈相关〉俭朴　质朴

Qq

凄惨　　凄凉

【**凄惨**】qīcǎn　处境或境遇极其不幸,令人伤心。例:孤独的老人在小屋里~地死去。

【**凄凉**】qīliáng　寂寞,冷落。例:黄昏时分,秋天沉重~的暮色笼罩着大地。

〈辨析〉都有凄清、冷落的意思。"凄惨"侧重于描写生活情状的悲惨、凄苦;"凄凉"侧重于描写环境、景物的冷落和萧条。

〈相关〉凄苦　凄清

期待　　期望

【**期待**】qīdài　期望;等待。例:大家殷切地~你早日学成回国。

【**期望**】qīwàng　对未来的事物或人的前途有所希望和等待。例:支援山区建设的工人纷纷表示决不辜负家乡人民的~。

〈辨析〉都有希望、等待的意思。"期待"多用于某种结局和结果;"期望"多用于长辈对小辈、集体和组织对个人、上级对下级。

〈相关〉期冀　希望

欺负　　欺压

【**欺负**】qī·fu　用蛮横、无理的手段压迫、侵犯或侮辱。例:那些小混混,专门~低年级的学生。

齐备　完备

【**欺压**】qīyā　欺负,压迫。例:农民们无法忍受地主的～,奋起反抗。
〈辨析〉都有用蛮横无理的手段侵犯、压迫的意思。"欺负"侧重指凭借自己力量比别人强大而压迫、侵犯、打击别人;"欺压"侧重指依仗权势欺负、压迫别人,语意比"欺负"重。
〈相关〉欺凌　欺辱

齐备　完备

【**齐备**】qíbèi　齐全。例:明天就要出发了,行装还没～,真急人。
【**完备**】wánbèi　应该有的全都有了。例:你的申请手续不～,还缺一份工资收入证明。
〈辨析〉都有不缺任何必要的东西的意思。"齐备"侧重指所要的东西应有尽有,没有遗漏,多形容物品;"完备"侧重指应有的东西全部都有了,多形容手续、条件、材料等。
〈相关〉齐全　完好

其他　其余

【**其他**】qítā　别的;另外的。例:我们同～人一样,都在努力工作。
【**其余**】qíyú　剩下的。例:除了小何外,～的人都通过了考试。
〈辨析〉都有除此以外的意思。"其他"指别的、另外的,使用范围广,可用于确指,也可用于泛指;"其余"指剩余下来的部分,一般用于确指。
〈相关〉别的　另外

奇怪　奇特

【**奇怪**】qíguài　① 跟平常不一样的。例:半夜三更的时候,楼上传来很～的声音。② 出乎意料;难以理解。例:自然界有很多～的现象有待我们去探索。

【奇特】 qítè 不同一般;奇异而特别。例:在海滨常常可以看到～的海市蜃楼。

〈辨析〉都有跟平常不一样的意思。"奇怪"强调不一般的、令人好奇的,可用于人或事物;"奇特"强调奇异特别、与众不同,多用于形容具体事物。

〈相关〉独特 奇异 特别

奇妙　　奇异

【奇妙】 qímiào 稀奇,巧妙。例:有时在白雪皑皑的极地上空,还可以同时看到两个以上太阳的～现象,这就是幻日。

【奇异】 qíyì ① 奇怪而特殊,不寻常。例:花卉博览会上,展出了很多来自国外的～花草。② 惊异。例:大家都用～的目光看着这位不速之客。

〈辨析〉都有特殊、不同寻常的意思。"奇妙"侧重指稀奇,多用来形容令人感兴趣的新奇事物或现象;"奇异"侧重指不平常、奇怪而不同一般,所形容的对象并不都是令人感兴趣的。

〈相关〉特异 稀奇

乞求　　企求

【乞求】 qǐqiú 请求给予;向人讨取。例:他实在饿极了,只好～路人施舍给他一点钱。

【企求】 qǐqiú 希望得到。例:他只想把工作做好,除此之外,别无～。

〈辨析〉都有希望得到的意思。"乞求"侧重指低三下四地请求,含贬义;"企求"侧重指企盼得到,为中性词。

〈相关〉哀求 恳求

企图　　妄图

【企图】 qǐtú　① 图谋;打算。例：他弄虚作假,～逃脱罪责。② 意图;打算。例：贩毒分子的不良～被火眼金睛的警方人员识破了。

【妄图】 wàngtú　狂妄地图谋。例：德军在"闪电战"计划破产后,被迫缩短战线,～集中力量,迅速攻占莫斯科。

〈辨析〉都有谋划、打算的意思。"企图"强调打算实现某种意图、计划,多用于不良的目的,还用作名词,指意图或打算,语意较轻;"妄图"强调狂妄地谋划,多用于不正当的打算,语意较重。

〈相关〉图谋　意图

启发　　启示

【启发】 qǐfā　说明事例,引起对方联想而有所领悟。例：他翻阅了大量的案例,从中获得了不少的～。

【启示】 qǐshì　① 启发指点,使人有所领悟。例：他精彩的演讲给企业的经营管理者以很好的～。② 通过启发指点后领悟的道理。例：生活就像一本百科全书,每一页都会给人以～。

〈辨析〉都有通过开导指点使人有所领悟的意思。"启发"强调引起对方联想,打开思路而所有领悟;"启示"强调给予提示,揭示事物的道理,使人有所领悟,还用作名词,指通过启发指点后领悟的道理。

〈相关〉开导　启迪

启用　　起用

【启用】 qǐyòng　开始使用。例：这条地铁延伸段设备已经安装好,马上就会～。

【起用】qǐyòng ① 重新任用已退职或免职的官员。例：为了扭转连年亏损的局面，厂领导决定～这几位经验丰富的退休技术人员。② 提拔使用。例：我们要大胆～年轻干部。

〈辨析〉都有开始使用的意思。"启用"侧重指开始使用，多用于物，一般不用于人；"起用"多指重新任用已退职或免职的官员，还含有提拔使用的意思，只用于人，不用于物。

〈相关〉开启　使用

气概　气魄

【气概】qìgài 在对待重大问题上所表现的态度、举动或气势。例：现在的流行乐坛似乎越来越缺少男人的阳刚～。

【气魄】qìpò ① 魄力。例：气势恢宏的秦始皇兵马俑，让我们看到的是千古一帝在艺术方面的非凡～和惊世手笔。② 气势。例：人民大会堂～雄伟。

〈辨析〉都指表现出来的某种力量、气势。"气概"侧重指人的正直、豪迈的表现；"气魄"侧重指人做事坚忍不拔的决心和干劲，也可指事物所表现出来的某种力量、气势、格局等，既可指外在表现，也可指内在力量。

〈相关〉魄力　气势

气候　天气

【气候】qìhòu ① 一定地区里经过多年观察所得到的概括性的气象情况。例：山里的～变化多端，刚才还是艳阳高照，转眼间便是大雨倾盆。② 比喻动向或情势。例：近来国际政治～变得紧张。③ 比喻结果或成就。例：你们这样瞎闹腾成不了～。

【天气】tiānqì 一定区域、一定时间内大气中发生的各种气象变化。例：这几天～很好，晴空万里，阳光灿烂。

〈辨析〉都可指一定地区、一定时间内的气象情况。"气候"指较大地区、较长时间内的气象情况,还可比喻动向或情势、结果或成就;"天气"指较小范围、较短时间内的气象变化的情况。
〈相关〉气象 天时

恰当　　适当

【恰当】qiàdàng　恰如其分;妥当。例:在这次讨论中,一些不~的条例将会得到修改或废除。

【适当】shìdàng　合适,妥当。例:饮酒与吸烟者应该~补充维生素C,以利健康。

〈辨析〉都有合适、妥当的意思。"恰当"强调恰如其分、非常妥当,语意比"适当"重;"适当"强调合适、妥当。

〈相关〉得当　妥当

恰好　　恰巧

【恰好】qiàhǎo　正好。例:你要的那本书~我这里有,我可以借给你。

【恰巧】qiàqiǎo　凑巧。例:在这次会议上,我~碰到了多年未见的老同学。

〈辨析〉都有巧合的意思。"恰好"强调合适,多用于位置、时间不前不后,体积不大不小,数量不多不少等;"恰巧"强调巧合,多用于时间、机会、条件等合适。

〈相关〉凑巧　刚好　正好

迁徙　　迁移

【迁徙】qiānxǐ　迁移。例:全球首次大熊猫大规模~计划在中国大功告成。

【迁移】qiānyí　由某处转到另一处。例:为了上海的市政建设,很多老工厂都被~到了郊区。

〈辨析〉都有改换位置的意思。"迁徙"一般只限于人口的迁动,移动的距离较远;"迁移"侧重指地点的转移,既可用于迁户口,又可用于工厂、学校、机关等单位的迁动。
〈相关〉搬迁　转移

谦虚　谦逊

【谦虚】qiānxū　①虚心向人请教;肯接受批评。例:～使人进步,骄傲使人落后。②说谦虚的话。例:大家表扬你,你也要～一下呀!

【谦逊】qiānxùn　谦虚,恭谨。例:老教授待人十分～,一点架子也没有。

〈辨析〉都有虚心、不自满、肯接受意见的意思。"谦虚"强调不自满、不自大,多用于口语;"谦逊"强调态度恭敬、客气,多用于书面语。

〈相关〉谦恭　谦和

前程　前途

【前程】qiánchéng　前途;前景。例:他年轻有为,～远大。

【前途】qiántú　前面的路程,比喻将来的光景。例:～是光明的,道路是曲折的。

〈辨析〉都可指前面的路程,也都可比喻将来的光景。"前程"着重指发展的路程和状况,含褒义,多用于书面语;"前途"着重指发展的道路和趋势,为中性词,通用于口语和书面语。

〈相关〉前景　远景

浅薄　浅陋

【浅薄】qiǎnbó　①学识肤浅;缺乏修养。例:他是个～虚伪的人,大家对他没什么好感。②不深;微薄。例:他俩感情～,难以修成正果。

【浅陋】 qiǎnlòu　见识贫乏;见闻不广。例:这篇文章的思想内容十分～,文字也不通顺。

〈辨析〉都有学识浅、不深广的意思。"浅薄"侧重形容人的学识肤浅、修养缺乏,还形容感情等不深;"浅陋"侧重形容人的知识贫乏、见闻不广。

〈相关〉粗浅　肤浅

浅近　浅显

【浅近】 qiǎnjìn　浅显易懂。例:她主张用～的白话写作。

【浅显】 qiǎnxiǎn　字句、内容简明,容易懂。例:这是一本～而又有趣的儿童读物。

〈辨析〉都有文章或说话通俗、明白易懂的意思。"浅近"强调不艰深、不晦涩,易于理解;"浅显"强调不深奥,明显易懂。

〈相关〉肤浅　浅易

强大　强盛

【强大】 qiángdà　力量坚强雄厚。例:～的现代化国防是建设祖国的坚强保障。

【强盛】 qiángshèng　强大,昌盛。例:只有国家～,人民才能安居乐业。

〈辨析〉都有力量大、实力强的意思。"强大"强调力量大、实力雄厚,多形容国家、军队、团体等;"强盛"强调繁荣昌盛,多形容国家、民族等。

〈相关〉强健　强壮

强制　强迫

【强制】 qiángzhì　用政治、经济或其他力量强迫、制服对方。

例：政府采取～措施,坚决关闭了一批污染严重超标的企业。

【强迫】 qiǎngpò 施加压力迫使对方服从。例：作为父母,不要～孩子服从自己的意愿,也应该听听孩子们的心愿。

〈辨析〉都有用强力迫使对方服从的意思。"强制"侧重指用政治、经济或法律方面的力量强迫制服对方,语意比"强迫"重;"强迫"侧重指用压力迫使对方服从自己的意志。

〈相关〉逼迫　强逼

抢救　　挽救

【抢救】 qiǎngjiù 在紧急危险的情况下迅速救护。例：医护人员正在全力～一位因遭遇车祸而生命垂危的老人。

【挽救】 wǎnjiù 从危险中救回来。例：这里面既有普通血型的献血者,也有像她一样匆匆赶来的稀有血型提供者,人们都在为～生命而努力。

〈辨析〉都有从危险中救助的意思。"抢救"侧重指迅速地救治,多用于急待救助、救护的人或物;"挽救"侧重指通过救助使脱离危险或恢复原状,常用于救助病人或扭转危险局面,或帮助犯了错误、走上危险道路的人。

〈相关〉救助　拯救

切实　　确实

【切实】 qièshí 实实在在;合乎实际。例：为了帮助这几户贫困家庭,他做了许多～的工作。

【确实】 quèshí ① 真实可靠。例：他已回国的消息～吗？② 对客观情况的真实性表示肯定。例：近来,他～非常用功地读书。

〈辨析〉都有与事实一致的意思。"切实"着重在切合实际、没有浮夸的意思;"确实"着重在真实可信、没有虚假的意思,还可用作副词,指对客观情况的真实性表示肯定。

〈相关〉确切　确凿　实在

亲切　亲热

【**亲切**】qīnqiè　关系亲近,亲密;对人热情而关心。例:这位影星从不耍大牌脾气,给人以一种～感。

【**亲热**】qīnrè　亲近,热情。例:看着这一组组情侣～的镜头,真希望他们能有情人终成眷属。

〈辨析〉都有亲近、热情的意思。"亲切"形容关系、态度等亲近,感情、话语等真挚恳切,只用于人;"亲热"形容关系亲密、态度热情,可用于人和动物。

〈相关〉亲近　亲密

侵犯　侵略

【**侵犯**】qīnfàn　① 非法干涉别人,损害其权利。例:农民工的合法权益不能遭到～。② 侵入别国领域。例:解放军战士击退了～我国边境的敌人。

【**侵略**】qīnlüè　侵犯别国领土、主权,掠夺并奴役别国人民。例:中国人民主张和平,反对～。

〈辨析〉都可指用武力及其他非法手段入侵别国、危害别国或别人的利益等。"侵犯"侧重指非法损害别国和别人的利益,既可用于国家之间,也可用于人与人之间;"侵略"侧重指侵入别国领土,掠夺别国财富并奴役人民,手段可以是武力,也可以是经济、文化等。

〈相关〉掠夺　侵占

侵吞　侵占

【**侵吞**】qīntūn　① 暗中非法占有不属于自己的财物。例:～赈灾款项是一种犯罪行为。② 用武力吞并别国或强占别国的部分领土。例：扩张主义者企图～别国的领土。

【**侵占**】qīnzhàn ① 非法占有别人的财产。例：老李家的隔壁邻居～公用走道，实在是太霸道了。② 用侵略的手段强占别国领土。例：这片美好的土地曾被日寇～。

〈辨析〉都有非法占有的意思。"侵吞"侧重指利用非法手段或武力暗中占有或吞并，对象一般是财物、领土等，使用范围较窄；"侵占"侧重指用强力公开占据，对象可以是财物、领土、时间、权利等，使用范围较广。

〈相关〉霸占 占有

勤快　　勤劳

【**勤快**】qínkuài 手脚勤，劳作快。例：外婆是个手脚～的人，整天忙忙碌碌的。

【**勤劳**】qínláo 努力劳作，不怕辛苦。例：中华民族是～勇敢的民族。

〈辨析〉都有不怕辛劳、勤奋工作的意思。"勤快"侧重指手脚勤、爱干活；"勤劳"侧重指热爱劳动、不怕辛苦。

〈相关〉勤奋　辛劳

轻便　　轻巧

【**轻便**】qīngbiàn 重量较小；建造较易；使用方便。例：这款登山包设计得很～，很受旅游爱好者的欢迎。

【**轻巧**】qīngqiǎo 重量小而灵巧；轻松灵巧；简单容易。例：小运动员的身体很～，一个后空翻便跃上了平衡木。

〈辨析〉都有小巧简单、方便容易的意思。"轻便"强调简单方便、不笨重，多用于物体；"轻巧"强调轻松灵巧、使用方便省力，既可用于物，也可用于人。

〈相关〉灵巧　小巧

轻浮　　轻佻

【轻浮】qīngfú　言语举动随便;不严肃,不庄重。例:他不是一个～的青年,不会做出那样的事。

【轻佻】qīngtiāo　言语举止不庄重;不严肃。例:她举止～,不像是个好姑娘。

〈辨析〉都可形容言语举止随便、不严肃。"轻浮"侧重于不稳重、举止浮躁;"轻佻"侧重于不端庄、行为随便。

〈相关〉轻薄　轻狂

轻快　　轻松

【轻快】qīngkuài　① 轻松愉快。例:老人们随着～的乐曲跳起了健身舞。② 不费力。例:他脚步～地走上了主席台。

【轻松】qīngsōng　不感到有负担;不紧张。例:看到她～愉快的表情,便知道她一定通过了考试。

〈辨析〉都有不费力、放松不紧张的意思。"轻快"强调愉快,也指动作不费力,多形容动作、车船、乐曲等;"轻松"强调放松、没有负担,多形容气氛、心情、环境等。

〈相关〉轻巧　轻盈

轻蔑　　轻视

【轻蔑】qīngmiè　轻视;不放在眼里。例:他一声不吭,只是用～的眼光扫了对方一眼。

【轻视】qīngshì　不重视;不认真对待。例:每一种工作都很重要,～体力劳动的思想要不得。

〈辨析〉都有瞧不起的意思。"轻蔑"侧重指看不起、不放在眼里,语意比"轻视"要重;"轻视"侧重指不够重视、不慎重对待,语意较轻。

〈相关〉藐视　蔑视

倾诉　倾吐

【**倾诉**】qīngsù　完全说出心里的话。例：当你把幸福和朋友一起分享时,很多人都会觉得幸福;当你把痛苦向朋友~时,痛苦就会减轻。

【**倾吐**】qīngtǔ　畅所欲言。例：她把我看作最信赖的好朋友,常常向我~一些内心的苦闷。

〈辨析〉都有把心里的话说出来的意思。"倾诉"侧重于"诉",指把自己的思想、感受全部告诉别人;"倾吐"侧重于"吐",指把深藏在心底的意思尽情地吐露出来。

〈相关〉诉说　吐露

清爽　清新

【**清爽**】qīngshuǎng　清洁,凉爽。例：雨后的空气很~。

【**清新**】qīngxīn　① 清爽,新鲜。例：山上的空气非常~。② 新颖不俗气。例：这次房屋的装修风格,时尚~,让人眼前一亮。

〈辨析〉都有空气等新鲜的意思。"清爽"侧重于"爽",强调凉爽、爽快;"清新"侧重于"新",除强调新鲜外,还可指语言、风格、事物等新颖而不俗气。

〈相关〉凉爽　新鲜

情况　情形

【**情况**】qíngkuàng　① 情形。例：她新来乍到,还不熟悉公司的~。② 军事上或情况的变化、动向。例：通讯员正在报告前线~。

【**情形**】qíngxíng　事物呈现出来的样子。例：看~难免要大干一场了,大家赶快做准备吧。

〈辨析〉都可指事物存在的样子。"情况"泛指事情的各种状况,可用于具体事物和抽象事物,还特指军事上或敌情的变化;"情形"指有形可见的情况或状态,多用于事物发展过程或变化的状态。
〈相关〉情景　状况

请教　　求教

【请教】qǐngjiào　请求指教。例:有些十分复杂的几何题我不会做,就去~别人。

【求教】qiújiào　向人请教。例:初来乍到,我处处需要向人~。

〈辨析〉都有请求别人指教的意思。"请教"强调谦虚地、有礼貌地请人教自己;"求教"强调恳切地要求,语意比"请教"重。

〈相关〉领教　讨教

请求　　要求

【请求】qǐngqiú　① 提出要求,希望得到满足。例:小梁大学毕业后,~到西部去执教。② 所提出的要求。例:你的~已经得到领导批准。

【要求】yāoqiú　① 提出具体愿望或条件,希望得到满足。例:他~再派一员工去市场部。② 提出的具体愿望或条件。例:你的~一定会得到满足。

〈辨析〉都有提出愿望希望得到满足的意思。"请求"含有敬重的色彩,语意较重,多用于下级对上级之间,还可用作名词,指提出的要求;"要求"指一般地提出要求,语意较轻,使用时也不受长幼辈的限制,还可用作名词,指提出的具体愿望或条件。

〈相关〉恳求　央求

庆贺　　庆祝

【庆贺】qìnghè　庆祝喜事或向有喜事的人道喜。例:比赛打赢了,今晚大家可要好好~一下。
- 【庆祝】qìngzhù 为共同的喜事或节日举行纪念或欢庆活动。
  例:大家欢聚一堂,~建校三十周年。
  〈辨析〉都有为喜事祝贺、欢庆的意思。"庆贺"侧重于贺喜,喜事可大可小;"庆祝"侧重于喜庆、纪念,多用于比较隆重的正式的场合。
  〈相关〉道贺 祝贺

区别　区分

- 【区别】qūbié ① 把两个以上的对象加以比较。例:这两起事故的性质不同,应该加以~。② 彼此不同的地方。例:你知道低等植物与高等植物的~吗?
- 【区分】qūfēn 把两个以上的对象加以比较,区别它们不同的地方。例:在处理突发事件时,要严格~不同性质的矛盾。
  〈辨析〉都有加以分别的意思。"区别"除用作动词外,还可用作名词,表示彼此不同的地方;"区分"只作动词。
  〈相关〉辨别 分别 划分

驱赶　驱逐

- 【驱赶】qūgǎn 赶跑;赶着走。例:饲养员把羊群~到了草原上。
- 【驱逐】qūzhú 赶走。例:在他档案上有被~出境的记录。
  〈辨析〉都有赶走的意思。"驱赶"用于一般场合,对象可以是动物,也可以是人;"驱逐"用于外交、军事场合,含有政治色彩,对象一般是人。
  〈相关〉赶走 驱除

屈从　屈服

- 【屈从】qūcóng 对外来压力不敢反抗,勉强服从。例:软弱使我们～于外界的压力。

【**屈服**】qūfú　在外部力量的逼压下妥协让步,放弃斗争。例：在困难面前,她始终没有～。

〈辨析〉都有对外来的压力不反抗、违心服从的意思。"屈从"强调违背本意、勉强服从外来压力；"屈服"强调妥协认输、不抗争。

〈相关〉服从　顺服

取缔　取消

【**取缔**】qǔdì　颁布命令取消或禁止。例：公安部门下令～这个非法书刊市场。

【**取消**】qǔxiāo　颁布命令使原有的规章制度等失效。例：由于三名队员超龄,国际足联～该队的比赛资格。

〈辨析〉都有颁布命令使失效的意思。"取缔"的对象为违法事物,采取的是强制手段；"取消"的对象是较为抽象的事物,采取的手段不一定是强制的。

〈相关〉撤消　废除

权力　权利

【**权力**】quánlì　① 政治上的强制力量。例：全国人大是国家最高～机关。② 职权范围内的支配力量。例：～是人民给的,我们这些干部是人民的公仆,要多为人民服务。

【**权利**】quánlì　公民或法人依法行使的权力和享受的利益。例：我们每个人都有学习和工作的～。

〈辨析〉都可指依照规定给予的可供行使和支配的权限。"权力"着重指政治上的强制力量或职权范围内的支配力量；"权利"着重指依法享有的不容侵犯的利益。

〈相关〉权柄　权限

全部　全体

【全部】quánbù　整个;整体。例:你了解的不过是事情的一部分,并不是～。

【全体】quántǐ　各部分的总和;各个个体的总和。例:今天下午公司举行～职工会议。

〈辨析〉都有整体的意思。"全部"使用范围较宽,既可指人,也可指物;"全体"使用范围较窄,只可指人,不可指物。

〈相关〉全数　整个　整体

劝告　劝说

【劝告】quàngào　① 用道理说服人,使人改正缺点或听取意见。例:他再三～她不要耍小孩子脾气,但她根本不予理会。② 希望人改正错误或接受意见而说的话。例:你要多听听同事们的～。

【劝说】quànshuō　用道理劝告说服,使人对做某事表示同意。例:经过民警的耐心～,姑娘消除了轻生的念头。

〈辨析〉都有用道理说服别人的意思。"劝告"侧重指说服别人,使人改正缺点或采纳意见,语意比"劝说"重,还可用作名词,指希望人改正错误或接受意见而说的话;"劝说"侧重指说服别人,使人听从。

〈相关〉奉劝　规劝

劝解　劝慰

【劝解】quànjiě　① 劝导,宽解。例:在派出所民警的帮助下,工程队负责人、工人代表爬上楼顶与民警一起对轻生者进行～。② 劝说;劝架。例:在同事们的～下,他俩重归于好。

【劝慰】quànwèi　劝解,安慰。例:这名心理医生经常～病人树立战胜病魔的信心。
〈辨析〉都有劝说、宽解的意思。"劝解"侧重指规劝开导别人,还有劝说、劝架,使双方言归于好的意思;"劝慰"侧重指劝解、宽慰别人,使人心情舒畅。
〈相关〉劝导　劝阻

缺点　　缺陷

【缺点】quēdiǎn　欠缺或不完善的地方。例:她学习成绩很不错,就是改不掉上课时爱说废话的～。

【缺陷】quēxiàn　欠缺或不够完备的地方。例:他有生理～,因而有点自卑。

〈辨析〉都可指人或事物的不足之处。"缺点"使用范围较广,常用于人的性格、思想、品行等;"缺陷"多用于人的生理方面或知识方法等,也可用于物体。

〈相关〉弱点　瑕疵

缺乏　　缺少

【缺乏】quēfá　没有或不够。例:～吃苦耐劳的精神是干不好工作的。

【缺少】quēshǎo　缺乏。例:家具差不多买齐了,还～一套餐桌椅。

〈辨析〉都有没有或不够的意思。"缺乏"侧重指需要的或应有的事物极少或没有,语意较重;"缺少"侧重指人或物的数量不足或没有,语意较轻。

〈相关〉短缺　欠缺

确切　　确实

【确切】quèqiè　① 准确;恰当。例:这篇文章用词比较～。

② 真实,可靠。例:～的事实是新闻报道的基础。

【确实】 quèshí ① 真实可靠,不虚假。例:他告诉我们的消息并不～,与事实有些出入。② 对客观情况的真实性表示肯定。例:这篇文章～是他写的。

〈辨析〉都有真实可靠的意思。"确切"多形容语言文字准确恰当、没有差错,也形容消息、情况等真实可靠;"确实"形容消息、证据或情况等真实可靠,还用作副词,表示对客观情况的真实性的肯定。

〈相关〉确凿　准确

让步　妥协

【让步】 ràngbù　在争执中退让。例:他怕一味坚持下去会惹恼对方,便作出了~。

【妥协】 tuǒxié　向对方让步,避免冲突或争执。例:在原则问题上,她决不~。

〈辨析〉都有为避免冲突放弃自己的要求或利益的意思。"让步"强调在争执或冲突中主动退让,让对方获利;"妥协"强调为避免争执或冲突,向对方采取一定程度的退让,常带有被动性,有时含贬义。

〈相关〉迁就　退让

惹事　生事　滋事

【惹事】 rěshì　引起纠纷、麻烦或祸事。例:弟弟经常在学校~,妈妈为此很头痛。

【生事】 shēngshì　制造纠纷,引起祸事。例:有些中年妇女常常张家长、李家短的,很容易~。

【滋事】 zīshì　制造纠纷,惹事。例:这几个小流氓常在这一带~,扰乱社会治安。

〈辨析〉都有惹出麻烦或祸端的意思。"惹事"强调本来可以没事,但由于言语、行为不当而招惹麻烦或引起事端;"生事"强调毫无必要地或有意无意地制造矛盾、挑起事端;"滋事"强调制造纠纷、挑起事端,书面语色彩比较浓厚,使用频率也较低。
〈相关〉闹事　肇事

热忱　　热情

【热忱】rèchén　感情热烈真挚。例:在旅行期间,旅行社将为广大游客提供～而又周到的服务。

【热情】rèqíng　① 热烈的感情。例:她对工作充满～。② 有热情。例:维吾尔族是一个十分～而又好客的民族。

〈辨析〉都有感情真挚热烈的意思。"热忱"形容感情热切真挚,语意庄重,多用于书面语;"热情"形容感情热烈奔放,通用于口语和书面语,还用作名词,指热烈的感情。

〈相关〉热诚　热心

热烈　　热闹

【热烈】rèliè　激动;兴奋。例:姚明每投进一球,观众席上就会爆发出一阵～的掌声。

【热闹】rènào　繁盛;活跃。例:这两天,招生办～非凡,前来咨询的考生和家长络绎不绝。

〈辨析〉都有兴奋、活跃的意思。"热烈"强调情绪的激动、气氛的热切,语意比"热闹"重;"热闹"强调场面或景观上喧闹活跃、繁华兴盛。

〈相关〉热火　喧闹

人间　　世间

【人间】rénjiān　人类社会。例:人们常把苏杭比作～的天堂。

【世间】shìjiān　世上;人间。例:编剧试图以多视点、多个分支剧情,从不同的角度展示～百态。

〈辨析〉都指人类生活的地方。"人间"侧重指人类的物质生活空间,强调的是"世界上",通用于口语和书面语;"世间"侧重指人类的社会生活空间,强调的是"社会上",多用于书面语。
〈相关〉尘世　人世

忍耐　忍受

【忍耐】rěnnài　抑制住烦恼、痛苦、不愉快的情绪,不使表露出来。例:再艰苦的日子她都能~,可是就是受不了别人对她的侮辱。

【忍受】rěnshòu　把痛苦、困难、不幸的遭遇等勉强承受下来。例:祥林嫂默默地~鲁镇的人们对她的嘲讽与欺侮。

〈辨析〉都有承受的意思。"忍耐"侧重于"耐",表示耐住性子,语意较轻;"忍受"侧重于"受",表示勉强承受,语意较重。
〈相关〉承受　容忍

认为　以为

【认为】rènwéi　对人或事物作出判断,表示确定的看法。例:科学家~,宽容和原谅别人有益于健康。

【以为】yǐwéi　认为。例:我~这件事情应该会朝着预期的方向发展。

〈辨析〉都可指对人、对事物作出一定的判断,表示自己的看法和态度。"认为"侧重指经过分析、思考后提出的认识和看法,语气较肯定,态度较为庄重;"以为"侧重指表示猜想、估计或推断,语气不肯定,多用于一般事物。
〈相关〉感到　觉得

任务　使命

【任务】rènwù　指定担负的工作或责任。例:以学为主,学生的主要~就是学习。

【使命】shǐmìng 派人办事的命令;多比喻重大的责任。例:今天我用鲜血书写我的请求,明天我会用整个生命担负~。
〈辨析〉都有所担负的工作或责任的意思。"任务"使用范围较广,既可用于担任的一般工作,也可用于担负的重大责任;"使命"使用范围较窄,只用于重大的和特殊的任务。
〈相关〉责任 职责

任性　任意

【任性】rènxìng 毫无约束地放任自己的性子。例:如何纠正孩子的~,对家长来说是一个难题。

【任意】rènyì ① 没有拘束;不加限制。例:他~踢了一脚,没想到球竟然进了球门。② 没有任何条件的。例:这名球员在对方球门前为本队争取到一个~球。
〈辨析〉都有毫无拘束、随意而为的意思。"任性"形容做事放纵自己的性子、不加约束和控制;"任意"用作副词,强调没有约束,对自己的言行不加限制,还形容做事情没有任何条件的。
〈相关〉随心 随意

仍旧　仍然

【仍旧】réngjiù ① 仍然。例:在颁奖大会上,这对夫妇~是夫唱妇随,一起到场。② 照旧。例:整修后的小楼外观~。

【仍然】réngrán 表示情况持续不变或变化后恢复原状。例:黄河中下游~有大范围降雨,防汛形势非常严峻。
〈辨析〉都有继续维持原样不变的意思。"仍旧"强调的是现在的情况与原来的情况一样,还用作动词,意为照旧;"仍然"强调情况没有发生变化、保持原样。
〈相关〉依旧 依然

溶化　熔化　融化

【溶化】rónghuà　指固体溶解。例：阿拉加斯加的冰川，～的速度比人们预想的要快得多。

【熔化】rónghuà　固体加热到一定程度变成液体。例：经过高温加热，炼钢炉里的钢锭被～成了钢水。

【融化】rónghuà　冰雪等变成水。例：由于持续高温，雪山上的积雪层开始～。

〈辨析〉都有溶解化开的意思。"溶化"指固体在液体中化开；"熔化"指固体受高温作用化成液体；"融化"指冰、雪、霜等化为水。

〈相关〉溶解　熔解　融解

冗长　冗杂

【冗长】rǒngcháng　废话多；拖沓。例：他做的报告空洞而～，台下的人听得昏昏欲睡。

【冗杂】rǒngzá　多而杂乱；繁杂。例：行政工作虽然～，但她处理起来还是井井有条。

〈辨析〉都有内容多而繁杂的意思。"冗长"强调多而长，多形容文章和讲话废话多、拉得长；"冗杂"强调繁多杂乱，多形容工作、事务等繁杂。

〈相关〉芜杂　繁杂

柔和　柔软

【柔和】róuhé　① 温和而不强烈。例：一走进这家小店，～的光线十分温馨，给人以一种家的感觉。② 软和。例：这条围巾手感十分～。

【柔软】róuruǎn　柔和，不坚硬。例：躺在～的垫子上，喝杯现磨咖啡,晒着午后的阳光,真是舒服啊!
〈辨析〉都有软和、不坚硬的意思。"柔和"强调温和、软和,适用范围较窄,多形容声音、光线、感受等;"柔软"强调柔和、不硬,适用范围较广,可形容具体事物,也可形容人体、姿态等。
〈相关〉轻柔　软和

Ss

洒脱　　潇洒

【洒脱】sǎtuō　自然,不拘束。例:几年不见,他还是那样的～而干练。

【潇洒】xiāosǎ　自然大方,不拘束,不呆板。例:刚放暑假,她便和同学结伴,～地去云南度假了。

〈辨析〉都有自然、大方、不拘束的意思。"洒脱"多形容举止、言谈、性格等;"潇洒"多形容神情、风度、举止、姿态等,还含有悠闲自在的意思。

〈相关〉超脱　飘逸

丧失　　损失

【丧失】sàngshī　失掉;失去。例:那场车祸使他～了记忆。

【损失】sǔnshī　无代价地失去或消耗。例:这次水灾使该地区～了8个亿。

〈辨析〉都有失去的意思。"丧失"适用范围较广,可用于土地、生命等具体事物,也可用于立场、人格、勇气等抽象事物;"损失"语意稍轻,可用于财产、物品,也可用于名誉、威信、主权等抽象事物。

〈相关〉亏损　失去

沙哑　　嘶哑

【沙哑】shāyǎ　声音低沉而不圆润。例:"冲上去,甩开他们",

赛场边响起教练~的大嗓门。
- 【嘶哑】sīyǎ 声音干涩而沙哑。例：尽管他喊得声音~，力气用尽，还是没有人来帮助他。

〈辨析〉都有声音低沉、发音困难的意思。"沙哑"强调声音低沉、不圆润，多由自然的生理现象造成；"嘶哑"强调嗓音干涩，多因大声哭闹叫喊引起，程度较重。

〈相关〉粗哑　喑哑

霎时　　瞬间

- 【霎时】shàshí 极短的时间。例：~，像一道电光闪过，他就倒在地上了。
- 【瞬间】shùnjiān 转眼之间。例：只那么~，人影就不见了。

〈辨析〉都指极短的时间。"瞬间"比"霎时"强调的时间更短。

〈相关〉倾刻　瞬时

闪烁　　闪耀

- 【闪烁】shǎnshuò ① 光亮忽明忽暗，动摇不定。例：夜晚的天空，~的星星就像在对我们眨眼似的。② 说话吞吞吐吐，不说明确。例：他~其词，不肯说出事情的真相。
- 【闪耀】shǎnyào 闪烁；光彩耀眼。例：孙雯一记头球破门，犹如一颗~的星星划破天空。

〈辨析〉都有光亮闪动的意思。"闪烁"侧重指光亮摇曳不定、忽明忽暗，也可比喻说话吞吞吐吐、不明确的意思；"闪耀"侧重指光亮四射、明耀显眼，光亮程度较高。

〈相关〉闪动　闪亮

擅长　　善于

- 【擅长】shàncháng 对某一技能具有特长。例：小贝利用~的任意球技术打进一球。

【**善于**】shànyú　在某一方面是有特长的。例：胡锦涛主席对青年提出三点希望：勤于学习，～创造，甘于奉献。

〈辨析〉都有具有某一特长的意思。"擅长"着重指有一技之长并特别精通；"善于"泛指在某一方面有特长，但并不一定精通，程度比"擅长"弱，使用范围较广。

〈相关〉特长　专长

擅自　私自

【**擅自**】shànzì　越权自作主张。例：那个工地是你负责监管的，如果你不～离开岗位，事故也不会发生。

【**私自**】sīzì　背着别人，自己做不合乎规章制度的事。例：张家夫妇不仅在整理干净的空地上～搭建违章建筑，还用刀砍伤了执法的城管队员。

〈辨析〉都有不恰当地自己做事的意思。"擅自"强调自作主张，超越自己职权范围做事，语意较重；"私自"强调背着别人，做不符合规章制度的事。

〈相关〉私下　私行

伤心　痛心

【**伤心**】shāngxīn　因遭不幸或不如意的事而心里非常痛苦。例：比赛输了，球队没能进入8强，球迷们感到很～。

【**痛心**】tòngxīn　极其伤心。例：该国博物馆遭歹徒洗劫，大量精美绝伦的文物惨遭破坏，令人～不已。

〈辨析〉都有心里痛苦的意思。"伤心"强调心里感受到的痛苦，多指心灵受到的创伤；"痛心"强调遭受到极度的痛苦，语意比"伤心"重。

〈相关〉悲伤　痛苦

商量　商榷　商议

【商量】shāng·liang　交换意见。例：究竟采用哪种方案,大家～一下再决定。

【商榷】shāngquè　商讨;协商。例：这篇文章虽然很有新意,但某些观点还是值得～的。

【商议】shāngyì　为了对某些问题取得一致意见而进行讨论。例：专家组成员正在～新一轮的工作计划。

〈辨析〉都有就某一问题进行讨论、交换意见的意思。"商量"侧重指一般问题的商讨,常用于口语;"商榷"侧重指互相讨论、磋商,含有客气、尊敬的色彩,常用于书面语;"商议"强调大家共同计议、发表意见,往往用于比较正式的场合。

〈相关〉商讨　讨论

上当　受骗

【上当】shàngdàng　因受骗而吃亏。例：不要轻信陌生人的花言巧语,以免～。

【受骗】shòupiàn　被人欺骗。例：到无证摊贩那儿买东西,容易～。

〈辨析〉都有被人欺骗的意思。"上当"指因轻信谎言或中了圈套而吃亏;"受骗"指因听信谎言受到蒙蔽而被人欺骗,语意比"上当"重。

〈相关〉被骗　受愚

设备　装备

【设备】shèbèi　指专门用途的成套器材或建筑等。例：最近,厂里进口了一套新的生产流水线～。

【装备】zhuāngbèi　指配备的武器、器材、技术力量等。例：随着我国国防科技的进步,部队的～也越来越现代化了。
〈辨析〉都可指成套的物质配备。"设备"指专门用途的成套器材,多用于非军事方面;"装备"指成套的器材和技术力量,多用于军事方面。
〈相关〉配置　装置

设立　　设置

【设立】shèlì　成立;建立。例:投资环境的改善,吸引了全国各地政府和企业单位在本市～办事机构。

【设置】shèzhì　① 设立。例:要推动这项工作,必须～一个专门机构。② 放置;装置。例:为了防止超速行驶,有关部门在这段路面上～了减速标志。

〈辨析〉都有建立的意思。"设立"侧重指成立、建立,多用于机构、组织、项目等;"设置"侧重指建立或放置、安装,既可用于抽象事物,也可用于设施、器物等。

〈相关〉成立　建立

申明　　声明

【申明】shēnmíng　郑重说明。例:他再三～自己没有参加那次闹事活动。

【声明】shēngmíng　公开表示态度或说明真相。例:中国政府一再发布～,强调台湾是中国领土的一部分。

〈辨析〉都有表明态度、说明情况的意思。"申明"强调的是陈述,说明自己的意愿和看法,多用于个人范围内的事情;"声明"强调对某些事件公开表明立场、态度、主张,或说明真相、事理,多用于国家、政党、组织之间的重大事件。

〈相关〉讲明　说明

伸展　舒展

【**伸展**】shēnzhǎn　向一定的方向延伸和扩展。例：在运动之前要做一些～筋骨的暖身活动。

【**舒展**】shūzhǎn　① 不卷缩;不皱。例：小草挺直了腰,身子随着微风缓缓地～着。② 安适,舒服。例：做瑜伽运动可以使身心获得～。

〈辨析〉都有向外展开的意思。"伸展"侧重指向某个方向延伸或扩展;"舒展"侧重指不卷缩、不折皱,还可形容身心安适、舒服。

〈相关〉延伸　展开

深奥　深邃

【**深奥**】shēn·ào　高深,奥妙;不易理解。例：李老师把～的道理讲得很浅显,使学生们一听就懂。

【**深邃**】shēnsuì　精深;深奥。例：许多科幻片借助科学的外在形式,里面却包含着～的哲理。

〈辨析〉都可形容道理、含义高深。"深奥"强调高深奥妙、难以理解;"深邃"强调博大精深、深奥难懂,还含有幽深、深沉的意思,使用范围较广。

〈相关〉高深　精深

深刻　深入

【**深刻**】shēnkè　① 达到事情或问题的本质的。例：这篇文章记叙的是一件小事,却蕴含着～的道理。② 内心感受程度很深的。例：这把火烧醒了全厂干部职工的头脑,厂领导让全厂干部职工对这一事件进行～的反省。

【**深入**】shēnrù　① 进入事物的内部或中心。例：杨子荣是～匪穴的孤胆英雄。② 深刻,透彻。例：经过～调查,警方终于找到了犯罪嫌疑人藏匿的地方。
〈辨析〉都有程度深、达到事物的内部的意思。"深刻"强调达到事物或问题的本质,有针对性,还含有感受程度很深的意思;"深入"强调进入事物内部深层,由表及里,程度不断加深。
〈相关〉深切　深远

审判　　审讯

【**审判**】shěnpàn　审理,判决。例:公开～是对法院工作的基本要求,它也是一项重要的宪法原则。

【**审讯**】shěnxùn　司法机关向案件当事人查问有关案件的事实和情况。例:犯罪嫌疑人经不住再三～,心理防线全线崩溃。
〈辨析〉都有审问案件的意思,都是法律用语。"审判"侧重指审问到判决的全过程,也可指其中的单一过程;"审讯"侧重指讯问,不涉及处理和判决。
〈相关〉审理　审问

慎重　　郑重

【**慎重**】shènzhòng　谨慎,认真。例:面对五花八门的招生广告,家长要为孩子～选择培训学校。

【**郑重**】zhèngzhòng　严肃认真,不轻率。例:乡政府～承诺要在三年内办好五件实事。
〈辨析〉都有认真的意思。"慎重"强调谨慎小心、不轻率马虎,常形容言行、举止等;"郑重"强调严肃认真,常形容言行、态度和方式。
〈相关〉谨慎　庄重

生气　　怄气

【**生气**】shēngqì　发怒;不合心意而不愉快。例:住户看到管理员私自动自己的车,非常～。

【怄气】 òuqì 闹别扭;生闷气。例:夫妻之间因某些分歧而相互斗嘴、～、彼此不理睬等,这都是很正常的事。

〈辨析〉都有不愉快、不顺心的意思。"生气"侧重指发怒、不愉快,可指内心活动,也可指外在的表现;"怄气"侧重指生闷气、故意闹别扭,不一定发泄出来。

〈相关〉赌气　负气

声望　声誉

【声望】 shēngwàng 人的名声威望。例:他的家族事业十分庞大,在当地有很显赫的～。

【声誉】 shēngyù 人或物在社会上的知名度。例:世界电信巨头安然公司因涉嫌做假账,违反了诚实信用的原则,～一落千丈,最终导致了公司的倒闭。

〈辨析〉都指好的名声。"声望"强调有威望、受到敬仰,多用于个人、机构等;"声誉"强调有信誉、值得信赖,一般用于个人、机构、企业、产品等。

〈相关〉名誉　威望

声援　支援

【声援】 shēngyuán 公开地发表言论支援。例:他希望私营企业也能得到公正、公平待遇的呼吁,得到了各界的～。

【支援】 zhīyuán 用人力、物力、财力或其他实际行动去支持和援助。例:全国各地的人们踊跃捐款,～灾区人民重建家园。

〈辨析〉都有支持的意思。"声援"侧重指道义上、舆论上给予支持;"支援"侧重指用人力、物力、财力等实际行动给予援助。

〈相关〉援助　支持

时代　　时期

【时代】 shídài　① 历史上以经济、政治、文化等状况为依据而划分的某段时间。例：恐龙是远古～的动物。② 个人生命中的某个时期。例：他在少年～就喜欢上了足球。

【时期】 shíqī　具有某种特征的一段时间。例：这是一篇以解放战争～农村生活为背景的小说。

〈辨析〉都可指具有某种特点的一段时间。"时代"侧重指历史上或个人生命中的某个时期，所包含的时间一般很长；"时期"一般指具有某种特征的一段时间，所包含的时间可长可短，适用范围较广。

〈相关〉年代　时间

时光　　岁月

【时光】 shíguāng　① 时间；光阴。例：他每天无所事事地消磨～。② 时期。例：想起少儿～的无忧无虑，真有一种说不出的快乐。③ 日子。例：他们一家终于过上了丰衣足食的好～。

【岁月】 suìyuè　年月。例：～不饶人，皱纹慢慢爬上了他的额头。

〈辨析〉都可指一段时间。"时光"还可指抽象意义上的时间，还含有日子、生活的意思；"岁月"所指的年月，时间较长。

〈相关〉光阴　年月

时候　　时刻

【时候】 shíhòu　① 有起点和终点的一段时间。例：他在这里等了很长～了。② 时间里的某一点。例：新闻联播在北京～19点整。

【时刻】 shíkè　① 指具体的某一时间。例：现在是关键～，千万别松劲。② 每时每刻。例：人民代表是～牢记人民的重托。
〈辨析〉都可指时间里的某一点。"时候"还指有起点和终点的一段时间,适用范围较广;"时刻"还指每时每刻,适用范围较窄。
〈相关〉时辰　时间

实施　　实行

【实施】shíshī　实际施行法律、政策等。例：这个方案看似简单易行,～起来却有些困难。

【实行】shíxíng　用行动来实现各项计划、纲领、政策等。例：国家已经逐步～住房商品化,取消单位福利分房制度。

〈辨析〉都有用行动来实现的意思。"实施"强调实际执行,指在法律、政策、规章、计划等方面产生效力,一般用于政府、上级的、集体的大事公事,使用范围较窄;"实行"强调采取行动、开始执行,可用于政府的、集体的、个人的各种事,使用范围较广。
〈相关〉履行　实践

实验　　试验

【实验】shíyàn　① 为了检验某种科学理论或假设而进行的活动或从事的操作。例：～已到了最后关头,稍有疏忽,将功亏一篑。② 指实验的工作。例：这项～与攻克一个新的课题有密切关系,大家要努力细致地进行。

【试验】shìyàn　为了察看某事的结果或性能而进行的探索研究性活动。例：宇宙飞船的～成功,显示出我国航天科技工作的巨大成就。

〈辨析〉都有为检验某种结果而从事的意思。"实验"侧重于"实",指通过实际操作来验证结果,还用作名词,指实验的工作;"试验"侧重于"试",指尝试后才能得到结果。

〈相关〉测验　检验

食品　食物

【**食品**】shípǐn　经过加工制作后在商店出售的可以食用的物品。例：这家超市把不新鲜的~卖给顾客。

【**食物**】shíwù　可以充饥的东西。例：这起中毒事故是由于误食感染细菌的~引起的。

〈辨析〉都指可以食用的东西。"食品"多指商店等单位加工制成出售的食物,适用范围较窄;"食物"范围较广,指一切可以用来充饥的东西,包括加工或未加工乃至动物所吃的东西。

〈相关〉粮食　食粮

事变　事件

【**事变**】shìbiàn　突然发生的重大的政治、军事性事件;政治、军事方面的重大变化。例：1931年9月18日,日本侵略军炮轰沈阳北大营,蓄意制造了"九一八"~。

【**事件**】shìjiàn　历史上或社会上发生的不平常的大事情。例："9·11"恐怖袭击~对美国的冲击很大,还改变了世界的格局。

〈辨析〉都可指突然的、意外发生的变故。"事变"侧重指突然发生的、对历史产生重大影响的变故,常指政治、军事上的重大事件;"事件"一般指不平常的、较重要的事情,使用范围较广,不局限于政治、军事事件。

〈相关〉事故　事情

适合　适宜

【**适合**】shìhé　符合。例：长发虽然好看,却不是每一个人都~。

【适宜】shìyí 合适，相宜。例：三亚空气纯净，环境优美，是最～人居住的城市之一。

〈辨析〉都有符合实际情况或客观要求的意思。"适合"侧重于"合"，用作动词，指符合实际情况或客观要求；"适宜"侧重于"宜"，用作形容词，形容与某种要求或环境相宜、合适。

〈相关〉合适　相宜

收成　收获

【收成】shōuchéng 农业和副业产品等的收获情况。有时也指水产品捕捞的成绩。例：在农艺专家的指导下，今年苹果的～超过去年。

【收获】shōuhuò ① 收取成熟的农作物。例：秋天是～的季节。② 比喻学习或工作等取得的成果。例：这次随队去东北三省考察，～可真不小。

〈辨析〉都可指收取成熟的农作物。"收成"适用范围较窄，一般多指农作物，有时也指水产品捕捞的成绩；"收获"适用范围较广，除农作物外，还可指学习和工作等取得的成果。

〈相关〉成果　硕果

收集　搜集

【收集】shōují 使聚集在一起。例：爷爷～了几百枚抗日战争时期的徽章。

【搜集】sōují 到处寻找事物并使聚集在一起。例：利用互联网可以～商业情报，了解行业发展趋势、市场动态。

〈辨析〉都有使事物聚集起来的意思。"收集"强调收拢、收纳，把分散的东西聚集起来，多用于具体事物；"搜集"强调到处搜罗、积极寻找，适用于具体事物和抽象事物。

〈相关〉收罗　搜罗

收购　　收买

【**收购**】shōugòu　从持有者手中收买进来。例：平价药房推出后,很受老百姓欢迎,却遭到某些药厂的封杀,两万盒药被恶意~。

【**收买**】shōumǎi　① 收购。例:这家旧书摊~各种图书和报刊。② 用钱财或好处笼络人。例:他用金钱~了她,让她在法庭做伪证。

〈辨析〉都有向持有者买进的意思。"收购"的对象多为需要集中掌握或统一调度的物资,也可以是牲畜、家禽、粮食等人民日常生活用品和债务、股票等;"收买"范围比"收购"大,还可表示用钱财或其他好处笼络人,使受利用。

〈相关〉采购　购买

收留　　收容

【**收留**】shōuliú　留下并照顾有关人员的生活。例:一对好心的夫妇~了这名无家可归的小女孩。

【**收容**】shōuróng　接受有关人员并作一定的安排。例:~遣送办法早已经退出历史舞台了。

〈辨析〉都有接受有特殊情况或生活困难的人并给予安排的意思。"收留"一般指将生活困难和有特殊要求的人接收下来,对象经常是孤儿、难民、游民等;"收容"一般指有关组织和机关接收有特殊情况的人,对象经常是伤员、难民、俘虏等,也含有对不良分子进行集中管理教育的意思。

〈相关〉留下　收养

首领　　首脑

【**首领**】shǒulǐng　领袖;领导人。例:这个贩毒集团的~被判了死刑。

【**首脑**】shǒunǎo 领导人;为首的人、机关等。例:在京举行的六国～会议取得了较大的进展。
〈辨析〉都可指领导人。"首领"一般指政治集团、军事集团等的领头人;"首脑"一般指国家、政府、政党、团体的领导人。
〈相关〉领袖 头领 主脑

舒畅 舒坦

【**舒畅**】shūchàng 舒服畅快;开朗愉快。例:现在,人们越来越向往"身体健康,心情～"的生活。
【**舒坦**】shūtǎn 舒心坦然。例:动迁后,他们一家搬进了大而敞亮的新居,住得十分～。
〈辨析〉都有心情愉快、舒展的意思。"舒畅"强调心情开朗、精神愉快;"舒坦"强调心情舒展、安适坦然。
〈相关〉畅快 舒服

舒服 舒适

【**舒服**】shū·fu 身体或精神上感到轻松愉快。例:吃饭的时候,七分饱的满足感是最～的。
【**舒适**】shūshì 舒服,安逸。例:最近几天,由于冷空气南下的影响,天气凉爽～。
〈辨析〉都有轻松、适意的意思。"舒服"强调身心感受轻松愉快,可用于精神和物质方面,也可用于身体健康、环境方面,适用范围较广;"舒适"强调感觉舒服、适意,多形容气候、生活环境等令人愉快适意。
〈相关〉安适 安逸

熟识 熟悉

【**熟识**】shú·shi 对人认识比较长久;对事物了解比较清楚。

例：到了酒桌上,他才发现周围坐着的人自己竟无一~。

【**熟悉**】shú·xi 知道得很清楚。例：这位老船长在南海捕鱼数十年,各个岛礁的情况已经是非常~了。

〈辨析〉都有对人或事物知道得详细、了解得清楚的意思。"熟识"侧重指对人的认识较久或对事物了解较透彻,语意较轻;"熟悉"侧重指了解详尽清楚,可用于人或具体事物,也可用于抽象事物,语意较重。

〈相关〉熟稔 熟知

束缚　约束

【**束缚**】shùfù 使受到约束和限制;使停留在狭窄的范围里。例：我们要敢于创新,破除条条框框的~。

【**约束**】yuēshù 限制使不越出范围。例：诚信不仅是来自外界的~,更是一种发自内心的自律。

〈辨析〉都有在一定范围内受到限制的意思。"束缚"强调用某种力量把人或事物限制在较窄范围内,含贬义;"约束"强调规章制度对人的行为进行限制和规范,为中性词。

〈相关〉管束 限制

衰弱　虚弱

【**衰弱**】shuāiruò ① 虚弱,不强健。例：眼睛看东西忽然模糊不清,有时可能是肝功能~的标志。② 不强盛。例：敌人的攻势已经~。

【**虚弱**】xūruò ① 不结实。例：连日来因受痛失爱子的打击,她形体消瘦,~不堪。② 软弱;薄弱。例：连年战乱,该国国力已相当~。

〈辨析〉都有由强转弱的意思。"衰弱"多形容人、生物的机能衰退,也可形容国家、民族由强转弱,不再兴旺;"虚弱"多形容人或动物不健康、不结实,也可形容国家、军队内部空虚软弱,力量不足。

〈相关〉薄弱　微弱

衰亡　死亡

【衰亡】shuāiwáng　衰落以至灭亡。例:他眼见如此庞大的企业就这样~,感到十分痛心。

【死亡】sǐwáng　失去生命。例:这里污染十分严重,导致很多生物不断~。

〈辨析〉都有失去生命的意思。"衰亡"侧重指衰落以至消失、灭亡,有一个过程,适用范围较广,可指生物,也可指国家、种族等;"死亡"侧重指失去生命,不强调过程,适用范围较窄,多指生物。

〈相关〉灭亡　危亡

顺当　顺利

【顺当】shùndāng　顺畅。例:由于事先做好了充分的准备,这次出去办事十分~。

【顺利】shùnlì　在事情的发展或工作的进行中没有或很少遇到困难。例:她带着病体,凭着个人的意志和毅力,~完成了八场演唱会。

〈辨析〉都形容没有阻碍或很少遇到困难。"顺当"侧重指顺畅、容易进行,多用于口语;"顺利"侧重指顺畅、无阻碍,通用于口语和书面语。

〈相关〉顺畅　通顺

思路　思绪

【思路】sīlù　思考的线索。例:在大家眼里,他是一个~活跃、反应敏捷、办事能干、交际广泛的好青年。

【思绪】 sīxù ① 思想的头绪。例：当您重返校园、置身故里的时候,您一定会～万千,激情难抑。② 情绪。例：小李这几天～不宁,似乎有难言之隐。

〈辨析〉都指思考的条理、线索。"思路"侧重在想问题的线索和路子,一般用于思考问题、写作等方面;"思绪"侧重在思想的头绪,多用于感情、情绪等方面,还含有情绪的意思。

〈相关〉头绪　文思

思念　　想念

【思念】 sīniàn 想念;怀念。例："每逢佳节倍思亲",在八月十五中秋节的夜晚,她更加～远方的亲人。

【想念】 xiǎngniàn 不能忘怀;希望见到。例：他心里一直在～故乡,想念爷爷奶奶慈祥的面容。

〈辨析〉都有对离开的人或环境不能忘怀、希望见到的意思。"思念"侧重指对分离的人或已故的人、远离的家乡等充满了怀念之情,含有庄重的色彩,多用于书面语;"想念"侧重指对离开的人或环境不能忘怀并希望见到,语意较轻,通用于口语和书面语。

〈相关〉挂念　怀念

松弛　　松懈

【松弛】 sōngchí ① 放松,不紧张。例：连续加班了一天一夜,该好好休息休息,～一下神经。② 执行得不严格。例：这个班课堂纪律～,要好好整顿一下。

【松懈】 sōngxiè ① 注意力不集中;懈怠。例：局势虽然平静了下来,但是防恐反恐工作决不能～。② 纪律不严格。例：这个班的纪律十分～,班主任要加强管理。

〈辨析〉都有放松、不紧张和纪律执行得不严格的意思。"松弛"侧重于"弛",强调放松,但不是放弃,为中性词;"松解"侧重于"懈",强调懈怠,为贬义词。
〈相关〉放松　松散

送别　送行

【送别】sòngbié　为将离别的人送行。例:站台上挤满了前来～亲戚、朋友的人。

【送行】sòngxíng　到即将远行人起程的地方与其告别。例:我们举办了"派对"为他～。

〈辨析〉都有向即将远行的人告别的意思。"送别"强调"别"字,说明就此分别;"送行"指送的人不一定马上就走,只是与其告别。

〈相关〉欢送　饯行

夙愿　心愿

【夙愿】sùyuàn　一向怀有的愿望。例:昨日,79岁高龄的老作家终于～得偿,登上了西岳华山。

【心愿】xīnyuàn　心中的愿望。例:访问中国是老人多年的～。

〈辨析〉都可指心中的愿望。"夙愿"强调一直怀有的愿望,非常渴望实现,存在的时间较长,语意较重;"心愿"强调深藏在内心的愿望,语意较轻。

〈相关〉宿愿　愿望

素养　素质

【素养】sùyǎng　平日的修养。例:随着科普工作的开展和普及,老百姓的科学～提高了。

【素质】sùzhì　① 平日的品质修养。例:辨别消息的真伪是所有新时代公民必备的～,在网络普及的当下更是如此。②事物本来的性质。例:我们要尊重客观事实,按照～认识事物、反映事物。

〈辨析〉都可指人的平日的修养。"素养"侧重于修养,指人平常表现出来的理论、知识、道德方面的水平;"素质"侧重于品质,指人平日的修养品质和本质,也可指事物本来的性质。

〈相关〉涵养　修养

损害　　危害

【**损害**】sǔnhài　使事业、利益、名誉、健康等蒙受损失。例:长期的生活实践和研究表明,许多食品可～智力。

【**危害**】wēihài　使受破坏;损害。例:那些充满暴力打斗场面的电视节目会～少年儿童的身心健康。

〈辨析〉都有因破坏而受损害的意思。"损害"侧重指蒙受损失,常用于事业、利益、健康、名誉、感情等,使用范围较广;"危害"侧重指危及安全或受到根本性的破坏,常用于国家、社会、人民、生命等抽象事物,语意比"损害"重。

〈相关〉妨害　伤害

贪婪　　贪心

【**贪婪**】tānlán　贪得无厌;不知满足。例:地球能满足人类的需要,但满足不了人类的~。

【**贪心**】tānxīn　① 欲望大,不知足。例:~的人是永远不知足的。② 贪求的欲望。例:许多家长和老师经常用《金手指》的故事教育自己的孩子和学生,不要成为~不足的人。

〈辨析〉都形容不知满足地贪求某种好处。"贪婪"强调贪得无厌、不知满足,多形容欲望、神情等,语意较重;"贪心"形容欲望大、不知足,还用作名词,指贪图得到的欲望,语意较轻。

〈相关〉贪图　贪求

谈论　　议论

【**谈论**】tánlùn　用说话的方式表示对人或事物的看法。例:午休时男同学们围在一起~足球。

【**议论**】yìlùn　对人或事物的好坏、是非等发表意见。例:这起肖像侵权的纠纷引起了各界人士的广泛~。

〈辨析〉都有用说话的方式表达对人或事物的看法的意思。"谈论"侧重于"谈",指用交流的方式发表看法,谈论的内容涉及面广;"议论"侧重于"议",强调发表对人、事物的评价和看法,常用于不好或不正常的方面。

〈相关〉评论　讨论

坦率　直率

【坦率】 tǎnshuài　心地坦白;不隐讳。例:面对记者的提问,她~而又真诚地作了回答。

【直率】 zhíshuài　直截了当;言行毫无顾虑。例:他说话太~,常常会得罪人。

〈辨析〉都有没有隐瞒地表达自己的观点和看法的意思。"坦率"侧重于"坦",强调坦白真诚,毫无保留;"直率"侧重于"直",强调性格爽直,说话无所顾忌。

〈相关〉爽直　坦直

探究　探求

【探究】 tànjiū　探索,研究。例:作为一名当代青年,要学会认真思考生活,~生活真谛。

【探求】 tànqiú　探索,追求。例:昨天下午,市领导乘坐公交车,体察民情,~解决交通拥堵的良策。

〈辨析〉都有通过思考、探索,寻找答案的意思。"探究"侧重指试图发现疑难问题并弄明白,多用于原因、真相、奥秘等方面;"探求"侧重指不懈地追求、积极地探索,多用于真理、规律、学问等抽象事物。

〈相关〉求征　探索

探问　探询

【探问】 tànwèn　①试探着询问。例:医生走出来时,大家一拥而上,纷纷~老人的病情。②探望,问候。例:自从她生病住院后,就不断有人到医院来~。

【探询】 tànxún　试探着询问。例:无比焦虑的学生和家长陆续赶到学校和教育主管部门~招生情况。

〈辨析〉都有打探、询问的意思。"探问"侧重指试着去询问和了解情况、消息等,还含有探望、问候的意思;"探询"的书面语色彩较重,没有探望问候的意思。
〈相关〉打探 询问

陶冶　　熏陶

【**陶冶**】táoyě　原指烧制陶器和冶炼金属,现比喻给人的思想、性格以有益的影响。例:生活在钢筋水泥的城市中,偶尔到郊外走走,不仅能呼吸到新鲜空气,还能~情操。

【**熏陶**】xūntáo　长期接触的人或生活环境在生活习惯、思想行为、品行学问等方面对人逐渐产生好的影响。例:在上语文课时,可以选用一些具有诗情画意的文章对学生进行文化~。

〈辨析〉都指外界给人的好的影响。"陶冶"侧重指给人以有益的影响;"熏陶"侧重指长期的接触所产生的好影响。
〈相关〉磨炼 熏染

特别　　特殊

【**特别**】tèbié　① 与众不同,不普通。例:这件背心的设计很~。② 格外。例:今晚的月亮~亮。③ 特地。例:会议~讨论了年终绩效分配问题。

【**特殊**】tèshū　不同于同类事物或平常情况。例:医院为残疾人设置了残疾人通道并提供~的服务。

〈辨析〉都有与同类的、平常的人、事物、情况不同的意思。"特别"除形容与众不同、异乎寻常外,还可用作副词,强调格外、特地;"特殊"只用作形容词,语意较轻。
〈相关〉独特 格外 特地

特点　　特性

【**特点**】tèdiǎn　人或事物所具有的独特的地方。例:我国少数民族的服饰～鲜明,风格各异。

【特性】 tèxìng 某人或某事特有的性质。例:海水与淡水的化学～完全不同。

〈辨析〉都指人或事物所具有的独特的地方。"特点"侧重指独特、突出,使用范围较广,可指内容性质,也可指外部动态;"特性"侧重指有别于其他事物的内在性质,使用范围较窄。

〈相关〉特色 特征

提纲 提要

【提纲】 tígāng 学习、讨论、发言或研究的内容要点。例:为了参加会议讨论,我和小李把发言～拟好了。

【提要】 tíyào 提出来的要点。例:这篇论文很长,请你再写一篇内容～。

〈辨析〉都指要点。"提纲"指采用条文形式反映文章的要点;"提要"指从全书或全文中提出来的主要内容和观点。

〈相关〉大纲 纲要 摘要

体会 体验

【体会】 tǐhuì ① 体验,领会。例:我俩之间的那种心照不宣是其他人～不到的。② 体验、领会到的东西。例:在会议上,大家畅所欲言,谈了各自的～。

【体验】 tǐyàn 通过实践认识事物;亲身经历。例:这几天,县里的领导去乡村～生活了。

〈辨析〉都有通过亲身接触而了解、认识事物的意思。"体会"侧重于领会、理解、接受,强调理性上的认识,还用作名词,指体验、领会到的东西,多用于抽象事物;"体验"侧重于经过亲身经历来了解、认识事物,强调感性上的认识,多用于生活方面。

〈相关〉领会 领略

体系　　系统

【**体系**】tǐxì　一些有关事物或一些意识互相联系而构成的一个整体。例：住房保障～的建设不能闭门造车,应当吸取国外先进经验。

【**系统**】xìtǒng　性质相同而又互有关系的事物按一定方式或原则组成的整体。例：在整个高等教育～中,该校是最有声望的。

〈辨析〉都有按一定的方式构成一个整体的意思。"体系"指有关事物互相联系而构成的整体,往往侧重于横向方面;"系统"指同类事物按一定的关系组成的整体,往往侧重于纵向方面。

〈相关〉机制　体制

田野　　原野

【**田野**】tiányě　田地,原野。例：～里盛开着一片金黄色的油菜花。

【**原野**】yuányě　平原,旷野。例：一群野马奔跑在辽阔的～上。

〈辨析〉都指大片的土地。"田野"主要指种有庄稼的大片土地;"原野"一般指未经开垦的空旷地。

〈相关〉旷野　平原

甜美　　甜蜜

【**甜美**】tiánměi　愉快;美好。例：这位歌手～的歌声使听众陶醉。

【**甜蜜**】tiánmì　幸福;美好。例：她的脸上露出～的微笑。

〈辨析〉都有愉快、舒服、美好的意思。"甜美"侧重指客观上具有舒服、愉快的感受,多形容生活、爱情、笑容、声音等;"甜蜜"

侧重指主观上的感受。
〈相关〉美好　舒服　愉快

挑拣　　挑选

【**挑拣**】tiāojiǎn　拣择;拣选。例:好工作都被～完了,她只能干些杂活。

【**挑选**】tiāoxuǎn　从若干人或事物中找出合适的。例:这些大豆良种是从北大荒农场～而来的。

〈辨析〉都有仔细选择的意思。"挑拣"侧重于"拣",对象可以是好的,也可以是不好的,可供选择的余地不大;"挑选"侧重于"选",对象大多是好的,可供选择的余地较大。

〈相关〉筛选　选择

调节　　调整

【**调节**】tiáojié　在一定数量或范围内进行调整,使适合要求。例:当面临生活压力时,要学会自我心理～。

【**调整**】tiáozhěng　改变原有状况,使适应客观环境和要求。例:据报道,本市今年高校毕业生政策将有重大的～。

〈辨析〉都有改变原来的状况,以便适应客观环境和要求的意思。"调节"强调从数量、程度上控制、限制,使适应需要,多用于具体事物;"调整"强调在原有状态的基础上进行改变或重新安排,使适应新要求,既可用于具体事物,也可用于抽象事物。

〈相关〉调剂　调控

调解　　调停

【**调解**】tiáojiě　劝说双方消除纠纷。例:经过多次～,双方终于达成了赔偿协议。

【调停】tiáotíng 劝说双方停止冲突。例：近日,联合国秘书长前往乌克兰～紧张局势。
〈辨析〉都有通过劝说使双方停止冲突、消除矛盾的意思。"调解"侧重指化解,多用于个人、家庭等日常生活中的矛盾纠纷;"调停"侧重指停止,一般用于集团或军事势力之间斗争的重大争端上,语意比"调解"重。
〈相关〉化解　劝解　调和

调理　　调养

【调理】tiáolǐ ① 调养,护理。例：他的身体素质相当好,只要～得当,不会有什么大问题。② 照料,管理。例：她把办公室里的一切事务～得井然有序。
【调养】tiáoyǎng 调节饮食起居,注意保养,使恢复健康。例：经过一个多星期的～,她看起来气色好多了。
〈辨析〉都有对生活起居、身体健康加以养护的意思。"调理"侧重指护理、照料病人、老人等,还有照料、管理的意思;"调养"侧重指保养、注意饮食起居,使身体康复。
〈相关〉护理　照料

调皮　　顽皮

【调皮】tiáopí 顽皮,不驯服。例：小新虽然～捣蛋,但也是个善良勇敢的孩子。
【顽皮】wánpí 爱玩爱闹;不听劝导。例：她小时候太～,学人口吃,结果导致自己说话也结巴了。
〈辨析〉都可指小孩子爱玩爱闹、不易劝导的性格。"调皮"侧重指不驯服、难以调教;"顽皮"侧重指喜欢玩闹、不听劝导,语意比"调皮"重。
〈相关〉淘气　顽劣

挑拨　　挑唆

【挑拨】tiǎobō　搬弄是非,引起纠纷。例:这些别有用心的谣言是为了达到～内地与香港民众之间关系的目的。

【挑唆】tiǎosuō　挑拨,使跟别人闹纠纷。例:因为有人从中～,他们之间的矛盾越来越激化了。

〈辨析〉都有在别人面前搬弄是非、使闹矛盾的意思。"挑拨"侧重指搬弄是非、破坏别人之间的良好关系,可用在个人之间,也可用在集体和国家之间;"挑唆"侧重指故意制造矛盾,煽动一方攻击另一方,使用范围较窄,一般只用于个人之间。

〈相关〉教唆　唆使

挑衅　　寻衅

【挑衅】tiǎoxìn　故意挑起事端,扩大事态,以引起冲突或战争。例:对敌人的～,一定要坚决还击!

【寻衅】xúnxìn　故意找事挑衅。例:他酒喝多了就～闹事。

〈辨析〉都有故意挑起事端的意思。"挑衅"侧重指挑动激怒对方,以引起冲突或战争,多用在言语上、行动上、军事上,具有攻击性的,语意较重;"寻衅"侧重指故意找茬,以引起冲突,多用在日常生活个人之间的小事上,语意较轻。

〈相关〉捣乱　滋事

听凭　　听任

【听凭】tīngpíng　让别人愿意怎样做就怎样做。例:孩子们都大了,婚姻大事还是～他们自己做主吧。

【听任】tīngrèn　任其自由行动而不加干涉。例:决不能～盗版音像制品扰乱市场,要坚决予以取缔。

〈辨析〉都有任其自由行动不加反对或制止的意思。"听凭"既可用于好的事情,也可用于坏的事情,多用于口语;"听任"多用于不好的事情,一般用于书面语。

〈相关〉任凭　任由

停顿　　停滞

【**停顿**】tíngdùn　① 事情中止或暂停。例:这部影片～了一年又重新开拍,把人们的胃口都吊足了。② 说话时语音上的间歇。例:他～了一下,又往下说。

【**停滞**】tíngzhì　因受阻而不能顺利地进行或发展。例:如果只注重精神文明建设,放松物质文明建设,生产力发展就会～不前。

〈辨析〉都有不再进行的意思。"停顿"侧重指中断或暂时的休止,也可指说话的间歇;"停滞"侧重指因受到某种阻碍而不能顺利进行或表示抽象事物的不发展。

〈相关〉中断　中止

停止　　中止

【**停止**】tíngzhǐ　不再继续进行。例:我们对问题的认识不能总～在目前水平上。

【**中止**】zhōngzhǐ　半途停止;使半途停止。例:俄罗斯国防部宣布,在查明这次事故原因之前,将～米格飞机的飞行。

〈辨析〉都有半途停下来的意思。"停止"指不再进行,侧重于行动终止;"中止"指进行中间停下来,侧重于行动未完而停下来。

〈相关〉停顿　停息　终止

挺拔　　挺秀

【**挺拔**】tǐngbá　① 直立而高耸。例:湖的四周是一幢幢～的建筑。② 强劲,有力。例:参加仪仗队的三军战士个个身姿～。

【挺秀】tǐngxiù 挺拔,秀丽。例:时装模特儿～的身材令人羡慕。

〈辨析〉都有直立、挺拔的意思。"挺拔"强调直立而高耸,多形容树木、建筑物等,还形容笔力、身材等强劲、有力;"挺秀"强调挺拔、秀丽,多形容人或树木。

〈相关〉挺立 直立

同意　赞成　赞同

【同意】tóngyì 对某种主张表示相同的意见。例:新的《物业管理条例》规定,经三分之二的业主～可炒掉物业公司。

【赞成】zànchéng 同意别人的主张或意见。例:韩国不～人民币升值,认为此举会损害对华出口。

【赞同】zàntóng 赞成,同意。例:除老李外,大伙都～他的建议。

〈辨析〉都有对别人的主张或意见等表示一致或肯定的意思。"同意"侧重指意见相同并赞成、允许做某事;"赞成"强调积极支持,有肯定、赞许的意思;"赞同"侧重与别人的意见一致,同意别人的意见、主张等。

〈相关〉附和　赞许

痛楚　痛苦

【痛楚】tòngchǔ 悲痛,苦楚。例:直到分手时刻,他才体会到那种撕人心肺的～。

【痛苦】tòngkǔ 身体或精神感到非常难受。例:离婚后,他一直生活在～之中。

〈辨析〉都可形容身体或精神方面很难受。"痛楚"强调身体上或精神上受到难以忍受的病痛或折磨;"痛苦"强调难以摆脱的苦处,使用范围较广,可形容精神、身体的不适,也可形容生活的困苦。

〈相关〉悲痛　苦楚

投诚　投降

【投诚】tóuchéng　诚心归附。例:对前来~的国民党士兵,我解放军表示欢迎。

【投降】tóuxiáng　停止抵抗,向对方屈服。例:在我军的层层包围下,敌人纷纷扔下武器举手~了。

〈辨析〉都有停止抵抗、屈服的意思。"投诚"指敌人自动归顺,为褒义词;"投降"应用范围较广,指敌对双方的一方向另一方屈服,为贬义词。

〈相关〉归顺　屈服

透亮　透明

【透亮】tòuliàng　① 透明;明亮。例:你把窗帘打开,房间就~了。② 明白。例:听你这么解释,大家的心里就~了。

【透明】tòumíng　① 能透过光线的。例:为了防止风沙迷眼,有些妇女脸上蒙着一层~的白纱。② 公开,不隐藏。例:整个开奖过程公开~,令人信服。

〈辨析〉都有能透过光线的意思。"透亮"除指透明、明亮外,还有公开、无遮掩的意思;"透明"除形容物体能透过光线外,还有明白、明了的意思。

〈相关〉光亮　亮堂　明亮

透露　吐露

【透露】tòulù　泄露或显露消息、意思等。例:在比赛之前,教练不会对外~出场队员的名单。

【吐露】tǔlù 将某种情况向外说出。例：在一次采访中,他向记者～了自己的心愿。
〈辨析〉都有向外界说出某种情况的意思。"透露"强调有意或无意把情况说出去;"吐露"强调说出实情或真心话。
〈相关〉表露 显露

徒然　　枉然

【徒然】túrán 白白地;不起作用。例：不拿出真凭实据,说得再好听,也是～的。

【枉然】wǎngrán 得不到收获;徒然。例：再好的计划,不去执行,也是～的。
〈辨析〉都有得不到收获、白白耗费精力的意思。"徒然"侧重指用力做而不起作用、没有收获、白费力气;"枉然"侧重指不值得去做、枉费心思去做。
〈相关〉徒劳 枉费

团聚　　团圆

【团聚】tuánjù 相聚在一起。例：分别多年后,同学们在校庆五十周年时重又～了。

【团圆】tuányuán 指家庭人员离散后又聚在一起。例：中秋节快到了,老人盼着与儿女早日～。
〈辨析〉都有相聚在一起的意思。"团聚"侧重指从各处聚集在一起,适用范围较广,可用于家人,也可用于同学、朋友等;"团圆"强调离散后又相聚,一般用于夫妻和有血缘关系的亲属。
〈相关〉相会 相聚

推辞　　推却

【推辞】tuīcí 对任命、邀请、馈赠等表示拒绝。例：大家是真心诚意地邀请你,千万不要~。

【**推却**】tuīquè 拒绝;推辞。例:这个任务事关重大,希望你不要~,接受下来吧。

〈辨析〉都有对别人的邀请、馈赠、任命等加以拒绝的意思。"推辞"强调推托、谢绝,态度较委婉;"推却"多指不肯接受别人要求自己做的事情。

〈相关〉拒绝 推托

推广 推行

【**推广**】tuīguǎng 扩大事物的使用范围或影响范围。例:昨天,本市许多教师和学生走上街头宣传~普通话。

【**推行**】tuīxíng 推动使普遍实行。例:大学英语~考级制度。

〈辨析〉都有使某种事物在更大范围内使用或起作用的意思。"推广"侧重指使事情、事物更广泛开展或普及,对象多为经验、方法、技术等;"推行"侧重指使事情、事物普遍实行,对象多为政策、制度、计划、方法等。

〈相关〉推动 推进

推荐 推选

【**推荐**】tuījiàn 把好的人或事物向他人作介绍,希望任用或接受。例:校团总支正在开展~一本好书活动,号召同学们多读书、读好书。

【**推选**】tuīxuǎn 提名选举。例:他被同学们~为校学生会生活委员。

〈辨析〉都有把好的人或事物向别人介绍的意思。"推荐"强调介绍、举荐,适用范围较广,既可用于人,也可用于事物;"推选"强调推荐并择优选取,对象既可以是人,也可以是事物。

〈相关〉推举 选举

推敲　斟酌

【**推敲**】tuīqiāo　比喻反复斟酌、琢磨语句;泛指对事情反复考虑。例:这首诗的含义值得~。

【**斟酌**】zhēnzhuó　反复考虑以决定取舍。例:这件事我们还应该~一番,再做决定。

〈辨析〉都有对语言文字反复考虑是否可行或恰当的意思。"推敲"侧重指仔细地比较、选择,多用于字句、话语,也可用于事情;"斟酌"侧重指反复考虑以决定取舍,既可用于语言文字,也可用于事情等。

〈相关〉揣摩　琢磨

颓废　颓丧　颓唐

【**颓废**】tuífèi　意志消沉;萎靡不振。例:一个人如果没有理想信念,就不会有良好的精神状态和强烈的进取心,也就无法抵御消极腐朽~思想的侵蚀。

【**颓丧**】tuísàng　情绪消沉;萎靡不振。例:他脸色惨白,神情十分~,往日的神气活现劲一扫而光。

【**颓唐**】tuítáng　精神萎靡不振。例:一个人不怕能力不如人,也不怕曾经犯错,只怕消极~、自甘堕落。

〈辨析〉都有精神萎靡不振的意思。"颓废"侧重指沉消、精神萎靡,多形容思想、意志、人生观等;"颓丧"侧重指情绪低落、精神不振作,多形容个人的情绪;"颓唐"侧重指精神萎靡不振,多形容个人的精神、情绪等。

〈相关〉衰颓　颓靡

退缩　畏缩

【**退缩**】tuìsuō　向后退或缩。例:我们在困难面前不能~,要勇于挑战困难。
- 【畏缩】wèisuō　害怕而不敢向前。例：临上台时，她胆怯了，～着不敢走上舞台。

〈辨析〉都有不敢前进、往后缩的意思。"退缩"侧重于行动，在进行中缩回或向后退；"畏缩"侧重于心理状态，因害怕而不敢动。

〈相关〉退却　畏惧

蜕变　蜕化

- 【蜕变】tuìbiàn　① 指人或事物发生质变。例：她瘦削了很多，清秀了很多，仿佛一只刚完成～的蝴蝶，正用斑斓的翅膀梦想着如锦的前程。② 衰变。例：这堂课讲述减慢放射性元素～的方法。
- 【蜕化】tuìhuà　原指虫类蜕皮，现比喻人发生质变、腐化堕落。例：在糖衣炮弹面前，他渐渐地～变质，结果沦为阶下囚。

〈辨析〉都有人或事物发生质变的意思。"蜕变"侧重指人或事物质变，还含有衰变的意思，使用范围较广；"蜕化"侧重指人的品质变坏、腐化堕落，使用范围较窄。

〈相关〉蝶变　质变

妥当　妥善

- 【妥当】tuǒ·dang　稳妥，适当。例：食品放入冰箱冷冻时，要包装～。
- 【妥善】tuǒshàn　妥当，完善。例：在事故中受伤的人员已经得到了～的救治。

〈辨析〉都有事情处理得适当的意思。"妥当"强调稳妥得当，多形容行动、做法等；"妥善"强调周到完善，多形容计策、办法等。

〈相关〉适当　稳妥

Ww

完美　　完善

【**完美**】wánměi　完备,美好;没有缺陷。例:在这本书里,你可以找到更详细、更~的答案。

【**完善**】wánshàn　①齐全而良好。例:这家企业的生产设备十分~。②使完善。例:这个方案还需进一步~。

〈辨析〉都有完备、美好的意思。"完美"强调十分美好、没有缺点,常形容艺术、技巧、形象、设计等,语意较重;"完善"强调周全完备,常形容制度、组织、设备、计划等,语意较轻,还用作动词,意为使完善。

〈相关〉美好　完备

忘记　　忘却

【**忘记**】wàngjì　不记得;没有记住。例:要不是你提醒,我差点~今天下午还有个会议要参加。

【**忘却**】wàngquè　不记得;忘记。例:日军侵略东北三省的历史我们永远也不会~!

〈辨析〉都有不记得的意思。"忘记"侧重指经历的事情不再记住,应该做的事没有记住,适用范围较广,可用于过去、现在、将来的人和事,通用于口语和书面语;"忘却"侧重指忘掉过去发生的事,多用于书面语。

〈相关〉忘怀　忘掉

威逼　　威胁

【威逼】wēibī　用威势来逼迫或进逼。例：在敌人的～利诱下，他供出了地下组织的人员名单。

【威胁】wēixié　①用武力、权势胁迫使人屈服。例：歹徒拔出刀子～她，要她交出保险箱的钥匙。②使遭遇危险。例：水资源的枯竭正～着人类的生存。

〈辨析〉都有用威势恐吓、胁迫人的意思。"威逼"侧重指直接用各种手段威吓逼迫别人，多用于面对面的逼迫；"威胁"侧重指用言语或书信等恐吓胁迫别人，使其屈服，还指使人或物遭遇危险。

〈相关〉威吓　威慑

威望　　威信

【威望】wēiwàng　声誉，名望。例：他在几十年的科学研究和教学生涯中赢得了很高的～。

【威信】wēixìn　威望，信誉。例：这名干部弄虚作假、骗取荣誉，终于～扫地。

〈辨析〉都可指很好的名声。"威望"强调名望，为人们所敬佩景仰，语意较重；"威信"强调信誉，为人们所信任佩服。

〈相关〉名望　声望

威武　　威严

【威武】wēiwǔ　①威力强大，有气势。例：为了展示南疆卫士的～英姿，海南驻军举行了国庆阅兵式。②武力；权势。例：～不能挫其气，利禄不能动其心。

【威严】wēiyán　①威武而严肃。例：他身材不高，脸型方正，脸上的表情冷漠，并有一种～的神情。②威风和尊严。例：全体士兵都被这位老将军的~震慑。
〈辨析〉都可指使人敬畏的威风和气势。"威武"还形容威力强大,有气势,令人畏惧;"威严"还形容严肃而有威力,令人敬畏。
〈相关〉威风　威猛

违背　违反

【违背】wéibèi　不符合;不遵循。例:他是个讲信用的人,不会~自己的诺言。

【违反】wéifǎn　不符合;不遵守。例:乱穿马路的行为~了交通规则。

〈辨析〉都有不依从、不遵守的意思。"违背"强调背离、不符合,多用于政策、方针、心愿、语言、意志等;"违反"强调相反、对立,多用于纪律、制度、规划、原则、协定等。

〈相关〉违犯　违抗

围剿　围歼

【围歼】wéijiān　包围起来歼灭。例:例:这一场~仗打得真痛快。

【围剿】wéijiǎo　包围起来用武力消灭。例:司令部决定派遣一个团的兵力~残匪。

〈辨析〉都指用武力包围起来加以消灭。"围歼"强调"歼",指全部彻底地消灭;"围剿"强调"剿",指用武力讨伐、剿灭。

〈相关〉围攻

慰劳　慰问

【慰劳】wèiláo　安慰,犒劳。例:乡亲们送来许多土特产,~在抗洪救灾中奋战了几天的解放军战士。

【慰问】wèiwèn　安慰,问候。例:市领导赶赴现场,~抢险救灾的消防官兵。

〈辨析〉都有安慰、问候的意思。"慰劳"侧重指犒劳,一般采用赠送物品的形式,慰问有功的人士;"慰问"侧重指问候,不一定要送物品,一般指用热情、温暖的话来表示关切之情。

〈相关〉犒劳 问候

温柔   温顺

【温柔】wēnróu 温和,柔顺。例:她说话声音～甜美,很讨人喜欢。

【温顺】wēnshùn 温和,顺从。例:他妻子脾气很～,很会体贴人。

〈辨析〉都有温和、柔顺的意思。"温柔"强调柔和,多形容女子的性情、声音、姿态等;"温顺"强调顺从,多形容女子或动物的性情。

〈相关〉柔顺 温和

闻名   著名

【闻名】wénmíng ① 听到的名声。例:这位就是大家～已久的神舟飞船设计师。② 有名。例:他是一位～全国的青年诗人。

【著名】zhùmíng 十分有名;出名。例:我明年打算去～的旅游胜地九寨沟旅游。

〈辨析〉都有出名的意思。"闻名"为动词,指听到的名声、较出名的,语意较轻;"著名"为形容词,形容名声很响、很有名望,语意较重。

〈相关〉有名 知名

稳当   稳妥

【稳当】wěn·dang ① 稳重,妥当。例:小李做事～,有条理,是个值得信赖的人。②稳固,牢靠。例:这份工作的责任心强,但收入~。

【稳妥】wěntuǒ 稳当,可靠。例:去海外求学,到了目的地,首先要找个~的居所。

〈辨析〉都有办事稳重而妥当的意思。"稳当"侧重指稳重、牢靠,多用于办事、处理问题等,还可指人或物等固定、不动摇;"稳妥"侧重指妥善、可靠,一般只用于办事、处理问题。

〈相关〉妥当 妥善

稳定　　稳固

【稳定】wěndìng 稳固,安定。例:人民币汇率~对全球经济有利。

【稳固】wěngù 安稳牢固,不易变动。例:这支球队的后防~,但前锋攻击力不强。

〈辨析〉都有平稳、不易动摇的意思。"稳定"强调安定、不动摇,使用范围较广,常用于形容人的情绪、立场、思想、局势、物价等;"稳固"强调安稳、牢固,使用范围较窄,一般用于形容事物的基础、根基、地位等。

〈相关〉安稳　牢固　平稳

窝藏　　隐藏

【窝藏】wōcáng 私藏罪犯、违禁品或赃物等。例:那个~了大量毒品的洞终于被发现了。

【隐藏】yǐncáng 藏起来,不让人发现。例:她从不相信网络世界,在网上她把自己~得很好。

〈辨析〉都有藏起来、不让人发现的意思。"窝藏"侧重指私藏违法的人或物,都是具体的,使用范围较窄,为贬义词;"隐藏"的对象不一定是违法的人或物,可以是具体的,也可以是抽象的,使用范围较广,为中性词。
〈相关〉藏匿　私藏

污蔑　诬陷

【污蔑】wūmiè　捏造事实,破坏别人的名誉。例:这些不实的言词是对他人格的～。

【诬陷】wūxiàn　捏造事实来陷害别人。例:他不会干那种事,一定是遭人～的。

〈辨析〉都有捏造事实、破坏他人名誉的意思。"污蔑"侧重于"污",指捏造事实、说人坏话;"诬陷"侧重于"诬",指诬告陷害,语意比"污蔑"重。

〈相关〉诬告　诬赖

无穷　无限

【无穷】wúqióng　没有穷尽;没有止境。例:野外烧烤,乐趣～,现在正成为一项时尚的户外活动。

【无限】wúxiàn　没有穷尽;没有限量。例:书籍就像一艘航船,带领我们从狭窄的地方驶向～广阔的海洋。

〈辨析〉都有没有穷尽的意思。"无穷"强调没有止境,多形容力量、智慧等;"无限"强调没有限量,可形容自然景象、空间范围的宽广或事物的发展等。

〈相关〉不尽　无尽

舞弊　作弊

【舞弊】wǔbì　以欺骗的方式做违法乱纪的事情。例:他们营私～,侵吞了公司大量的财产。

【作弊】zuòbì　用欺骗的手段做不合法或不合规定的事情。例:他因～而被取消了考试资格。

〈辨析〉都有用欺骗的方式做不合法的事情的意思。"舞弊"多用于较大的、较重要的事情;"作弊"多用于较小的、一般的事情。

误会　误解

【误会】wùhuì ① 将对方的意思理解得不正确。例:我～了他的意思。② 对对方意思的误解。例:因为一场～,这对昔日的好友成了冤家。

【误解】wùjiě ① 理解得不正确。例:我不是这个意思,你千万不要～。② 不正确的理解。例:如果人与人之间缺少沟通,就很容易产生～。

〈辨析〉都有错误地理解别人的意思。"误会"侧重于领会,指对别人的意思领会错了,还可用作名词,指对对方意思的误解;"误解"侧重于理解,指对别人的意思作了错误的理解,还可用作名词,指不正确的理解。

〈相关〉错怪　曲解

牺牲　献身

【牺牲】xīshēng ①为了正义的事业而舍弃自己的生命。例：他的父亲在淮海战役中～了。②放弃或损害一方的利益。例：为了完成这项任务,大家～了许多休息时间。

【献身】xiànshēn 把自己的全部精力和生命献给祖国、人民或事业。例：陈景润从小就立志～祖国的科学事业。

〈辨析〉都有献出自己生命的意思。"牺牲"强调为正义的事业而献出生命,还指放弃或损害一方的权益；"献身"侧重指将全部精力和生命献给正义的事业。

〈相关〉就义　捐躯

稀罕　稀奇

【稀罕】xī·han ①稀少,不多见。例：在中国,电视机已不是什么～之物。②认为稀少而喜爱。例：这种水果在当地多的是,没人～。

【稀奇】xīqí 罕见而新奇。例：在老汉眼里,城里的一切都是～的。

〈辨析〉都有稀少、新奇的意思。"稀罕"强调稀少、少见而宝贵,还可用作动词；"稀奇"强调少有、新奇而特别,不能用作动词。

〈相关〉罕见　稀少

习气　习性

【**习气**】xíqì　逐渐养成的坏习惯或坏作风。例：做父母的所具有的一些不良～也会潜移默化地影响孩子。

【**习性**】xíxìng　长期在某种条件下养成的特性。例：北极冰川的融化影响着动物的～。

〈辨析〉都指长时期里逐渐养成的行为方式或生活特性。"习气"侧重指逐渐养成的坏习惯或坏风气，一般只用于人，含贬义；"习性"侧重指在自然环境条件下养成的生活特性，一般用于人或动物。

〈相关〉风气　习惯

细腻　细致

【**细腻**】xìnì　① 精细，光滑。例：这把紫砂壶造型新颖，质地～。② 细致入微。例：这篇小说对人物的心理描写很～。

【**细致**】xìzhì　① 细密，精致。例：绣花是一种十分～的手工活。② 精细，周密。例：张老师做事认真～，一丝不苟。

〈辨析〉都有细密的意思。"细腻"侧重于光滑不粗糙，多用于形容具体事物或人的感情，也可指对事物观察细致周密，对文学作品刻画细致入微；"细致"除细密、精致外，还有思考和办事精细、周密的意思。

〈相关〉精致　细密

狭隘　狭窄

【**狭隘**】xiá'ài　① 宽度小；范围小。例：山路～，大家一定要小心。② 心胸、见识等不宽广。例：她是个心胸～的人，凡事斤斤计较，让人难以忍受。

【**狭窄**】xiázhǎi　① 宽度或范围小。例：这里是老城区，街道拥挤、道路～。② 胸怀、眼光等不广阔。例：他心胸～，你千万别与他计较。

〈辨析〉都有空间窄小或心胸、气量等不宽广的意思。"狭隘"侧重于"隘"，指不宽阔，多形容心胸、见识、气量等抽象事物，使用范围较窄；"狭窄"侧重于"窄"，指宽度小，既可形容抽象事物，也可形容道路、面积、地带等具体事物。

〈相关〉狭小　窄小

下落　着落

【下落】xiàluò　寻找中的人或物所在的地方。例：自从失去音讯后，我一直在打听他的～，但一无所获。

【着落】zhuóluò　① 寻找中的事物所在的地方。例：经过多方寻找，遗失的行李总算有了～。② 可以依靠或指望的来源。例：开工日期已定，而原材料还没有～。

〈辨析〉都可指寻找中的事物的所在地。"下落"使用范围较广，既可用于寻找的事物，也可用于寻找的人；"着落"使用范围较窄，一般只用于寻找的事物，还可指可以依靠或指望的来源。

〈相关〉去处　去向

鲜明　鲜艳

【鲜明】xiānmíng　① 色彩明亮。例：这幅画的主色调非常～。② 分明而确定。例：这座古老的建筑与两旁现代化的高楼形成了～的对照。

【鲜艳】xiānyàn　鲜明而美丽。例：数码照片与传统相片一样，色彩～逼真。

〈辨析〉都有色彩明亮而艳丽的意思。"鲜明"除强调色彩明亮外，还含有分明而确定的意思；"鲜艳"强调色泽鲜明而美丽。

〈相关〉明艳　艳丽

嫌弃　嫌恶

【**嫌弃**】xiánqì　厌恶而不愿接近。例：他家虽穷,但姑娘并不~,还是和他结了婚。

【**嫌恶**】xiánwù　讨厌;厌恶。例：她推开小乞丐伸出来的手,露出一副~的神情。

〈辨析〉都有厌恶的意思。"嫌弃"强调因厌恶而不愿接近、不愿接受,多形容对别人的态度;"嫌恶"强调讨厌、厌恶、不喜欢,多形容人的态度或神情。

〈相关〉讨厌　厌恶

显示　显现

【**显示**】xiǎnshì　明显地表现。例：港澳同胞对内地灾区的捐赠,又一次~了血浓于水的同胞情谊。

【**显现**】xiǎnxiàn　呈现;显露。例：这次竞赛,充分~了我们与兄弟队之间的差距。

〈辨析〉都有表示出来的意思。"显示"强调明显地表示出来;"显现"强调呈现,即原来看不见的变为看得见的,语意较"显示"轻。

〈相关〉呈现　显露

限定　限制

【**限定**】xiàndìng　限制数量、范围等,不许超出。例：组委会~每个单位派遣两个人参加研讨会。

【**限制**】xiànzhì　① 在范围、数量等方面加以规定。例：年终发放的奖金要~在一定范围内。② 规定的范围。例：会议经费有~,一定要精打细算。

〈辨析〉都有不许超出的意思。"限定"指在时间、数量、范围等方面作出规定;"限制"强调进行约束、不许超过,可用于事物,也可用于人及相关活动,还用作名词,指规定的范围。
〈相关〉节制　控制

相称　　相当

【相称】xiāngchèn　事物配合起来显得合适。例:要建大城市,就应有与大城市～的文化。

【相当】xiāngdāng　① 两方面都差不多。例:这两支球队实力～,谁胜谁负,很难预料。② 适合;适宜。例:还未找到～的人来负责这项工程。③ 表示程度高。例:今天的辩论赛举行得～成功。

〈辨析〉都有彼此合适得当、配得上的意思。"相称"强调两相配合比较合适、协调;"相当"强调两者相比不相上下,多用于数量、价值、条件等,还有适合、适宜的意思,还用作副词,表示程度高。
〈相关〉相符　相配

相干　　相关

【相干】xiānggān　互相牵涉;有关联。例:你不要插手这件事,它与你毫不～。

【相关】xiāngguān　相互关联。例:饮食结构的合理与否与人们的身体健康密切～。

〈辨析〉都有彼此有关联的意思。"相干"侧重指相互有牵涉,多用于否定句和疑问句;"相关"侧重指相互有关联,多用于肯定句。
〈相关〉关联　有关

详尽　　详细

【详尽】xiángjìn　详细,全面。例:在这部小说里,他对于人物和环境的描写,更～更广阔了。

【详细】xiángxì 周密,完备。例:我现在正忙,～情况我回家告诉你。

〈辨析〉都有详细周全的意思。"详尽"侧重于"尽",强调全面、不遗漏,多用于书面语,语意比"详细"更重;"详细"侧重于"细",强调细致、不粗略,通用于口语和书面语。

〈相关〉详备 周详

享乐　享受

【享乐】xiǎnglè 享受快乐。例:为贪图～,他挪用了一大笔公款,最后东窗事发,被捕入狱。

【享受】xiǎngshòu 物质上或精神上得到的满足。例:队员们捧着奖杯欢呼雀跃,尽情～夺冠给他们带来的欢乐。

〈辨析〉都有在物质上或精神上感到满足、快乐的意思。"享乐"侧重指贪图舒适安逸,一味地追求吃喝玩乐,是贬义词;"享受"侧重指在物质上或精神上获得的满足感,是中性词。

〈相关〉享福　享用

消沉　消极

【消沉】xiāochén 情绪低落,不振作。例:朋友们劝他不要再～下去,要尽快振作起来。

【消极】xiāojí 不主动;不求进取;消沉。例:我们对生活的态度应该是采取积极进取的方式,而不是～逃避。

〈辨析〉都形容人的情绪低落。"消沉"强调情绪、兴致不高,语意较轻;"消极"强调不积极、不求进取,语意较重。

〈相关〉低沉　低落

消失　消逝

【消失】xiāoshī 逐渐减少以至没有。例:一批古老的地方戏曲剧种正面临着～的危险。

【消逝】xiāoshì 慢慢逝去,不再存在。例:当地发生了特大翻船事故,将近有十人的生命～在江中。

〈辨析〉都有消失以至不再存在的意思。"消失"侧重指逐渐失去、最终不再存在,既可用于人,也可用于一般事物;"消逝"侧重指最终成为过去或不可再现,一般可用于时间、兴趣、生命等,语意比"消失"重。

〈相关〉消除 消散

效力 效能 效用

【效力】xiàolì 事物所产生的有利的作用。例:这种新药～很好。

【效能】xiàonéng 效率,作用。例:这种肥皂液～很高,又方便使用。

【效用】xiàoyòng 功效,作用。例:对我们这个大家庭来说,这台洗衣机～很大。

〈辨析〉都有事物所产生的作用的意思。"效力"侧重指功效;"效能"侧重指隐藏着的有利的作用;"效用"侧重在产生的效果及作用上。

〈相关〉功效 功用

协定 协议

【协定】xiédìng ① 协商后订立的共同遵守的条款。例:三个国家在柏林签订军事同盟～。② 协商后决定。例:停战后两国～了一个共同遵守的条约。

【协议】xiéyì ① 经过谈判、协商后取得的一致意见。例:会谈双方存有较大的分歧,所以没能签订～。② 协商。例:双方～共同出资完成此项工程。

〈辨析〉都指协商后取得一致的条款或意见。"协定"侧重指经双方协商后订立的、起约定作用的文件,还用作动词,指协商后决定;"协议"侧重指双方协商后取得的一致意见,不限于书面条款,也可以是口头的,还用作动词,指协商。

〈相关〉合约　契约

泄漏　泄露

【泄漏】xièlòu　走漏;透露。例:最近本市接连发生几起煤气~事故。

【泄露】xièlòu　把应该保密的事透露出去。例:由于有人向媒体~了消息,报纸第二天就登出了他要结婚的新闻。

〈辨析〉都有透露消息的意思。"泄漏"强调走漏,既可用于消息、计划等抽象事物,也可用于气体、液体等具体事物;"泄露"强调暴露,多是故意的行为,常用于机密、情报、消息等。

〈相关〉透露　走漏

心机　心计

【心机】xīnjī　心思,计谋。例:他费尽~,最终还是没有达到目的。

【心计】xīnjì　计谋;内心的谋算。例:为了争夺父母的遗产,她用尽了~。

〈辨析〉都可指心里的打算、计谋。"心机"侧重指思考、出计谋的能力;"心计"侧重指心里的谋算、计谋。

〈相关〉计谋　心术

心情　心绪

【心情】xīnqíng　感情状态。例:马上就要见到久别的妻子了,他~非常激动。

【心绪】xīnxù 心境,情绪。例:在等待通知的这几天里,她一直～不宁、焦虑不安。
〈辨析〉都可指人的内心感情状态。"心情"侧重指喜、怒、哀、乐的情绪,适用范围广;"心绪"侧重指感情起伏、变化的状态。
〈相关〉情绪 心境

辛苦 辛劳

【辛苦】xīnkǔ 身心劳苦。例:员工们虽然～工作了一年,却也换回了不少收获。
【辛劳】xīnláo 辛苦劳累。例:为了早日开发出新的品种,公司技术人员不辞～地加班加点。
〈辨析〉都有付出较大力气或心血感到劳累的意思。"辛苦"强调花费的力气多而致身心疲乏,语意较轻;"辛劳"强调竭尽全力而致身心劳累,语意较重。
〈相关〉劳苦 辛勤

新鲜 新颖

【新鲜】xīnxiān ① 食物没有变质,也未经腌制、干制过的。例:他送给我一大箱～水果。② 经常流通,不含杂类气体。例:山上的空气很～。③ 出现不久,还没有普及的。例:我们又吸收了一些会员,为协会培养了～血液。
【新颖】xīnyǐng 新奇而别致。例:这座～的雕塑将矗立在人民广场上。
〈辨析〉都有刚刚出现或内容、样式新的意思。"新鲜"侧重指刚出现的、少见的、不普遍的,使用范围较广,通用于口语和书面语,还形容食物没有变质、未经腌制或晒干,空气流通、不含杂质;"新颖"侧重指新奇别致的,不同一般的,常形容观点、内容、形式等,多用于书面语。

〈相关〉新奇　新潮

信奉　信仰

【信奉】xìnfèng　① 信仰,崇奉。例:她是回族人,从小～伊斯兰教。② 相信,奉行。例:他～真理永远在正义者手中。

【信仰】xìnyǎng　对某人或某种主张、主义、宗教等极度相信和尊敬,并作为自己行动的榜样或指南。例:宪法规定有～宗教的自由。

〈辨析〉都有对某人或某种主张极度相信的意思。"信奉"着重指由于极度相信而奉行,含有庄重、尊敬的态度;"信仰"着重指仰慕与尊崇,含有严肃、认真的态度。

〈相关〉崇奉　奉行

信赖　信任

【信赖】xìnlài　信任,依靠。例:他为人诚实,乐于助人,是个值得～的朋友。

【信任】xìnrèn　相信而敢于托付。例:在人的一生中,找到一个可以彼此～的知己真是件幸运的事。

〈辨析〉都有相信、不怀疑的意思。"信赖"强调可以依赖、仰仗,适用于人或组织,也可用于事物;"信任"强调可以托付、任用,一般仅用于人和组织。

〈相关〉相信　信托

信念　信心

【信念】xìnniàn　自己认为可以确信的观念。例:他之所以令人尊重,就在于他身上所体现出的坚定～。

【信心】xìnxīn　相信一定能实现自己愿望的心理。例:队员们～百倍,相信一定能拿下这场比赛。

〈辨析〉都指确信不移的观念和心理。"信念"侧重指信仰、观念,表示对事物的看法和立场;"信心"侧重指内心活动,表示对事物的前途有十分的把握。

〈相关〉决心　信仰

信用　　信誉

【信用】xìnyòng　能够履行诺言而取得的信任。例:他是个讲～的人,你可以信赖他。

【信誉】xìnyù　信用,声誉。例:这家商店不仅商品齐全,而且质量保证,在消费者中享有很高的～。

〈辨析〉都有得到信任的意思。"信用"强调履行约定而取得信任,多用于个人或单位、团体、经济等,不用于事物;"信誉"强调因守信用而享有名誉,既可用于个人,也可用于国家、单位、产品等。

〈相关〉名誉　声誉

兴建　　兴修

【兴建】xīngjiàn　开始建筑。例:正在～的学校体育馆,将于明年校庆时竣工。

【兴修】xīngxiū　开始修建。例:～农田水利,改良草场,是改造中低产田的唯一办法。

〈辨析〉都有开始建造的意思。"兴建"可用于具体建筑物,也可用于抽象的机关、企事业单位;"兴修"多用于比较具体的设施,使用范围比"兴建"窄。

〈相关〉建造　修建

兴隆　　兴盛

【兴隆】xīnglóng　兴旺,发达。例:旅游事业的～带动了各行各业的发展。

【**兴盛**】xīngshèng 蓬勃发展。例：第三产业的～,使一批待岗工人重新走上了工作岗位。
〈辨析〉都有旺盛的意思。"兴隆"适用范围较窄,多形容生意、事业的兴旺发达;"兴盛"适用范围较广,多形容国家事业的旺盛。
〈相关〉旺盛 兴旺

省悟　醒悟

【**省悟**】xǐngwù 觉醒,明白。例：经老人一番话的点拨,他犹如醍醐灌顶,猛然～。
【**醒悟**】xǐngwù 由迷惑中清醒觉悟过来。例：他～得太晚了,为此他付出了惨重的代价。
〈辨析〉都有从迷惑中明白过来的意思。"省悟"侧重指内省、反省觉悟,可以由外界促使,也可以是自身的反省;"醒悟"侧重指由外界促使其觉悟过来。
〈相关〉清醒 觉醒

行动　行为

【**行动**】xíngdòng ① 行走;走动。例：老人中风后～不便。② 为实现某种目的而进行活动。例：全市居民～起来,积极参加春季爱国卫生运动。③ 行为;举动。例：有关部门正在开展打击假冒伪劣商品的专项～。
【**行为**】xíngwéi 受思想支配而表现出来的举止行动。例：这种不法～是不允许的。
〈辨析〉都可指表现出来的举止、行为。"行动"还用作动词,指行走、走动,为实现某种目的而进行活动;"行为"只用作名词。
〈相关〉举动 行径

兴趣　兴致

【兴趣】xìngqù　对事物喜好或关切的情绪。例：爷爷对集邮有着浓厚的～，他收藏了许多珍贵的邮票。

【兴致】xìngzhì　高兴的情致。例：这段日子她～不高，连健身房也懒得去了。

〈辨析〉都可指对某种事物关心、爱好的情绪。"兴趣"侧重指对人或事物关心、喜好或觉得有趣的情绪；"兴致"侧重指情绪高、兴头足，语意比"兴趣"重。

〈相关〉兴头

性格　性情

【性格】xìnggé　在态度和行为上表现出来的心理特点。例：她～开朗乐观,很爱交朋友。

【性情】xìngqíng　性格；脾气。例：阿强～很暴躁,这点跟他爹很像。

〈辨析〉都可指人在态度和行为上表现出来的心理特点。"性格"侧重指人的心理特点及行为方式；"性情"侧重指人的习性、脾气等,有时也可用于动物。

〈相关〉个性　脾气

凶恶　凶狠

【凶恶】xiōng'è　极其可怕。例：那是一种性情～、体力强大的动物,能把一只猎狗咬死或撕裂。

【凶狠】xiōnghěn　① 凶残,狠毒。例：面对～的敌人,他毫无惧色。② 凶猛,有力。例：～的强逼和犀利的反击是赢得这场比赛的关键。

〈辨析〉都可指性情、行为等凶暴可怕。"凶恶"侧重指凶暴、恶劣,除形容人的性情、行为外,还可形容人的相貌,也可形容动物;"凶狠"侧重形容人或动物性情、行为凶暴、狠毒,还形容动作猛烈有力,语意比"凶恶"重。

〈相关〉凶暴 凶残

雄姿 英姿

【雄姿】xióngzī 威武雄壮的姿态。例:雾散尽后,黄山的~已呈现在游客们的眼前。

【英姿】yīngzī 英俊勇武的风姿。例:换上军装后,姑娘们~勃勃,神采飞扬。

〈辨析〉都可指威武的姿态。"雄姿"侧重指威武雄壮的姿态,多用于建筑、山石等,也可用于男性;"英姿"侧重指英俊勇武的风姿,多用于女性。

〈相关〉风彩 风姿

修改 修正

【修改】xiūgǎi 改正文章、计划等中的缺点和错误。例:语文老师正在~学生的作文。

【修正】xiūzhèng 修改使正确。例:这些条例发布时较仓促,难免有不全面的地方,所以上级领导决定作出~。

〈辨析〉都有对缺点、错误进行更改,使之正确的意思。"修改"强调改动和修饰,有时特指对文字方面的加工,使用范围较广;"修正"强调把不正确的改为正确的,语意比"修改"重。

〈相关〉改正 更正

羞怯 羞涩

【羞怯】xiūqiè 羞涩,胆怯。例:见到班主任,孩子~地躲到爷爷的身后。

【羞涩】xiūsè 因难为情而举动拘束、不自然。例：姑娘抬起头，也不说话，只是抿着嘴～地一笑。
〈辨析〉都有害羞、难为情的意思。"羞怯"强调在公共场合胆怯、害羞的表现；"羞涩"强调羞答答，不好意思的神态。
〈相关〉胆怯 害羞

虚构　　虚拟

【虚构】xūgòu 凭想象编造出来。例：当时的电影内容纯属～，但没想到在现今的社会中居然发生那样巧合的事情。
【虚拟】xūnǐ ① 虚构。例：网络世界是～的，奉劝网民们千万不要陷得太深。② 不符合事实的、假设的。例：这是一个3D～世界，却带给人一种身临其境的体验。
〈辨析〉都有凭想象编造出来的意思。"虚构"使用范围较窄，多用于文学创作；"虚拟"还有不一定符合事实的、假设的意思。
〈相关〉编造 假造

虚假　　虚伪

【虚假】xūjiǎ 跟实际不相符。例：有一些房产中介发布～信息，骗人钱财。
【虚伪】xūwěi 不真诚；不实在。例：群众不喜欢作风～、表里不一的领导干部。
〈辨析〉都有不真实、与实际不相符的意思。"虚假"侧重指不真实、与实际不符合，多形容事物，有时也形容人的行为，但语意比"虚伪"轻；"虚伪"侧重指不真诚、弄虚作假，多形容人的言行、作风等。
〈相关〉伪善 虚幻

需求　　需要

【需求】xūqiú 因需要而产生的要求。例：海尔公司生产的产品可以满足不同阶层人们的不同~。

【**需要**】xūyào 对事物的要求;要求得到。例:这里什么东西都有,你不~再买什么了。

〈辨析〉都有要求的意思。"需求"侧重于"要求",多用于人的主观愿望,有时可用于市场、企业、业务方面,使用范围较窄;"需要"侧重于"必要",可用于人的主观愿望,也可用于客观事物和形势,使用范围比较广。

〈相关〉须要　要求

宣布　　宣告

【**宣布**】xuānbù 公开正式告诉大家。例:校长~全校师生代表大会开始。

【**宣告**】xuāngào 宣布;告知。例:上海京昆艺术中心~成立。

〈辨析〉都指公开正式告诉大家。"宣布"可用于大的或小的事情;"宣告"多用于重大事件。

〈相关〉颁布　发布　公布

宣传　　宣扬

【**宣传**】xuānchuán 公开向群众讲解、说明。例:希望大家利用多种渠道,多种方式~、解释,让广大群众理解并接受这些改革。

【**宣扬**】xuānyáng 广泛宣传、传扬,使大家知道。例:这次会议的内容要保密,谁也不准~出去。

〈辨析〉都有公开说明传扬、使大家知道的意思。"宣传"强调通过文字、演说等说明、讲解,使更多的人了解相信;"宣扬"强调广泛传扬,使事情广为人知。

〈相关〉传播　传扬

喧哗　喧闹

【**喧哗**】xuānhuá　①声音大而嘈杂。例：展览厅里人声~,热气腾腾,一派繁忙景象。②吵闹,叫嚷。例：公共场所请勿大声~。

【**喧闹**】xuānnào　①声音大而热闹。例：由于周边有几处工地正在施工,原本安静的社区变得越来越~。②声音大而吵闹。例：几台挖土机同时~,令人难以忍受。

〈辨析〉都有声音嘈杂、吵闹的意思。"喧哗"还用作动词,指吵闹、叫嚷,一般只用于人;"喧闹"还用作动词,指声音大而吵闹,既可用于人,也可用于机器声、车马声等。

〈相关〉嘈杂　吵闹

血统　血缘

【**血统**】xuètǒng　人类因生育而自然形成的关系,如父母与子女之间、兄弟姐妹之间的关系。例：她自恃有贵族~,总觉高人一等。

【**血缘**】xuèyuán　血统。例：经过医学鉴定,原来他苦苦寻找的有~关系的女儿一直就在他身边。

〈辨析〉都指人类因生育而自然形成的关系。"血统"强调由人类生育关系构成的系统,适用范围较广,除用于家庭成员之外,还用于宗教、民族、国家、地区等;"血缘"强调人类生育关系的自然联系性质,较多地用于家庭或家庭成员。

〈相关〉血脉　血亲

寻觅　寻找

【**寻觅**】xúnmì　四处寻找;到处搜寻。例：他们苦苦~了三年,终于找到了失踪的女儿。

【寻找】xúnzhǎo 寻求,查找。例:他毕业后还是想回国～一下新的发展机会。
〈辨析〉都有想办法找到的意思。"寻觅"侧重指仔细地到处搜寻,语意较重,常用于书面语;"寻找"泛指一般的找,语意较轻,通用于口语和书面语。
〈相关〉查找 寻求

驯服　制服

【驯服】xùnfú 顺从的;使顺从。例:市赛马队里就是这匹马不易～。
【制服】zhìfú 用强力压制使驯服。例:航空公司为～劫机犯训练了一批特警人员。
〈辨析〉都有使顺从的意思。"驯服"侧重指经过训练使之顺从,多用于性情暴躁的野生动物,有时也比喻人和自然灾害;"制服"侧重指用强大的力量压服使其受到控制,语意比"驯服"重。
〈相关〉收服 降服

压抑　　压制

【压抑】yāyì　对感情、力量等加以克制,使不能充分流露发挥。例:他再也控制不住自己的感情,～不住心中的哀伤和失落,站在雨中号啕大哭。

【压制】yāzhì　用强力限制或制止。例:一些小经销商遭到不公平的待遇,在价格上一直受到大经销商的～。

〈辨析〉都有用某种力量加以克制住的意思。"压抑"侧重指克制、抑制,多用于感情、欲望、情绪等;"压制"侧重指用强力限制、制止,多用于人或人的行为,语意比"压抑"重。

〈相关〉克制　抑制

押送　　押运

【押送】yāsòng　看押,运送。例:出国展览的文物由文物局派人～。

【押运】yāyùn　运送货物时随同看管。例:每辆卡车都有两名战士负责～战备物资。

〈辨析〉都有跟随着运送的意思。"押送"侧重于"送",指将货物或人送交有关方面;"押运"侧重于"运",强调监督运输的过程。

〈相关〉押解　运送

延长　　延伸

【延长】yáncháng　向长的方面发展。例:因为销售异常火爆,商家决定展销会～三天。

【延伸】yánshēn 延长;伸展。例:这条地铁将～到崇明岛。
〈辨析〉都有向长的方面发展的意思。"延长"侧重指延长距离和时间,使用范围较广,既可用于人、动物的生命等,也可用于事物;"延伸"侧重指向长的方面伸展,着眼于距离和范围,使用范围较窄,只用于具体事物或抽象事物。
〈相关〉伸长 伸展

严格　严厉

【严格】yángé ① 执行制度、标准、要求等认真不马虎。例:裁判在比赛中～执法,终场前判罚的点球无可争议。② 使严格。例:一定要～"三重一大"制度。
【严厉】yánlì 严肃,厉害。例:他希望哥哥能帮自己去求情,但遭到～拒绝。
〈辨析〉都有认真、不马虎的意思。"严格"强调遵守制度、标准、要求等认真不放松,可用于对己或对人,还用作动词;"严厉"强调对人的态度、言辞或手段不温和、厉害,一般用于对他人,语意比"严格"重。
〈相关〉厉害 严苛

严密　周密

【严密】yánmì ① 结合得紧密。例:这两个齿轮咬合的不～,赶紧检修一下。② 周到,没有疏漏。例:这个程序编写得很～。
【周密】zhōumì 周到而细密。例:校艺术节活动的计划制定得十分～。
〈辨析〉都有周到、细密的意思。"严密"侧重指结合紧密,没有疏漏;"周密"侧重指周到、完备,没有疏漏。
〈相关〉精密 细密

研究　钻研

【研究】yánjiū ①探究事物的性质、发展规律等。例:大家都认为这个课题值得~。②考虑;商讨。例:校领导正在~暑假活动计划。

【钻研】zuānyán 深入研究。例:经过刻苦~,他终于解决了这个生产技术上的难题。

〈辨析〉都有探求研究事物道理的意思。"研究"侧重指探索事物的道理、性质、原理、规律等,还指考虑、商讨,使用范围较广,既可用于思维活动,也可用于考察、调查、实验等实际活动;"钻研"侧重指深入探求、研究,使用范围较窄,主要指思维活动,多用于科学技术、业务知识等方面,语意比"研究"重。

〈相关〉探究　研讨

掩盖　掩饰

【掩盖】yǎngài ①遮盖。例:几朵荷花被一大片荷叶~着。②隐藏;隐瞒。例:他再怎样狡辩也~不了事实的真相。

【掩饰】yǎnshì 使用手法来掩盖粉饰。例:他故作镇定,极力~内心的恐慌。

〈辨析〉都有把事情遮盖起来、不使表露的意思。"掩盖"强调盖上、遮住,使不显露出来,使用范围较广,可用于错误、缺点、表情、矛盾、倾向、素质等;"掩饰"强调用各种手段来遮掩、粉饰,一般用于错误、缺点、缺陷等。

〈相关〉遮盖　遮掩

厌烦　厌恶

【厌烦】yànfán 因嫌麻烦而讨厌。例:在城市里住久了,她渐渐地~起这种朝九晚五的生活了。

【厌恶】yànwù 对人或事物怀有很大反感。例：她娇揉造作的声音真令人～。
〈辨析〉都有对人或事物不喜欢、反感的意思。"厌烦"侧重指讨厌、不耐烦,语意较轻;"厌恶"侧重指反感、憎恶,语意较重。
〈相关〉讨厌　厌倦

邀请　约请

【邀请】yāoqǐng 有礼貌地请人来到约定地点。例：公司～老王参加迎新年晚会。
【约请】yuēqǐng 发出邀请。例：《瞭望》周刊～首都三位国际问题专家发表笔谈,展望中美关系的发展前景。
〈辨析〉都有请人来到某地参加活动的意思。"邀请"强调特意地、郑重地请求,多用于庄重的场合;"约请"强调事先约定,只用于一般场合。
〈相关〉邀约　应邀

一齐　一起

【一齐】yīqí 一同;同时。例：周末上午,小王和小齐～去体育馆打羽毛球。
【一起】yīqǐ ①同一个处所。例：爷爷奶奶和我们住在～,平时由爸爸妈妈照顾他们的饮食起居。②一同。例：这个暑假我们全家～去旅游。
〈辨析〉都有同时的意思。"一齐"侧重指时间上同时发生;"一起"侧重指同一时间和同一地点。
〈相关〉同时　一同

依靠　依赖

【依靠】yīkào ①倚仗别人或事物达到某种目的。例：我们相信：～组织的力量，依靠法律的力量，问题最终会解决的。② 可以依靠的人或物。例：女儿是两位老人唯一的～。

【依赖】yīlài ① 依靠别人或事物，不能自立或自给。例：在西方国家，年轻人不会过分～父母，而是寻求自我发展、自立自强之路。② 各事物或现象互为条件而不可分离。例：这两家企业在连锁贸易中互相～。

〈辨析〉都有依托别人或事物的支持的意思。"依靠"侧重指凭借某种力量达到一定目的，还用作名词，指可以依靠的人或物；"依赖"侧重指完全依靠外力达到目的、不能自立或自给，还可指各个事物或现象互为条件而不可分离，语意比"依靠"重。

〈相关〉仰仗　倚仗

遗言　遗嘱

【遗言】yíyán 死者生前留下来的话。例：他因突发事故死亡，临死前什么～也没留下。

【遗嘱】yízhǔ 死者生前或临终时对自己身后诸事所作的嘱咐。例：父亲留下～，遗产平均分三份，两个儿子和一个女儿各一份。

〈辨析〉都可指人死前留下来的话语。"遗言"侧重指生前留下来的话语，往往是口头形式，一般不具备法律效力；"遗嘱"侧重指人生前留下的嘱托，可以是书面形式，也可以是口头嘱咐，需经过一定法律程序后才产生法律效力。

〈相关〉遗书　遗愿

遗愿　遗志

【遗愿】yíyuàn 死者生前没有实现的愿望。例：根据～，他将捐献出身体器官供医学研究之用。

【遗志】yízhì 死者生前没有实现的志愿。例：他们决心继承先烈的～，以实际行动学好文化知识，长大报效祖国。

〈辨析〉都指死者生前留下的愿望。"遗愿"侧重于愿望、想法，一般用于个人生活上的事情；"遗志"侧重于志向、抱负，多用于个人政治上的愿望，带有庄重色彩。

〈相关〉遗言　遗嘱

意思　　意义

【意思】yì·si　语言文字的意义；思想内容。例：她觉得生活没有什么～，做什么事都提不起精神。

【意义】yìyì　语言文字等所表示的内容、价值、作用。例：光荣献血对我来说是一件很有～的事。

〈辨析〉都可指语言文字或其他符号所表示的内容。"意思"多指语言、文字或思想内容的含义；"意义"多表示比较深刻、重要的内容，带有庄重的色彩。

〈相关〉含义

引诱　　诱惑

【引诱】yǐnyòu　引导；诱导。例：他经不住贩毒犯的～，又走上了吸毒之路。

【诱惑】yòuhuò　① 使用手段欺骗人做坏事。例：他～少年上街偷盗。② 吸引；招到。例：她抵御不了美食的～。

〈辨析〉都指引人做坏事。"引诱"侧重指有目的地引人做坏事；"诱惑"除指用欺骗的手段引导对方做坏事外，还有吸引、招引的意思。

〈相关〉利诱　诱导

隐蔽　　隐藏

【隐蔽】yǐnbì　借助别的东西遮盖掩藏。例：游击队长命令全体队员分散～起来，以免被敌人发现。

【隐藏】yǐncáng　藏起来不让发现。例：狼有着灵敏的嗅觉,能随时发现～的陷阱。
〈辨析〉都有藏起来不被人察觉的意思。"隐蔽"强调借助东西遮掩躲避;"隐藏"强调藏匿,不让人发现。
〈相关〉潜藏　隐匿

英勇　　勇敢

【英勇】yīngyǒng　勇敢出众。例：他数年如一日,收集整理了大量的狼牙山五壮士的～事迹。

【勇敢】yǒnggǎn　有勇气;有胆量。例：这些品牌代表了西部牛仔粗犷、～的精神。

〈辨析〉都有有勇气、有胆量的意思。"英勇"侧重指智勇过人、不怕牺牲,多形容人,语意较重;"勇敢"侧重指不怕困难和危险,常形容行动、言论、精神等,语意较轻。
〈相关〉果敢　勇猛

营建　　营造

【营建】yíngjiàn　建造;兴建。例：西安市政府计划用三年时间～森林和鲜花大道改善市政环境。

【营造】yíngzào　建造;制造。例：桌布在居家设计中容易被忽略,但它是最容易～气氛、最经济省钱的好途径。

〈辨析〉都有建造的意思。"营建"使用范围较窄,多用于建筑工程的建造;"营造"使用范围较广,除用于建筑工程外,还可用于造路、防护林等,还可表示有目的地制造气氛。
〈相关〉建造　兴建

拥戴　　拥护

【拥戴】yōngdài　拥护,爱戴。例：他虽身居高位,但平易近人,因而深受部下的～。

【拥护】yōnghù 赞成并全力支持。例：各民主党派发表了联合宣言,～咱们志愿军抗美援朝。

〈辨析〉都有赞成、支持的意思。"拥戴"强调全力支持并热爱推戴,只能用于人,并且用于下对上,适用范围较小,语意比"拥护"更重;"拥护"强调赞成并支持,可用于政策、方针、建议等,也可用于人,适用范围较广。

〈相关〉爱戴　推戴

永恒　永远

【永恒】yǒnghéng 永远不变。例：母爱是人世间最真挚、最纯洁、最珍贵、最～的感情。

【永远】yǒngyuǎn 时间长久;没有尽头。例：翻开书的第一页,上面写着:书籍是人类～的朋友。

〈辨析〉都有指时间长久、持续不变的意思。"永恒"强调永久不变,可指从过去到未来,用作形容词;"永远"强调时间长久、持续不变、没有终止,用作副词。

〈相关〉恒久　永久

用处　用途

【用处】yòngchù 用途;作用。例：这些信件留着也没什么～,烧掉算了。

【用途】yòngtú 应用的方面或范围。例：菜油是一种优质的食用油,在工业上也有着广泛的～。

〈辨析〉都有可供使用、起到某种作用的意思。"用处"强调起某种作用或效用,使用范围较广,既可用于事物,也可用于人,通用于口语和书面语;"用途"强调适用于某种方面或范围,只能用于事物,多用于书面语。

〈相关〉效用　用场

优秀　　优异

【**优秀**】yōuxiù　非常好。例：参加评奖的候选人必须是成绩～、具有创新能力、积极参加学校及社会公益活动的学生。

【**优异**】yōuyì　特别好。例：这家公司新推出的手机小巧玲珑，性能～，使用方便。

〈辨析〉都有很好、特别好的意思。"优秀"表示非常好，一般形容人的品行、学问、成绩等；"优异"表示特别好，一般形容成绩、表现、性能等，语意比"优秀"重。

〈相关〉优良　优质

悠长　　悠久

【**悠长**】yōucháng　时间长久。例：卖花姑娘的叫卖声在幽深的小巷里显得格外～。

【**悠久**】yōujiǔ　年代久远。例：中华民族有着～的历史。

〈辨析〉都指长时间的。"悠长"侧重于持续的时间长；"悠久"侧重于时间上先后相距遥远。

〈相关〉长久　悠远

油滑　　圆滑

【**油滑**】yóuhuá　圆滑世故，不诚恳。例：老王是个非常～的人，和他打交道要多长个心眼。

【**圆滑**】yuánhuá　八面玲珑，善于向各方讨好。例：新来的经理处世～，很善于笼络人。

〈辨析〉都有敷衍讨好、不老实的意思。"油滑"强调不诚实、世故虚伪，态度不认真严肃；"圆滑"强调为人处世善于敷衍讨好，各方面都应付周到。

〈相关〉狡猾　滑头

游览　　游历

【游览】yóulǎn　游玩观赏景物、名胜等。例：节假日去东方明珠～的人特别多。

【游历】yóulì　到远处游览。例：我们～了欧洲各国的名山大川。

〈辨析〉都有游玩、观赏的意思。"游览"指去特定的地方游玩；"游历"指去各处游览，除了旅游观赏外，还有考察学习等活动。

〈相关〉游赏　游玩

友好　　友善

【友好】yǒuhǎo　①亲切，和睦。例：我们要加强同世界各国人民的～往来。②好朋友。例：生前～都来参加他的葬礼。

【友善】yǒushàn　朋友之间关系亲近、和睦。例：他待人十分～，大家都愿意接近他。

〈辨析〉都有和睦的意思。"友好"指关系和睦，多用于民族与民族或国家与国家之间，还用作名词，指好朋友；"友善"指友好的态度，多用于朋友之间。

〈相关〉和睦　友爱

友情　　友谊

【友情】yǒuqíng　朋友间的感情。例：在他最失落无助的时候，是同窗的～温暖了他。

【友谊】yǒuyì　朋友间的情谊。例：经过这次共患难，我们彼此之间建立了深厚的～。

〈辨析〉都指人与人之间的情谊。"友情"适用范围较窄，一般用于个人、朋友之间；"友谊"适用范围较广，除用于个人之外，还可用于国家、民族、团体、政党之间。
〈相关〉情义　情谊

愚笨　　愚蠢

【愚笨】yúbèn　头脑迟钝,不灵活。例:这孩子并不～,只是在学习上不肯用功。

【愚蠢】yúchǔn　蠢笨,不聪明。例:我们喝醉酒后常谈些～的问题,连母亲听了也会发笑。

〈辨析〉都有笨拙无知、不聪明的意思。"愚笨"侧重指智力不发达、理解能力差,多用于人;"愚蠢"侧重指愚钝蠢笨、不聪明,多用于人的语言、行为等,语意比"愚笨"更重。

〈相关〉蠢笨　愚昧

预报　　预告

【预报】yùbào　预先报告某种情况。例:电视台体育频道～下周 CBA 赛事。

【预告】yùgào　① 事先通告。例:《少年文艺》～下期将推出诗歌专辑。② 事先的通告。例:广播里响起航班即将到达的～。

〈辨析〉都有事先告知的意思。"预报"指预先报告,多用于天文、气象等方面;"预告"指事先通告,多用于戏剧演出、图书出版等,还可作名词,指事先的通告。

〈相关〉告知　预言

预定　　预约

【预定】yùdìng　预先规定和约定。例:这部反映学校生活的电视片～在今年 5 月初开拍。

【预约】yùyuē　事先约定。例:看专家门诊需要～。

〈辨析〉都有事先约定的意思。"预定"侧重于"定",指事先就确定下来的;"预约"侧重于"约",指事先约好的。
〈相关〉预订　约定

原因　　缘故

【**原因**】yuányīn　造成某种结果或引发某种事情的条件。例:检查了好几遍,还是没找到机器故障的～。

【**缘故**】yuángù　原因。例:因为阴天的～,她的心情不太好。

〈辨析〉都可指事情发生的条件。"原因"使用范围较广,既可用于一般事物,也可用于重大事物,用于具体因由之前或之后;"缘故"使用范围较窄,常用于一般事物,用于具体因由之后。

〈相关〉原故　原由

灾害　　灾难

【灾害】zāihài　自然或战争等造成的祸害。例：在近20年中,全球的自然～造成了大约280万人的死亡。

【灾难】zāinàn　天灾人祸所造成的严重损害和痛苦。例：侥幸逃生的人们正在向记者讲述～发生时的情形。

〈辨析〉都可指给人或生物造成的祸害。"灾害"侧重指自然或战争造成的祸害;"灾难"侧重指天灾人祸造成的损害和痛苦,可用于民族、国家,也可用于个人、家庭等,语意比"灾害"重。

〈相关〉灾祸　灾殃

赞美　　赞扬

【赞美】zànměi　称赞,颂扬。例：尼罗河像世界其他名川大江一样,一直受到游客和文学家们的～。

【赞扬】zànyáng　称赞,表扬。例：这几位值得～的好校长好老师,都是教育工作者的楷模。

〈辨析〉都有夸奖、称赞的意思。"赞美"强调夸奖,使用范围较广,既可用于人,也可用于具体事物和抽象事物;"赞扬"强调表扬,使用范围较窄,常用于人的思想、行为、精神等。

〈相关〉称赞　夸赞

赞赏　　赞叹

【赞赏】zànshǎng　赞美,赏识。例：他在比赛中表现出色,获得教练组一致的～。
- 【赞叹】zàntàn 称赞,叹赏。例:在夕阳西下之际,登临城楼,看水天一色,令人～不已。

〈辨析〉都有称赞的意思。"赞赏"侧重指赏识,表示内心的喜爱,常用于美好的事物、人的才能技艺等;"赞叹"侧重指感叹,表示钦佩的心情,常用于不寻常的、美好的事物,或人的精神、品格等。

〈相关〉称赞 叹赏

遭受　　遭遇

- 【遭受】zāoshòu 受到;遭到。例:2001年9月11日,美国～了前所未有的恐怖袭击。
- 【遭遇】zāoyù ①碰上;遇到。例:昨晚我市～特大暴雨,全市紧急动员排涝除险。②遇到的事情。例:对于你的～我深表同情。

〈辨析〉都有受到、遇到的意思。"遭受"侧重指自身受到,多用于使自己受到损害的事物;"遭遇"侧重指在行动过程中碰上、遇到,多用于不利的情况、不幸的事或敌人等,还用作名词,指遇到不幸的事。

〈相关〉遇到 遭逢

责备　　责怪

- 【责备】zébèi 批评,指责。例:当工作和生活中出现差错时,人们往往不是～自己,而是怪罪他人。
- 【责怪】zéguài 指责,怪罪。例:这次失败的原因在于自己,不能～他人。

〈辨析〉都有批评的意思。"责备"强调指责,指出过错并加以批评,语意较轻;"责怪"强调怪罪、埋怨,指出差错埋怨自己或别人,语意较重。
〈相关〉怪罪

增加　　增添

【增加】zēngjiā　在原来的基础上加多。例:据上级有关部门决定,今年将~机关事业单位职工的工资。

【增添】zēngtiān　加多;添加。例:饲养宠物能给人带来欢乐和安慰,但它们有时也会给人~烦恼。

〈辨析〉都有在原基础上加多的意思。"增加"泛指加多,使用范围较广,数量可大可小;"增添"侧重指添加,数量比较小。

〈相关〉添加　增长

展示　　展现

【展示】zhǎnshì　清楚地摆出来;明显地表现出来。例:戏剧社让喜爱戏剧的大学生有了可以~自己青春风采的舞台。

【展现】zhǎnxiàn　明显地表现出来。例:画室长年开放,一批老中青画家常汇集在这里,~他们的艺术才华。

〈辨析〉都有表现出来让人看的意思。"展示"侧重指清楚地摆出来让人了解的事物,使用范围较广;"展现"侧重指事物本身所表现出来的情景或发展状况,使用范围较小。

〈相关〉显露　展露

占据　　占领

【占据】zhànjù　用强力取得;占有。例:因为在心理上和技术上都~优势,主队轻而易举地战胜了客队。

【占领】zhànlǐng　用武装力量取得某个地方。例:如何~市场已成为当今企业之间激烈竞争的焦点。

〈辨析〉都有用某种力量取得并占有的意思。"占据"侧重指用强力占有,使用范围较广,可以是地域、场所等,也可以是地位、心灵等;"占领"侧重用武力取得,使用范围较窄,多用于领土、土地、阵地等。

〈相关〉盘据　侵占

战役　战争

【战役】zhànyì　为实现一定的战略目的而进行的一系列战斗的总和。例:在淞沪~中,老人失去了两个儿子。

【战争】zhànzhēng　为政治目的而进行较大规模的武装斗争。例:这场~给两国人民带来了沉重的灾难。

〈辨析〉都指武装斗争。"战役"指为一定战略目的、在限定时间和地区内进行的一系列战斗的总和,是战争的一个阶段;"战争"指为政治目的进行的大规模的武装斗争,通常由若干战役组成。

〈相关〉斗争　战斗

照顾　照料

【照顾】zhàogù　关照,顾及。例:她家经济情况不好,组织上给予她适当的~。

【照料】zhàoliào　照看,料理。例:由于父母工作忙,家里的大事小事都由她姐姐~着。

〈辨析〉都有关照、照看的意思。"照顾"强调特别关照、顾及,给予良好的待遇,可指精神上的,也可指物质上的,多用于人;"照料"强调细心照看、料理,可用于人,也可用于其他事物,使用范围较广。

〈相关〉照管　照看

珍视　重视

【珍视】zhēnshì　珍惜,重视。例:要~安定团结的大好局面。

【重视】zhòngshì 认真对待。例：大家对这次军训非常～。
〈辨析〉都有认真对待的意思。"珍视"指珍惜重视,语意较重;"重视"指认真对待,语意较轻。
〈相关〉看重 珍惜

侦查 侦察

【侦查】zhēnchá 为了确定罪行和犯罪人而进行调查。例：经过排摸,警方人员很快锁定了～范围。
【侦察】zhēnchá 为了弄清敌情、地形等有关作战的情况而进行的活动。例：老乡介绍的情况和我们～到的基本一致。
〈辨析〉都有暗中搜集、调查的意思。"侦查"侧重指调查与犯罪有关的情况;"侦察"侧重指调查与作战有关的情况。
〈相关〉调查 探查

真诚 真挚

【真诚】zhēnchéng 诚心诚意,不虚假。例：他一番～的话语打动了我的心。
【真挚】zhēnzhì 真诚,恳切。例：他们同窗四年,建立了～的友谊。
〈辨析〉都有真实、诚恳的意思。"真诚"强调诚实、不虚假,多形容言行、态度、品格等;"真挚"强调真心、恳切,多形容感情、言行等。
〈相关〉诚恳 诚挚

真实 真正

【真实】zhēnshí 跟事实相符。例：这部电影是根据～的故事改编的。
【真正】zhēnzhèng ① 名实完全相符。例：经过患难以后,他们成了~的朋友。② 确实。例:有些东西失去了,就~回不来了。

〈辨析〉都有与事实相符的意思。"真实"强调与事实情况相一致,多形容消息、感情、思想等;"真正"强调名义与实质相一致,可用于人,也可用于物,还用作副词,强调确实性。

〈相关〉确实　真切

振奋　　振作

【振奋】zhènfèn　① 振作,奋发。例:运动场上群情~,呐喊声此起彼伏。② 使振奋。例:当这一~人心的消息传来时,全场一片欢呼。

【振作】zhènzuò　① 精神旺盛;情绪高涨。例:大伙儿精神~,下决心闯过这一难关。② 提起精神;使精神旺盛。例:在大伙的帮助下,他又重新~起来。

〈辨析〉都有精神兴奋的意思。"振奋"除形容精神振作、奋发外,还用作动词,意为使振奋;"振作"除形容精神旺盛,情绪高涨外,还用作动词,指提起精神或使精神旺盛,语意较轻。

〈相关〉感奋　兴奋

震动　　震撼

【震动】zhèndòng　① 颤动;使震动。例:大型汽车开过,房子会有轻微的~。② 使人心情难以平静。例:这篇评论文章的发表,~了整个动漫行业。

【震撼】zhènhàn　震动;摇撼。例:劳东林的一番话强烈地~了邵长水的心。

〈辨析〉都有颤动的意思。"震动"侧重于"动",除指因受振而引起的持续短促的摇动外,还指重大的事情、消息等使人心情难以平静;"震撼"侧重于"撼",指引起剧烈震动和震惊。

〈相关〉颤动 振动

镇定　镇静

【镇定】zhèndìng 沉着,不慌乱。例:虽然情况紧急,他依然~自若,从容应对。

【镇静】zhènjìng 安定,平静。例:面对意外的发生,大家有些慌乱,唯独他仍能保持~。

〈辨析〉都有情绪安定、沉着的意思。"镇定"形容遇事不紧张、行动不慌张;"镇静"形容情绪稳定、心情平静。

〈相关〉冷静 沉着

整顿　整理

【整顿】zhěngdùn 使紊乱的变整齐;使不健全的健全起来。例:经过治理~,交通拥堵的情况有所缓解。

【整理】zhěnglǐ 使有条理、有秩序。例:每天早晨,奶奶总是帮小明~好书包,然后送他上学。

〈辨析〉都有使紊乱的、无序的变得整齐、有秩序的意思。"整顿"多用于组织、纪律、秩序、作风等较重大、较抽象的事物,语意较重;"整理"多用于材料、物品、房间等具体的事物,语意较轻。

〈相关〉整改 治理

整洁　整齐

【整洁】zhěngjié 规整而洁静。例:小区的环境很~,绿化也很漂亮。

【整齐】zhěngqí 有秩序;有条理;不凌乱。例:学生们排着~的队伍,到操场上做早操。

〈辨析〉都表示有条理、不凌乱的意思。"整洁"侧重于"洁",强调干净;"整齐"侧重于"齐",强调有秩序。
〈相关〉规整 洁净

证明　证实

【**证明**】zhèngmíng ① 用可靠的材料来表明或断定人或事物的真实性。例:这些翔实有力的材料足以～他是无辜的。② 证明书或证明信。例:请病假需提供病情～或医生开具的病假单。

【**证实**】zhèngshí 证明其确实。例:这一消息真实与否,至今还未得到～。

〈辨析〉都有表明或判断事物真实性的意思。"证明"强调判定和说明人或事物的真伪、虚实、是非等,还用作名词,指证明书或证明信;"证实"强调验证以前猜测的、预想的是确实存在的。

〈相关〉确证　验证

指点　指示　指引

【**指点**】zhǐdiǎn 点明;指出来使人知道。例:我有哪些缺点,请不客气地给我～出来。

【**指示**】zhǐshì 对下级或晚辈就如何处理问题指明原则和方法。例:省公安厅～刑警大队要在一个月内破案。

【**指引**】zhǐyǐn 指点,引导。例:岸边的灯塔～着船只绕过暗礁和险滩。

〈辨析〉都有明确指出来的意思。"指点"侧重于指出来给人看,有点明、点拨、指引的意思,程度浅;"指示"侧重指上级对下级或长辈对晚辈指明处理的原则和方法,语意庄重,程度深;"指引"侧重于指出方向并引导向前进,多用于人、车、船、方向、道路等。

〈相关〉点拨　启发

指派　　指使

【**指派**】zhǐpài　派遣。例:组织上～他去参加残奥会的筹备工作。

【**指使**】zhǐshǐ　出主意叫人去做某事。例:要是没有人～,他不敢这样放肆。

〈辨析〉都有派人做某事的意思。"指派"侧重指指定并派遣,多用于上级对下级,组织对个人,多属公务;"指使"侧重指暗中出主意,叫别人去办不好办的事,多含贬义。

〈相关〉指令　支使

制订　　制定

【**制订**】zhìdìng　创制,拟定。例:公司根据实际情况～了一系列的营销方案。

【**制定**】zhìdìng　定出法律、规定、计划等。例:现在的法律并不完备,有些法律还没有～出来。

〈辨析〉都有起草、拟定的意思。"制订"侧重指从无到有的拟定过程,多用于方案、计划、办法等;"制定"侧重指已确定下来的结果,多用于政策、方针、法律、决议等。

〈相关〉拟订　拟定

制造　　制作

【**制造**】zhìzào　使原料成为可供使用的物品。例:我们要用自己的双手～出新一代的航天飞机。

【**制作**】zhìzuò　用人工使原料成为可供使用的物品。例:这盏灯是手工～的,工艺虽不复杂,但却花了不少工夫。

〈辨析〉都有把原材料加工成为可用之物的意思。"制造"使用范围较广,多用于工艺较复杂、技术含量高的机器、设备、武装、仪器等机械产品或药物、化肥等产品;"制作"使用范围较窄,多用于工艺不很复杂、技术要求一般的手工产品,如模型、家具、日常用品、食品等。
〈相关〉创造　建造

忠诚　　忠实

【忠诚】zhōngchéng　全心全意地对待。例:一个人民的战士,对革命事业,要像金子一样～坚贞。

【忠实】zhōngshí　①诚实可靠。例:他为人～,是个可以信赖的合作者。②真实。例:影片～记录了生活在世界屋脊上的拉琼一家的鲜为人知的生活。

〈辨析〉都有真心实意、尽心尽力的意思。"忠诚"强调忠心耿耿、竭诚尽力,多用于国家、组织、事业,也可用于人,是褒义词;"忠实"强调真实可靠、不怀二心,多用于人的态度和品质,是中性词,还形容所记录和描写的情况真实可信。

〈相关〉忠厚　忠心

重大　　重要

【重大】zhòngdà　影响大而重要。例:近年来我国的农业科技取得了～成就。

【重要】zhòngyào　具有重大的意义、作用和影响。例:这个问题很～,必须好好讨论一下。

〈辨析〉都有影响大的意思。"重大"指影响深远而巨大,常形容抽象事物;"重要"指地位或作用十分突出,不同于一般的人或事物。

〈相关〉紧要　主要

逐步　　逐渐

【逐步】zhúbù　一步步地。例:在医生的精心治疗下,他的病情已~好转了。

【**逐渐**】zhújiàn 慢慢地;一点点地。例:随着距离越来越近,那座山的轮廓也~清晰起来。

〈辨析〉都有缓慢地变化或发展的意思。"逐步"强调有步骤、有条理地循序渐进,有明显的阶段性,多用于有计划性的活动;"逐渐"强调事物变化过程的延缓性,没有明显的阶段性,多用于事物缓慢有序的变化。

〈相关〉渐次　渐渐

主意　主张

【**主意**】zhǔ·yi ① 确定的想法;主见。例:是不是出国旅游,他还没有~。② 办法。例:他诡计多端,尽出坏~。

【**主张**】zhǔzhāng ① 对于如何行动所持的见解。例:比赛时队员不能自作~,各行其是。② 对于如何行动持有某种见解。例:他~立即停工。

〈辨析〉都指提出的想法或意见。"主意"指对某些疑难问题提出的解决方法或意见,语意较轻;"主张"指对重要问题提出的见解和意见,语意较重,还用作动词,指对于如何行动持有某种见解。

〈相关〉办法　点子　见解

祝福　祝愿

【**祝福**】zhùfú 祝人平安和幸福。例:~您万事如意,合家欢乐。

【**祝愿**】zhùyuàn 表示良好的愿望。例:衷心~您早日康复。

〈辨析〉都有向人表示良好愿望的意思。"祝福"含有礼仪、敬意的意味;"祝愿"含有友好、关心的意味,内容较具体。

〈相关〉祝贺　祝颂

追查　　追究

【追查】zhuīchá　事后追根究底地查明原因、经过、责任等。例：这起贪污案件一定要~到底。

【追究】zhuījiū　事后查问原因、弄清责任等。例：这么多年前的事了，还~它干什么？

〈辨析〉都有追问、弄清事情根由的意思。"追查"侧重于"查"，强调对整个事件进行调查，主要涉及事；"追究"侧重于"究"，强调追问事情的缘由与责任，带有责备的意思，主要涉及人。

〈相关〉查究　追问

卓越　　卓著

【卓越】zhuóyuè　非常优秀；超出寻常。例：他为党的科技事业作出了~的贡献。

【卓著】zhuózhù　突出，显著。例：新药研制成功后，经过试用，功效~。

〈辨析〉都有突出、优秀的意思。"卓越"强调高超出众，多形容人的才能、贡献等；"卓著"强调突出显著，多形容成绩、功效等。

〈相关〉显著　卓绝

自负　　自信

【自负】zìfù　自以为了不起。例：他是个颇为~的人，将别人提出的意见当作耳旁风。

【自信】zìxìn　自己相信自己。例：他~只要通过自己的努力，一定会考上大学。

〈辨析〉都有对自我给予肯定的意思。"自负"强调认为自己了不起、自以为是，为贬义词；"自信"强调对自己有把握、相信自己，为中性词。

〈相关〉自傲　自大　自得

踪迹　踪影

【踪迹】zōngjì　行动所留的痕迹。例：雪地上留下野兽的～。

【踪影】zōngyǐng　脚印；踪迹。例：只见一个黑影一闪,转瞬间又失去了～。

〈辨析〉都有行动或移动后留下的痕迹的意思。"踪迹"侧重指人或动物留下的实在的脚印或形迹;"踪影"可指实在的印记,也可指不实在的行踪,多用于被寻找的对象。

〈相关〉痕迹　行踪

阻挡　阻挠

【阻挡】zǔdǎng　挡住使不能发展或前进。例：任何力量也～不了历史前进的年轮。

【阻挠】zǔnáo　阻拦使不能进行或暗中破坏使不能成功。例：他为了个人的利益,对这次计划的实施百般～。

〈辨析〉都有阻拦使不能向前的意思。"阻挡"侧重指挡住、使不能发展或前进,为中性词;"阻挠"侧重指设置障碍进行破坏、阻止前进,为贬义词。

〈相关〉阻碍　阻拦

尊敬　尊重

【尊敬】zūnjìng　①重视而恭敬地对待。例：老师应该爱护学生,学生应该～老师。②可尊敬的。例：几位同学约定在教师节回母校看望～的班主任老师。

【尊重】zūnzhòng　尊敬;重视。例：到少数民族地区旅游,我们应该～当地的风俗习惯。

〈辨析〉都有敬重的意思。"尊敬"侧重于"敬",强调恭敬、敬重,使用范围较窄,多用于人;"尊重"侧重于"重",强调重视、不看轻,使用范围较广,既可用于人,也可用于某些抽象事物。
〈相关〉敬重　尊崇

遵从　　遵守

【遵从】zūncóng　遵照,服从。例:我们应该～老人生前的意愿,不举行追悼会。

【遵守】zūnshǒu　按规定行动,不违背。例:交通警察提醒司机～交通规则。

〈辨析〉都有按规定进行的意思。"遵从"侧重于"从",强调遵照并坚决服从,多用于古训、意见等;"遵守"侧重于"守",强调守规矩、不违反,多用于纪律、制度、法律等。

〈相关〉遵循　遵照